ALAIN PHILIPPE

ALMANACH DU CHASSEUR 2022-2023

W0278408

CE Almanach des Terroirs de France

Préface

Des repères rassurants

La vie est par essence pleine de surprises, d'imprévus ! La vie moderne n'y échappe pas, mais en plus elle cumule la frénésie d'un monde globalisé, l'instantanéité du digital et la violence des réseaux sociaux.

Si la chasse a le vent en poupe, n'en déplaise aux haineux de tous bords, c'est aussi et surtout parce qu'elle est authentique. Cette passion nous relie à nos très lointains ancêtres, des chasseurs-cueilleurs. Elle respecte les cycles de la vie : pause, démultiplication, croissance, moisson. Elle nous relie au réel, à l'immuable. Elle nous rassure comme un père. Elle est un repère qui rythme nos vies à coup de saisons.

L'*Almanach du Chasseur* fait partie de ces repères, de ces petites pierres qui marquent nos vies et les rendent plus belles. Et ce n'est que normal, car celui qui couve ce petit toute l'année est un pur, un vrai, un sans chichi ! Je parle de mon ami Alain Philippe. Il a consacré son existence à égayer la chasse et nous régaler par des livres et récits truculents et joyeux !

Alain a fait de l'*Almanach du Chasseur* une bible de notre mode de vie ! On y retrouve tout… Du chien, des récits trépidants, des histoires savoureuses, des recettes, de la culture. Le tout toujours accompagné par une bienveillance et une camaraderie qui donnent envie à tous ceux qui lisent l'Almanach de rentrer en danse avec Alain et ses amis cynégètes.

Alors plongez-vous, chers amis, dans cette édition de l'*Almanach du Chasseur* ; le tout sans retenue ! Et vous verrez que les jours seront bien plus légers…

Bonne saison à tous !

Charles-Henri Bachelier

Avant-propos

Cette nostalgie de nos chasses d'antan...

Nos pratiques de chasse ont été plus que bouleversées en quelques dizaines d'années. Il nous faut bien reconnaître que la progression vertigineuse des populations de sangliers, cette anomalie causée par les laies boostées aux maïs grains, une nouvelle culture importée d'Amérique, a bien brouillé les cartes. Dans les années 70 et 80, la traque des rarissimes bêtes noires était souvent un privilège concédé aux gardes-chasses, loisir qui leur plaisait bien.

Pour les amateurs de petit gibier, les festivités cynégétiques commençaient le jour du 14 juillet, date sacro-sainte de l'ouverture du gibier d'eau, et plus particulièrement sur les étangs si renommés de la Sologne, de la Brenne et des Dombes. Au cours des mois de juillet et août, beaucoup délaissaient les plages de la mer Méditerranée et de l'Atlantique, préférant de loin séjourner deux ou trois semaines avec leur famille dans une de ces régions privilégiées. Pour la plus grande joie des petits et des grands, les journées étaient réservées à la recherche de girolles, de visites de châteaux, de balades à vélo, ou bien à pêcher en rivière ou en étang, brochets, sandres ou friture.

Chaque soir, après l'incontournable et très attendue passée aux canards, les chasseurs, souvent accompagnés de quelques bons copains, dînaient avec femmes et enfants de grillades cuites au-dessus des braises d'un feu de cheminée où de poitrines de halbrans prélevés de quelques heures, à peine saisies dans une poêle bien beurrée, garnies du butin des champignons de la matinée. Ces soirées, où l'on se couchait très tard, étaient propices à parler de notre passion, la chasse, ou à jouer aux cartes jusqu'à des heures déraisonnables. Elles restent, pour tous ceux qui ont vécu un de ces moments, un souvenir inoubliable…

Arrivait ensuite septembre, avec la très attendue ouverture du perdreau gris en plaine céréalière de Brie, de Beauce, du Nord et du Centre. À neuf heures précise, le chasseur et son chien arpentaient sous un soleil de plomb chaumes et betteraves, en quête de ce gibier roi en quantité telle, qu'il lui aurait paru invraisemblable que cet oiseau puisse disparaître un mauvais jour. Plus tard, une fois les perdrix devenues inabordables, les oiseaux cernés dans un chaudron défilaient sans interruption par centaines dans le ciel. L'ambiance et la vision de ce spectacle unique laissaient parfois le chasseur pantois.

Puis venait octobre avec l'ouverture au bois. Les grandes et belles battues de faisans élevés en volière à l'anglaise commençaient généralement plus tard, après la chute des feuilles, lorsque les gallinacées avaient pris de l'aile.

Dès la Toussaint, c'était l'arrivée tant attendue des oiseaux migrateurs venus du Nord, comme pigeons ramiers, grives, becs plats… et bécasses. Vers Noël, en cas de grands coups de froid venu de Russie accompagnés d'un bon petit vent de secteur est, les levées d'étangs et les passées se révélaient souvent grandioses, de par la diversité et la quantité de la sauvagine observée. Les arrivées par centaines de pigeons au-dessus des cultures de chasse devenaient alors mémorables. Le bécassier solitaire, accompagné de son complice de chien, vivait parfois des instants magiques dans les profondeurs de ses bois…

Vous ne pouvez pas imaginer comme j'ai adoré vivre cette époque. Eh oui, jeunes chasseurs passionnés de sangliers, sachez que chasser le petit gibier en ce temps-là, ce n'était que du bonheur !

Alain Philippe

Sommaire

Entretien

avec Hubert-Louis Vuitton

Depuis le 1er janvier 2020, l'Agence française pour la Biodiversité (AFB) et l'Office National de la Chasse et de la Faune sauvage (ONCFS) sont regroupés au sein du nouvel Office français de la Biodiversité (OFB). Sylvie Gustave-dit-Duflo est nommée présidente du conseil d'administration. Pierre Dubreuil, directeur général de la Région Bretagne et président du comité de bassin Loire-Bretagne, a été élu directeur général de l'OFB. À la satisfaction légitime du monde de la chasse, Hubert-Louis Vuitton, 59 ans, président de la fédération des chasseurs du Loir-et-Cher, de la fédération régionale du Centre-Val de Loire, vice-président de la fédération nationale des chasseurs, et dernier président de l'Office National de la Chasse et de la Faune sauvage, a été nommé deuxième vice-président de l'Office français de la Biodiversité (OFB).

L'OFB, créé en juillet 2019, compte 43 membres, regroupés en cinq collèges. C'est un établissement public de l'État comprenant 2800 agents, qui contribue, s'agissant des milieux terrestres, aquatiques et marins, à la surveillance, la préservation, la gestion et la restauration de la biodiversité ainsi qu'à la gestion équilibrée et durable de l'eau en coordination avec la politique nationale de lutte contre le réchauffement climatique. Il modifie également les missions des fédérations de chasseurs et a pour objectif affiché de renforcer la police de l'environnement.

Alain Philippe : *Bonjour Hubert-Louis Vuitton. Vous venez d'être réélu président de la fédération des chasseurs du Loir-et-Cher, de la Fédération régionale du Centre-Val de Loire et vice-président de la Fédération des chasseurs. Après ces élections gouvernementales, il semble intéressant de faire le point avec vous sur le futur de la chasse. La déception, c'est qu'il n'y aura pas un ministère de la ruralité. Que pensez-vous de la nomination d'Amélie de Montchalin au poste de ministre de la Transition écologique et de la Cohésion des territoires.*

Hubert-Louis Vuitton : Cette nomination me satisfait, car Madame la Ministre n'est pas dogmatique et semble ouverte au dialogue. Mais nous attendons le résultat des élections législatives qui doit la confirmer dans son poste. Affaire à suivre …

AP : *La nomination de Marc Fesneau, ce chasseur à l'arc, ancien maire de Marchenoir dans le Loir-et-Cher et conseiller régional au poste de ministre de l'Agriculture va-t-elle enfin adoucir nos relations avec le ministère de la Transition écologique ?*

HLV : Cela ne fait aucun doute pour moi. Marc Fesneau, homme de terrain, connaît bien notre région et j'ai noué avec lui de très bonnes relations de confiance. Et, s'il est lui aussi confirmé dans son poste de ministre, notre président national Willy Schraen prendra je pense rapidement rendez-vous avec lui pour engager des travaux.

AP : *Depuis l'absorption de l'ONCFS par l'AFB, il apparaît que la garderie de la chasse en France est, disons... un peu délaissée. Qu'en est-il réellement ?*

HLV : C'est hélas le constat que nous faisons aussi ! La direction de l'OFB a pris conscience de ce manquement et devrait rapidement répondre aux enjeux cynégétiques en repensant à son organisation interne. Pour ma part, je suis convaincu qu'il nous faut une garderie présente et forte sur le terrain, car la police est une mission régalienne.

AP : *Les problèmes récurrents de la surpopulation des sangliers ne cessent de poser des problèmes. Dégâts aux cultures et aux jardins, accidents de voiture, chiens malmenés à la chasse. Comment imaginez-vous, un jour, une baisse significative des suidés ?*

HLV : Nous disposons, hélas, de peu de moyens, si ce n'est une pression de chasse toujours plus accrue, à laquelle s'attachent d'ailleurs les chasseurs de Loir-et-Cher qui ont prélevé la saison dernière plus de 31 000 individus, ce qui est un nouveau record. Je suis certain qu'ils poursuivront leurs efforts les prochaines saisons, car ils ont grandement conscience des enjeux agricoles, de sécurité et sanitaires.

AP : *Une proposition de loi contre l'engrillagement déposée par le sénateur Jean-Yves Cardoux vient d'être adoptée à l'unanimité par le Sénat. Quelle remarque y feriez-vous ?*

HLV : Je félicite pour son travail le sénateur Jean-Noël Cardoux, même si des points sont encore un peu à revoir. Une nouvelle loi devrait enfin permettre de répondre aux attentes de beaucoup.

AP : *Après la chasse la glu, c'est au tour de la tenderie, d'être désormais interdite, mesure qui est ressentie comme brutale vis-à-vis de ceux qui aiment tant la pratiquer depuis plusieurs générations. Qu'auriez-vous préconisé à la place ?*

HLV : Je connais mal ces techniques de chasse propre à la région de la Provence et au pourtour méditerranéen, mais je suis très attaché à la défense de nos traditions, surtout quand elles occasionnent peu, voire pas de nuisances. Défendons donc nos traditions !

AP : *La chasse, notre passion parfaitement légale, est malmenée depuis une vingtaine d'années par des groupuscules antispécistes, écologistes radicaux et militants végans. Indéniablement, les chasseurs sont « les premiers protecteurs de la nature ». Pourtant, ils subissent régulièrement de la part de ces extrémistes, des actes violents répréhensibles. Pensez-vous que la justice devrait punir plus sévèrement ceux qui sont « hors la loi » ?*

HLV : Oui bien sûr et je compte bien que les chasseurs participent à la pétition en ligne sur le site du Sénat pour défendre la légitimité du monde de la chasse. J'encourage d'ailleurs vos lecteurs, s'ils ne l'ont encore fait, à la signer massivement pour dire leur réprobation face aux associations qui combattent des activités légales avec des moyens illégaux et pour qu'elles ne bénéficient plus d'avantages fiscaux, comme c'est le cas aujourd'hui.

AP : *Merci, Hubert-Louis Vuitton, d'avoir répondu à nos questions.*

HLV : Avec plaisir. J'ajouterais pour conclure la nécessité de respecter la sécurité à la chasse au grand comme au petit gibier pour profiter pleinement de notre activité. Et soyons fiers d'être chasseurs. Amitiés en Saint Hubert.

Un peintre

Carl Spriet, un talentueux peintre animalier

J'ai toujours été passionné par le dessin, la nature et les animaux. Étudiant à l'École des Beaux-Arts de Lille, j'ai obtenu mon diplôme en 1979. J'éprouve toujours beaucoup de plaisir à suivre les chasses pour les dessiner, c'est parce que cet univers réunit tout cela. L'ambiance, les attitudes, le rapport du chasseur et de son chien, le tir, l'échappée d'un animal, son environnement… Dessiner tout ça fait appel à l'observation et à la concentration dans un univers vivant toujours en mouvement. Et toujours se souvenir que commencer sur une page blanche pour retranscrire au mieux ses émotions est une grande école d'humilité. Ce qui me permet de comprendre les proportions, les attitudes, les mouvements, la manière dont les éléments s'articulent entre eux et m'oblige à aller à l'essentiel. J'utilise différentes techniques en fonction du travail à réaliser. Ainsi ce sera la gouache, l'encre pour les illustrations en atelier ou à l'extérieur, le crayon et le feutre pour mes croquis en extérieur que j'appelle « reportage graphique », et enfin l'huile et l'acrylique sur toile en atelier.

5, Les Pierrois 59152 Gruson
Tél : 06 65 60 72 43
chspriet@yahoo.fr
www.carlspriet.com

En haut à gauche : Les consignes
Au centre à gauche : Entre deux traques
En bas à gauche : Chasse à courre
Au centre à droite : Cheval arabe
Page de gauche : Chien couché

> *Regardez-les passer ! Eux, ce sont les sauvages.*
> *Ils vont où leur désir le veut, par-dessus les monts,*
> *et bois, et mers, et vents, et loin de l'esclavage.*
> *L'air qu'ils boivent ferait éclater vos poumons.*
>
> **Jean Richepin**

Aventures et émotions de chasse

LA CLOCHE DE VÂTRES - 1949 par Jean Lurkin

Nous étions d'ailleurs tous dans les mêmes dispositions belliqueuses et c'est un groupe inspirant le respect qui, le dernier canon de blanc tiré, dévala les rues du vieux bourg encore assoupi, escorté d'une meute impatiente, pour se déployer en tirailleurs au-dessus des vignes. Ça ne traîna pas. Dans une luzerne mal retournée et propice aux gîtes à confortables rêveries, un vieux bouquin rusé se défila devant le colonel, mais d'une façon traîtresse, en louvoyant, les oreilles et le train baissés, rasant le sol, croyant qu'on ne le voyait pas encore. Ce leurre est manœuvre familière et décevante pour les chasseurs. Le colonel fut en outre desservi par la pente du terrain qui lui offrait le capucin en cul, ce qui, on en conviendra, est fort désobligeant. Les deux coups claquèrent à une cadence tout à fait classique, et le lièvre disparut au tournant d'un buisson, non sans avoir, dans un bond ultime qui montrait le blanc de son ventre, donné aux spectateurs haletants l'illusion qu'il venait de faire la culbute. « Il y est ! » rugîmes-nous de concert en nous précipitant. Il n'y était point. Les chiens avaient pris la voie et le menaient alentour, ravaudant sans grande conviction, excités de la voix et du geste par Jambon, piqueur consommé. Le colonel, pensif, scrutait, tantôt la pierraille du chemin, tantôt les fanes de pommes de terre voisines, dans l'espoir de relever le défaut de ce vieux scélérat.

SEPTEMBRE
2022

Septembre

Du côté des livres

BÉCASSE MA PASSION

Par Émile Bourdon - 1988

Émile Bourdon (1921 – 2004), ce breton chirurgien dont la réputation a largement débordé la Bretagne, avait trois passions ; son travail, la chasse à la bécasse et la pêche à la mouche. Il est l'auteur de deux ouvrages unanimement appréciés et reconnus par les bécassiers : *Bécasse ma passion* (1988) et *Bécasses ces inconnues* (1990). Dans ce livre, il démontre la qualité peu reconnue du chien d'arrêt bécassier dit « aboyeur ».

« Pour ma part, je me considère comme très favorisé. Au cours de mes quarante-cinq saisons de bécassiers, j'ai chassé avec une vingtaine d'épagneuls bretons, dont huit aboyant la bécasse d'une manière constante. Je tiens à préciser que dans tous les cas, il s'agit de vrais bécassiers très chevronnés, à l'arrêt très ferme, donnant quelques "coups de gueule" à l'envol d'une bécasse loin du maître, et de toute évidence pour lui dire : "La bécasse est partie". Il s'agit pour le chien intelligent d'une expression de dépit ou de colère parce que l'oiseau n'a pu être tiré. »

Lun.	Mar.
notes	
5 Raissa	6 Bertrand
12 Apollinaire	13 Aimé
19 Émilie	20 Davy
26 Côme - Damien	27 Vincent de Paul

Mer.	Jeu.	Ven.	Sam.	Dim.
	1 Gilles	2 Ingrid	3 Grégoire	4 Rosalie
7 Reine	8 Nativité	9 Alain	10 Inès	11 Adelphe
14 Croix Glorieuse	15 Roland	16 Édith	17 Renaud	18 Nadège
21 Matthieu	22 Automne	23 Constant	24 Thècle	25 Hermann
28 Venceslas	29 Michel	30 Jérôme		

notes

Le lièvre de Jean-Marie

Comme la vie me semble belle ! Nous avons enfin réussi l'exploit avec Michel Zuber d'obtenir une participation dans cette chasse communale si réputée de Bonny-sur-Loire. Mais, faute de temps, ni l'un ni l'autre n'avons eu la possibilité de visiter ce nouveau territoire. Ce qui nous importe peu, car sa réputation cynégétique a largement dépassé les limites du canton.

Ce matin, c'est l'ouverture générale. Nous nous sommes donné rendez-vous vers les huit heures avec Michel dans un des bistrots de ce village où nous avons prévu de déjeuner ce midi. Je trouve Michel attablé devant son double café matinal, une carte d'état-major dépliée devant lui. Michel Zuber, comme l'indique son nom, est d'origine alsacienne. Grand, le poil tirant sur le roux, son visage est changeant en fonction de son humeur. À peine assis, comme Masséna pendant la campagne d'Autriche, Michel me fait part qu'il envisage de nous faire démarrer sur la limite ouest de la commune où nous allons chasser. Il a déjà prévu un itinéraire à travers les champs, ce qui devrait nous ramener au village aux alentours de midi. Pour réaliser le parcours qu'il a prévu, il faut que nous laissions mon véhicule sur place. Michel, lui, nous conduira « ici », me dit-il en posant son crayon sur la carte. Aussitôt dit, aussitôt fait. Mon chien Noé, mon fusil, et mon sac à cartouches sont transférés d'une voiture à l'autre, et nous voilà partis. Nous parcourons quelques kilomètres dans cette région qui borde la Sologne. Je trouve que cette campagne est vraiment belle. De temps à autre, j'entraperçois au loin les méandres de cette Loire si majestueuse, et j'imagine que ce soir, nous ferons la passée dans une de ses boucles. Nous arrivons enfin sur un parking, genre « terre battue, caillasse », où se trouvent alignés plusieurs véhicules. Leurs propriétaires, à l'évidence tous chasseurs, se préparent tout en plaisantant. C'est ce que nous nous dépêchons de faire nous aussi, en entamant la bavette avec nos voisins. Les fusils sont montés, les bottes sont mises, il est moins cinq à ma montre. Nous nous séparons de nos nouveaux copains, qui ont décidé pour démarrer de battre un chaume de blé, pas très loin sur notre droite. Il reste quelques minutes, ce qui me laisse le temps de découvrir le terrain de nos futurs exploits. La partie choisie par Michel est vraiment bien sympathique. Légèrement vallonnée, elle se compose de petits champs de chaumes bordés par des pommiers, de quelques haies bien épaisses et de petits bosquets. Bref, tout cela me semble parfait. Ça y est ! Les cloches des villages égrènent au loin les neuf coups tant attendus. Débute enfin cet instant que nous attendons depuis des mois avec impatience.

Noé, tout joyeux, est excité comme un pou. Après avoir parcouru une centaine de mètres, je me dirige en bordure d'une haie. À cet instant, Noé s'immobilise dans un demi-arrêt, puis il commence à remonter tout doucement une piste. Mon chien parcourt ainsi une cinquantaine de mètres, pour se figer dans un arrêt cataleptique. Je le devance en le contournant, avant de me diriger vers lui. C'est un coq qui s'élève brusquement en faisant claquer ses ailes. Je laisse le faisan parcourir une vingtaine de mètres ; mon tir le paralyse alors qu'il s'apprête à basculer derrière une haie. Noé, imperturbable, n'a pas bougé à mon coup de fusil. Je le libère en ordonnant : « Apporte ».

La matinée s'avance, trop vite… Du gibier, il y en a partout. Ce territoire est vraiment fabuleux. Vers les dix heures, mon tableau se compose de trois faisans, quatre perdreaux rouges, d'un lapin et de trois cailles. Je suis vraiment satisfait de Noé qui est au top de sa forme. Quant à Michel, avec l'aide d'Olaf, un autre braque français aguerri, il porte dans son carnier deux faisans, cinq perdreaux et deux cailles. Un peu alourdis, nous décidons de modifier notre plan initial pour aller déposer notre gibier dans la voiture. En cours de chemin, nos pas nous amènent pas loin d'un chasseur au comportement bizarre. Assez âgé, mal fagoté, sans chien, celui-ci paraît inspecter le sol en tournant en rond. Intrigués, nous nous arrêtons pour l'observer. Brusquement, le drôle de chasseur se fige, puis il recule doucement de quelques pas. Il ouvre un fusil brinquebalant qui a dû être enterré pendant les deux dernières guerres, introduit une cartouche dans un de ses canons, épaule, vise la terre… et il tire. Le recul de l'arme le projette violemment en arrière. Nous sommes complètement interloqués tous les deux, mais tout devient compréhensible lorsque nous le voyons s'élancer pour ramasser… un énorme lièvre, qu'il vient de tirer au gîte. Michel, qui a comme autre qualité d'être un puriste pour tout ce qui touche la chasse, grogne méchamment et devient vert de rage. Il s'avance sur le « viandard » en fulminant. D'un geste autoritaire, il arrache violemment le capucin des mains de l'assassin, puis il se met à l'engueuler. Un couple de chasseurs, intrigués, s'approchent vers nous. Amusés, l'un d'eux nous explique que le lièvre au gîte, c'est la grande spécialité de Jean-Marie, ainsi que se prénomme notre « braco ». Celui-ci, pour les recenser, observe tous les soirs les allées et venues des lièvres de la commune. Par la suite, chaque matin de chasse, le madré va méticuleusement visiter les gîtes qu'il connaît, pratique qui lui permet de tuer quantité de rouquins dans sa saison. D'ailleurs, conclut en souriant un de nos interlocuteurs, personne n'a jamais vu Jean-Marie tirer un gibier autrement qu'arrêté. C'est là que Michel explose ! Encouragé par son entourage, il dit haut et fort au vieux Raboliot qu'il assimile cette forme de chasse à du braconnage, et qu'il ne peut pas l'accepter. Puis, le verbe rageur, il l'informe qu'il lui confisque son lièvre. Et que s'il désire le récupérer, il le trouvera chez le président de la chasse où nous allons le déposer immédiatement, après lui avoir expliqué de quelle façon celui-ci a été tué ! Jean-Marie, tête basse, impressionné par la colère de Michel, ne pipe pas un mot. Là-dessus, tout le monde se sépare.

Cette altercation s'est déroulée assez près de notre voiture que nous rejoignons en quelques minutes. Notre gibier, accompagné du lièvre assassiné, est déposé dans le coffre. Michel se calme enfin. Il allume une cigarette, avale goulûment une bouffée, puis il prend son plan. Il le scrute attentivement, en le tournant dans tous les sens. J'imagine que mon ami recherche la route la plus directe pour se rendre chez le président. Michel, qui semble maintenant assez soucieux, et même contrarié, regarde tout autour de lui. J'imagine que la raison vient de son empoignade avec Jean-Marie. Mon ami se décide enfin à monter dans sa voiture, tout en m'invitant à faire de même. Il opère un demi-tour, et nous revoilà partis. Michel reste silencieux. Quant à moi, je suis quand même de plus en plus intrigué par son comportement. Nous parcourons un bon kilomètre, lorsque Michel soupire longuement et m'annonce la mauvaise nouvelle. « Alain, je me suis complètement foutu dedans. J'ai pris un mauvais croisement et une mauvaise route. En fait, tout au long de cette matinée, nous n'étions pas chez nous, nous avons chassé chez des voisins ». Inutile de dire que cet aveu m'assomme littéralement. « Voilà ! », me dit Michel, en ralentissant, « Maintenant, nous sommes bien chez nous ». Effectivement, au vu de la distance que nous venons de parcourir, nous étions bien loin de notre territoire. Intérieurement, je me demande même si nous n'avons pas sauté plusieurs communes. L'image de Masséna s'estompe, celle de Grouchy m'apparaît en filigranes…

Jean-Marie, et pour cause, n'a jamais retrouvé son lièvre chez son président. Par contre, le civet préparé par un de nos copains restaurateurs était vraiment sublime. De toutes les façons, entre nous, ce vieux « braco » ne méritait vraiment pas son lièvre, non ?

Plus tard, avec Michel, nous avons passé un nouvel accord. À partir de ce jour, ce sera moi, et moi seul qui m'occuperais de l'organisation de nos journées de chasse.

Nos différentes pratiques de chasse

La chasse du petit gibier à la billebaude

Chasser devant soi à la billebaude, c'est chasser le petit gibier comme perdreaux, faisans et caille avec son chien, sans avoir l'obligation d'emprunter un itinéraire précis. C'est la chasse pure du chasseur solitaire, traditionnel des ACCA. Le choix d'une race de chien est fonction du ou des gibiers qui sont recherchés. Le chasseur étant obligé de se rapprocher au plus près du gibier pour pouvoir le tirer, un chien d'arrêt apporte un plus évident. Le rapport est lui par contre obligatoire, car tirant peu, il n'est pas concevable de perdre une pièce de gibier qu'il n'est pas possible de ramasser par soi-même. Il sera opportun de sélectionner un chien à tout faire, intelligent et débrouillard, qui saura s'adapter et résoudre les desiderata du moment. Depuis une trentaine d'années, une des races qui émergent, c'est l'épagneul breton. Les raisons de son succès sont multiples. De taille moyenne, donc peu encombrant, c'est un chien affectif, hyper chasseur, qui s'adapte rapidement à toutes les particularités du petit gibier. Plaine, bois, marais, rien ne le rebute. Généralement, son rapport est naturel. Et lorsque ce n'est pas le cas, une éducation savamment dosée en fait vite un excellent retriever. Il existe bien sûr d'autres races toutes aussi efficaces, comme le griffon Korthals, et d'autres variétés d'épagneuls comme le français et le picard. Le braque français et le braque d'Auvergne restent des auxiliaires incontournables pour supporter la chaleur et le terrain si difficile des garrigues du midi. Et puis, il y a les leveurs de gibier comme ces fabuleux springers, qu'ils soient français ou écossais… En fait, faire le bon choix de son futur compagnon pour chasser efficacement à la billebaude, c'est surtout une question d'individu, osons même dire, de personnalité. Un bon conseil. Avant de faire l'acquisition de votre chiot, arrangez-vous pour faire la connaissance de ses parents sur le terrain. Cela devrait, en principe, limiter grandement les risques de vous tromper.

La chasse des perdreaux gris et rouges devant soi

Découvrir son chien en arrêt dans un champ de luzerne ou de betterave, puis voir la compagnie de perdreaux qui éclate bruyamment devant votre complice tétanisé, c'est toujours un spectacle qui prend le ventre. À les observer en vol, chacun des oiseaux qui la composent donne l'impression de participer à un ballet. Rouge ou gris, notre magnifique pays a le grand privilège d'héberger ces deux variétés. Le chasseur éprouve tout au long de sa vie un réel plaisir à chasser cet oiseau mythique. Rustique, sauvage, rapide, il est la base même des jours d'ouverture à la billebaude. Qui d'entre nous après un joli coup de fusil, le perdreau tenu dans la main, n'a pas caressé, puis soufflé sous ses plumes, doucement, comme pour ranimer ce magnifique gibier ?

Chasse d'ouverture

Chasser le perdreau en septembre devant soi, au chien d'arrêt de préférence, c'est un vrai régal. Dans les jours qui suivent l'ouverture, les perdreaux ne se laissent pas toujours facilement approcher. Votre objectif est de faire éclater une de ces compagnies inabordables, pour essayer ensuite de faire lever quelques isolées dans les couverts où ils aiment à se remiser. Au premier envol, les grises en compagnie restent très compactes, alors que les rouges se disloquent rapidement. Sous un couvert, la grise se défile en tournant en rond. La rouge, elle, peut prendre un grand parti sur parfois plusieurs centaines de mètres. Au chien d'arrêt, il est préférable d'aborder les remises, avec le vent de face. Cette technique permet à votre complice de sentir les effluves de loin, et de contrôler à l'aide de son odorat les mouvements de ce sacré « piétard ».

Apprendre à se contrôler pour bien tirer

Vous chassez en plaine à la billebaude, lorsqu'un perdreau démarre quasiment dans vos pieds. Calmement, vous épaulez, puis vous suivez l'oiseau du bout de votre grain d'orge pour le dépasser et le « sécher » vers les vingt-cinq mètres. L'attente pour le laisser prendre du champ a duré moins d'une poignée de secondes, mais elle semblera interminable au débutant. Pourtant, à regarder faire un tireur chevronné, comme cela semble facile. Le paradoxe, c'est que c'est facile ! Mais pour appliquer régulièrement cette technique, il lui a fallu des années d'expérience pour apprendre à bien se maîtriser. Chez un jeune chasseur, ce mélange d'émotions et de surprises et surtout la peur de laisser filer son gibier font que celui-ci tire beaucoup trop vite et beaucoup trop près. Ce qui donne généralement comme résultat un beau loupé, ou rarement, heureusement, un gibier abîmé par le coup de fusil.

Et savoir louper… devant votre perdreau

Pour acquérir les bons gestes du tir de chasse, il faut du temps, de l'entraînement, et un peu d'expérience. Expérience que l'on peut apprendre un peu dans les livres, mais surtout par la pratique du parcours de chasse. Bon, allez-vous encore me demander, qu'est-ce que je dois faire pour bien tirer ? Et je vous répondrais une fois de plus que pour bien tirer au fusil de chasse, le principe élémentaire que vous devez assimiler est que la vitesse de votre gerbe de plombs est bien plus lente que vous ne vous l'imaginez. Et qu'il est essentiel que vous acceptiez le fait qu'il faut un certain laps de temps à votre grenaille pour rattraper votre objectif. Donc, vous devez vous efforcer à tirer… plus ou moins loin devant votre oiseau. En conclusion, pour atteindre votre perdreau, vous devez pallier la lenteur de vos plombs en loupant volontairement devant lui, ce qui est plus facile à écrire qu'à faire, j'en conviens.

CHIEN

Adopter un chien ! Les plaisirs, sans les désillusions

Ça y est ! Chasseurs, vous vous êtes enfin décidés à adopter un chien ! C'est une décision que vous avez longuement mûrie au cours de vos veillées du soir, un choix dont vous avez pesé les conséquences, analysé les retombées lointaines, disséqué les prolongements. Oui, mais voilà, quelle sorte de chien ? Alors là, vous avez de quoi occuper plusieurs soirées pluvieuses, car des races de chiens, il en existe d'innombrables.

Choisir un chiot dans une race de chien comme futur compagnon n'est pas une chose aussi simple qu'il y paraît. Une erreur d'appréciation peut rendre vos quinze prochaines saisons de chasse difficiles, parfois même insupportables. Alors, mieux vaut mieux se poser les bonnes questions avant qu'une fois devenu adulte, le chiot élu vous fasse amèrement regretter votre choix. Tout d'abord, c'est la pratique de chasse que vous préférez qui doit déterminer votre sélection. Immédiatement, vous vous posez la question de savoir s'il vaut mieux consulter un éleveur professionnel ou un amateur. Et également, s'il est préférable de choisir un chiot issu d'une bonne portée ou un chien adulte déjà éduqué ? Il est certain qu'il n'est pas évident de répondre à ces questions très personnelles.

En fait, j'ai bien compris que vous appréhendez, pour l'avoir moult fois constaté autour de vous, que votre choix d'aujourd'hui devienne plus tard une petite catastrophe. Et vous avez entièrement raison ! Il est regrettable de retrouver à la chasse des braques qui « grelottent » dans les marais en hiver, des labradors qui « rôtissent » dans la garrigue en septembre, et des pointers qui « étouffent » dans les petites traques de Sologne. Et surtout, vous gardez en mémoire tous ces chiens d'arrêt qui n'ont jamais arrêté, à ces « vides battues » qui ne pensent qu'à mâchouiller, ou pire, à manger le gibier au lieu de le rapporter, sans même évoquer la grande cohorte de ceux qui ont pour la chasse autant de dispositions que Brigitte Bardot.

Pragmatique, vous vous dites : « Bon, d'accord ! Adopter un chien, c'est une loterie, mais pour éviter de me tromper, je vais tout d'abord sélectionner la race qui correspond au plus près à ma façon de chasser… ». En quoi, vous aurez entièrement raison !

En fait, choisir un chien de chasse, c'est tout d'abord choisir un compagnon de vie. C'est aussi une histoire de coup de cœur que vous devrez obligatoirement ressentir le jour où vous ferez sa connaissance.

En décrivant les races de chiens les mieux adaptées à nos différentes pratiques de chasse, nos conseils devraient bien vous aider. Tout en gardant en mémoire que le corollaire fondamental de votre future collaboration est que le bon chien fait le bon chasseur et que le bon chasseur fait le bon chien.

Le choix délicat de l'acquisition d'un chiot

Que ce soit en s'adressant à un éleveur professionnel ou bien à un amateur, l'acquisition d'un chiot reste toujours une démarche problématique. Car il est incontestable qu'il existe d'excellents éleveurs, des moins bons, et, malheureusement, pas mal d'exécrables. En plus de l'appât du gain, il est largement avéré que certains éleveurs ne possèdent aucune compétence cynophile, ce qui fait qu'un acheteur néophyte est tout à fait en droit de se méfier. Pour minimiser les risques, il est de loin préférable de visiter un élevage recommandé par l'une de vos relations, ou encore mieux, de choisir un chiot issu d'une portée dont vous aurez auparavant apprécié le talent des géniteurs.

Il m'est souvent arrivé d'accompagner quelques amis ou relations qui désiraient que je les conseille sur l'acquisition éventuelle d'un chiot ou d'un chien adulte. Là, j'ai eu la chance de faire la connaissance d'éleveurs professionnels et amateurs passionnés, compétents, amoureux de leurs chiens. Par contre, je garde aussi en mémoire le souvenir de chenils délabrés et crasseux, de vendeurs ignares âpres au gain, de chiens souffreteux au regard douloureux… Deux ou trois fois aussi, j'ai découvert, éberlué, des chiens vivants dans des conditions dramatiques, et assommé et révolté, je me suis évertué à faire intervenir les gendarmes en urgence.

La plaie, c'est cette multitude de vendeurs de chiens à l'incompétence crasse, qui se sont trouvés dans cette activité une gentille petite rente nette d'impôt, en faisant « saillir » quelques chiennes qui leur donnent chaque année plusieurs chiots qu'ils vont essayer de vendre le plus cher possible. Ce qui est plus ou moins tempéré avec la loi du 1er janvier 2016 concernant la vente des chiens. La démarche de ces pseudos éleveurs, qui se proclament parfois professionnels, est de présenter leur étalon ou leur lice dans le maximum d'expositions, avec l'espoir d'y récolter lauriers et coupes. Car, comme il m'a été dit un jour : « Il faut toujours persister, car un jour ou l'autre, on obtient obligatoirement une distinction ». En fait, tous ont bien compris que le prix de leurs chiots sera déterminé en fonction des médailles remportées par leurs parents.

Une fois sur place, observez bien la propreté des lieux, les propos de l'éleveur, et regardez si les chiens et les chiots sont gais.

Alors, comment faire ? Heureusement, il existe encore de nombreux réseaux constitués d'amateurs passionnés, spécialisés dans une race qu'il connaisse à la perfection, souvent sur plusieurs générations. Ces éleveurs produisent quelques portées de temps à autre. Le prix demandé pour un chiot correspond aux frais engagés comme les frais de vétérinaire, les vaccins… Il n'est jamais calculé pour faire un gros profit.

Quant aux éleveurs professionnels, sachez qu'une bonne réputation est rarement usurpée.

Sans oublier tous ces chiens que propose la SPA. Plusieurs de mes amis ont trouvé dans cet établissement altruiste le compagnon idéal.

L'identification ADN

Que cela soit un acte délibéré de la part de l'éleveur ou le fait d'une saillie accidentelle ou appuyée, il a été largement démontré qu'un pourcentage important de pedigrees (on évoque le chiffre de 20 à 30 %) ne correspondraient pas en fait à ce qui est certifié. Pour lever tous les doutes, beaucoup d'éleveurs professionnels n'hésitent pas à demander à leur vétérinaire d'effectuer un test ADN au moyen d'un frottis buccal effectué sur un des chiots. Ce test ADN va permettre de vérifier ou d'authentifier le pedigree. L'identification ADN est un outil fiable, puissant et simple à utiliser qui permet de prouver que les éleveurs travaillent consciencieusement.

Les pièges et astuces à connaître

Si votre choix se porte sur un chien adulte, ne vous laissez pas impressionner par le rapport à l'eau d'un morceau de bois, la plupart des chiens rapportent naturellement à l'eau. À terre, par contre, c'est beaucoup plus difficile. Pour l'achat d'un chien d'arrêt, il y a aussi la démonstration d'un arrêt sur une caille ou un pigeon enfermé dans une cage ou attaché à une ficelle. Même si cela représente un plus non négligeable, ce n'est qu'un mécanisme effectué à vue, et non forcément par l'odorat. Le chien arrête bien la cage ou l'oiseau attaché par la ficelle, mais souvent, il le fait de mémoire, car il connaît cette situation par cœur et la caille par son prénom. Observez plutôt le comportement et le regard du chien proposé, et très important, exigez de voir sa mère évoluer sur le terrain. Et puis, dernier point important : sans une identification ADN, il ne faut pas obligatoirement croire tout ce qui est écrit dans un pedigree.

LE CYCLE ÉTONNANT DE LA MIGRATION DES OISEAUX

Septembre, ces migrateurs qui nous font tant rêver

Quand l'été finit, lorsque les nuages défilent sous la torche laiteuse de la lune, les premiers migrateurs venus des lointains pays commencent à investir nos forêts, nos marais, nos côtes et nos estuaires. Tous ces oiseaux semblent suivre ces nuées qui fuient et qui s'effilochent dans le vent, accompagnant nos rêves jusqu'aux confins du monde. Ces voyageurs symbolisent l'existence d'un peuple sans frontière qui, d'horizon en horizon, prend discrètement possession de la planète. Il s'avère pourtant que plusieurs espèces viennent à s'établir durablement dans nos régions. Parfois, au cœur de l'hiver, soumis aux conditions climatiques extrêmes, les « migrateurs à regret » transitent chez nous, effectuant quelques haltes plus ou moins prolongées. Leur quête nécessite alors une exploitation immédiate, souvent de trop courte durée. Rien ne change dans le cycle annuel de la nature.

Longtemps, longtemps, encore, lorsque les nuages sous les vents propices à l'est effaceront pour quelques instants la lumière des étoiles, les oiseaux migrateurs s'en iront vers de lointains espaces sans limites, laissant dans le cœur des hommes, un vague sentiment d'abandon et de solitude...

Un cycle perpétuel

Chaque année, au début de l'automne, des dizaines de millions d'oiseaux quittent leurs lieux de reproduction pour entamer un long vol vers leurs zones d'hivernage, situées parfois à plusieurs milliers de kilomètres. Durant ces semaines ou ces mois de trajet, les migrateurs doivent traverser différentes barrières naturelles hostiles comme mers, montagnes, déserts, subir des conditions météorologiques parfois difficiles, s'accommoder des vents, trouver des sites de halte leur permettant de reconstituer leurs réserves de graisse, et surtout, garder le bon cap pour arriver au bon port.

Il est vraisemblable que ces migrations n'ont pas existé en tout temps et que ce n'est qu'au cours des millénaires, lorsque les glaciations, les climats et les saisons sont apparus sur notre globe, que s'est développée cette habitude de pérégrination qui est devenue maintenant héréditaire. Grâce à leur aptitude de vol, les oiseaux ont pu coloniser des régions nordiques, là où les conditions climatiques sont les meilleures à cette époque pour la nidification, la ponte et le développement de leur descendance. Mais ces mêmes régions ne disposant plus de nourriture pour passer l'hiver, il était impératif pour les oiseaux de pourvoir à leur subsistance en partant vivre dans des lieux où celle-ci leur est largement dispensée. Ces périples de va-et-vient entre zones de reproduction et zones d'hivernage sont d'une extrême précision puisqu'ils ramènent généralement chaque année les individus à leur lieu d'origine. D'évidence, la faculté que l'oiseau utilise pour répondre à cet instinct est un acquis héréditaire, comme celles qu'il met en œuvre pour édifier son nid, se reproduire ou élever sa progéniture. En fonction de chaque espèce, les facteurs de déclenchement de migration sont multiples et variables, et d'importances inégales. Si la recherche de la nourriture commande souvent, celle-ci n'est pas, tant s'en faut, le facteur déterminant. Prenons comme exemples la sarcelle d'été, le martinet

Ce migrateur méconnu, le faucon crécerellette

En septembre, commence la migration du faucon crécerellette. Ce cousin du faucon crécerelle, d'un poids de cent cinquante grammes, est le plus petit faucon européen. Sa population en France se situe autour des pourtours méditerranéens, principalement dans la plaine de La Crau. Depuis 2003, on observe en septembre des rassemblements importants dans différents secteurs du sud de la France en dehors des sites de nidification. Là, un mois après leur envol, des individus juvéniles portugais ont été observés à mille deux cent cinquante kilomètres de leur lieu de naissance. Effectuant une migration diffuse à haute altitude (2 000 mètres), son départ reste discret. La grande majorité des faucons crécerellettes européens hiverne au sud du Sahara, jusqu'en Afrique du Sud. Cette espèce, pourtant très grégaire, n'est observée qu'en petit nombre sur les lieux de passages maritimes comme le détroit de Gibraltar et de Messine en Italie. Migrations et hivernage représentent sept mois de la vie de ce petit rapace insectivore, fou de criquets. En 2007, il a été découvert une importante zone d'hivernage sur l'île de Kousmar au Sénégal, regroupant plus de vingt-huit mille individus, ce qui représente plus de 30 % de la population nicheuse européenne.

et la caille, qui quittent nos latitudes alors que leur nourriture leur est encore plus que largement assurée dans leur zone de nidification. A contrario, malgré des conditions extrêmes, d'autres espèces, surnommées migrateurs à regret, vont résister le plus longtemps possible avant de se décider à migrer comme le pigeon ramier, les oies, l'Eider à duvet et certains colverts. Intimement liée au réchauffement climatique et à l'opportunisme, une partie de ces populations passe au fil du temps du statut de grand migrateur à celui de sédentaire. On assiste alors à une situation, où, en fonction de leur aire de nidification, certaines espèces d'oiseaux, comme le pigeon ramier, peuvent être migratrices dans un pays, migratrices partielles dans un autre, voire sédentaires dans un troisième pays.

Un cheminement complexe

Il a été constaté que la migration se fait dans le sens nord-sud à l'automne, et, dans le sens sud-nord au printemps en suivant des voies immuables. La réalité est quelque peu différente. Il est frappant de constater qu'en Europe, et particulièrement en France, les grands axes de migration, aussi bien à l'aller qu'au retour, sont plutôt orientés selon des diagonales parallèles nord-est et sud-ouest. Alors, pourquoi cette orientation ? On a soupçonné l'influence des vents du secteur est qui sont habituellement favorables à la migration. Cette hypothèse ne tient pas, car avec ce type de vent, les oiseaux ont vent arrière en descente, ce qui les aide, alors qu'en remontée, ils ont vent debout, ce qui les gêne ! Lors de la migration d'automne, les anatidés provenant du Nord et du Nord-Est se heurtent, à un moment donné, à la façade atlantique contre laquelle ils infléchissent leur route pour se diriger plus directement vers le Sud. En effet, contrairement à ce que l'on pourrait croire, tous les oiseaux, et même les oiseaux d'eau, craignent l'infini de la mer qu'ils ne traversent que par erreur ou lorsqu'ils sont contraints lors de conditions météorologiques spéciales. Arrivés à proximité de la chaîne des Pyrénées, ils obliquent le plus souvent vers l'ouest pour suivre la côte atlantique et rejoindre Gibraltar. Un autre contingent de migrateurs plus continental emprunte la vallée du Rhône, évitant le massif alpin, et vient buter sur la Méditerranée qu'il longe. Une partie s'arrête en Camargue, l'autre gagne les côtes orientales de la péninsule ibérique pour retrouver à Gibraltar les oiseaux ayant suivi la côte atlantique ou ayant traversé le centre de l'Espagne. Au printemps, la remontée se fait sensiblement par les mêmes voies principales et accessoires, mais ce ne sont pas forcément les mêmes oiseaux qui les empruntent, car au cours de leur hivernage, certains ont noué des relations amicales ou sentimentales qui vont les détourner de leur destination habituelle.

Que se passe-t-il chez les oiseaux en septembre ?

La migration…

Les premiers oiseaux hivernants venus du nord de l'Europe ou de la Sibérie arrivent pour stationner dans notre pays. Sans que cela se remarque vraiment, septembre est une période où la migration est intense. Imaginez un peu ! Martinets, hirondelles, coucous, grues, outardes, grives, tourterelles des bois, cailles, alouettes, barges, chevaliers, vanneaux, balbuzards pêcheurs, cigognes, ainsi qu'une multitude de passereaux et de rapaces quittent ou traversent la France à cette période pour rejoindre leur zone d'hivernage… Bizarrement, beaucoup de ces vols, qui ont lieu en majeure partie la nuit, sont peu remarqués… Avant de se rendre en Espagne et en Afrique, ces migrateurs de passage ne font que traverser nos régions en effectuant de courtes haltes pour reconstituer leurs réserves énergétiques servant de carburant. Tous ces mouvements migratoires sont étroitement conditionnés par la disponibilité des ressources alimentaires, elles-mêmes liées aux variations climatiques saisonnières, ainsi qu'à l'alternance de la longueur du jour d'une latitude à l'autre. Les conditions météorologiques jouent un rôle important dans le déroulement des migrations. Par contre, des tempêtes d'automne peuvent être l'origine de graves dérives accidentelles, comme cette Mouette sabine, oiseau de mer venu du Groenland et migrant normalement très au large dans l'Atlantique, qui a échouée accidentellement le 3 septembre 1998 sur l'étang de Parroy, près de Lunéville.

des canards

Sans être comparable au mois d'août, le mois de septembre est un excellent mois de passage pour les sarcelles d'hiver et d'été. Le souchet et la sarcelle d'été, surnommés « canards frileux », profitent des premiers vents d'est ou de sud-est pour se rapprocher de l'Afrique. C'est aussi l'arrivée sur nos côtes des premiers siffleurs et des premiers pilets. Quant aux colverts, ce sont des opportunistes. Un coup de sécheresse qui dure longtemps peut très bien les faire remonter vers le Nord en attente d'une pluviosité qui les fera reprendre une migration normale.

des limicoles

Il est indéniable que d'importants passages de limicoles ont déjà eu lieu entre le 20 juillet et la fin août où chevaliers et pluviers de toutes sortes ont défilé à un rythme soutenu le long de nos côtes pour rejoindre l'Espagne et l'Afrique. Pourtant, septembre c'est quand même un mois passionnant sur notre littoral. Barges rousses et barges à queues noires, pluviers argentés et pluviers dorés, pies de mer, courlis cendrés, courlieux vont continuer à défiler en fonction des vents.

de la bécassine des marais

À part l'intéressant mouvement de la « Madeleine » qui dure du 22 juillet à début août, on rencontre surtout la « Reine du marais » d'octobre à novembre. Mais en période de sécheresse, accompagné d'un bon vent d'est, il est ordinaire de trouver des bécassines en surnombre dans les marais qui ont gardé un peu d'eau.

des grives

Grives musiciennes et grives mauvis commencent leur migration fin septembre. Avec un vent d'est à sud-est bien accroché, c'est la quasi-certitude de les voir arriver en France à cette période.

Les routes de migration ne sont pas figées

Chez certains oiseaux migrateurs, l'observation des adultes par les jeunes générations constitue la garantie du maintien d'une tradition migratoire. L'habitude s'inscrit dans les gènes et l'instinct se substitue à l'imitation en quelques générations. Ce qui n'est pas toujours vrai, car un certain nombre d'espèces n'ont jamais réussi à rompre avec le continent dont elles sont issues ; y compris lorsqu'un tel attachement leur impose deux fois par an un vol migratoire considérable. Le cas du traquet motteux est un exemple édifiant. Ce passereau niche de l'Europe occidentale à la Sibérie orientale. Chaque printemps, un petit nombre franchit le détroit de Béring pour se reproduire en Alaska. D'autres ont colonisé le Canada et même le Groenland via les îles britanniques et l'Islande. Sitôt l'élevage des jeunes achevé, tous les traquets motteux de la planète mettent le cap vers l'Afrique, sans doute le continent d'où leurs ancêtres ont essaimé. Cette découverte met un terme aux croyances selon lesquelles les routes de migration des oiseaux sont toujours le fruit d'une tradition millénaire. Car il suffit parfois d'un simple facteur météorologique, pour qu'un petit nombre d'individus confrontés à une situation nouvelle, soit à l'origine d'une évolution comportementale bientôt traduite en mutation génétique.

La caille des blés est polluée

Les lâchers de cailles japonaises étant interdits en France, certains éleveurs, pour contourner cette législation, ont eu l'idée de croiser cailles des blés et cailles japonaises. Le but de cette hybridation était aussi destiné à améliorer les piètres qualités des cailles japonaises, incapable de voler. Pendant des années, il y a eu sur certaines ACCA, d'importants lâchers d'hybrides, comme cailles de tir. Des études viennent de démontrer que ces individus hybrides, lâchés massivement dans la nature, étaient parfaitement capables de se reproduire avec les cailles sauvages. Pire, les hybrides mâles ont souvent le dessus sur les mâles sauvages. Il résulte de ces croisements une pollution génétique dangereuse pour la caille des blés. Les cailles hybrides, en se croisant avec les cailles sauvages, donnent des individus avec un instinct migratoire atténué. Celles qui ne migrent pas ne survivent généralement pas pendant l'hiver. Mais certains individus, hybrides au troisième et quatrième degré, qui ont conservé un minimum d'impulsion migratoire, parviennent à se rendre en Afrique du Nord, et polluent le réservoir naturel de l'espèce en établissant une population qui se sédentarise. Ceux qui, sans aller jusqu'en Afrique, ont atteint des zones favorables à leur survie comme le sud de l'Espagne arrivent également à créer des populations sédentaires... Il est difficile à ce jour de mesurer le degré de pollution de la caille des blés.

Les vents

D'évidence, tous les vents à tendance à l'est sont favorables pour les oiseaux en migration. Accompagnant les vents d'est, de nord-est et de sud-est, les sarcelles d'hiver représentent 60 % des tableaux en septembre. Les vents d'ouest, du sud et nord-ouest persistants n'apportent généralement peu ou pas de migrateur.

Courlis

Traquet motteux

> *La chasse vient de nos traditions populaires, elle doit avoir ses règles, son éthique, elle doit faire en sorte de protéger les espaces et les espèces.*
>
> **Jean-Pierre Raffarin**

Aventures et émotions de chasse

LA CHASSE DES PALOMBES ET DES TOURTERELLES - 1979 par Docteur Christian Rocher

Sir Archie Coats est une très fine gâchette et, au demeurant, extrêmement spécialisé ! Il passe son existence à détruire les palombes, du nord au sud et de l'est à l'ouest des comtés britanniques. Toute l'année et par tout temps, six jours sur sept, il chasse en compagnie de sa fidèle épouse Lady Prudence et de son labrador « Golden ». Au fil des jours, son 12 juxtaposé s'est tellement poli à l'emplacement de sa main sur les canons que leur bronzage a disparu ! Il lui est arrivé en effet de tuer plus de 900 oiseaux dans la semaine et il a atteint fréquemment le chiffre, à considérer, de 18 000 dans l'année. Si l'honorable Sir Archie est un gentleman passionné par ce tir, il n'est tout de même pas totalement désintéressé. La destruction qu'il opère aussi efficacement lui vaut de substantiels revenus. Les propriétaires des domaines où il est appelé à officier lui consentent de très convenables remerciements. Son « bag » quotidien de palombes reste sa propriété et il expédie régulièrement ses victimes vers des organismes commerciaux de distribution avec lesquels il a passé contrat. En sa qualité de destructeur de nuisibles, le gouvernement de sa Gracieuse Majesté lui fait obtenir une forte remise sur les prix des cartouches qu'il emploie à cet usage. La réputation de Sir Archie Coats, depuis longtemps, n'est plus à faire. Il est le « right man » pour lutter contre la « pest » de la palombe en Grande-Bretagne. Le jour où Sir Archie établit son record de 550 palombes en 650 cartouches, il dut en fin de journée porter à sa voiture son labrador qui ne pouvait plus mettre une patte devant l'autre…

OCTOBRE
2022

Octobre

Du côté des livres

BÉCASSES À HISTOIRES

par Noël Lefeuvre – 1995

Président de CNB de 1985 à 1995, Noël Lefeuvre n'a écrit qu'un livre, « Bécasses à histoires », apprécié des bécassiers. Son avant-propos commence par cette phrase : « D'où peut bien venir cette passion pour la chasse et plus particulièrement celle de la bécasse ? » Quelques lignes plus loin, l'auteur nous apprend être né en 1923. Son médecin accoucheur, fervent bécassier jusqu'à l'âge de quatre-vingt-quinze ans, deviendra, plus tard, son ami et son mentor. Noël Lefeuvre, qui a alors soixante-douze ans, conclut son texte en émettant le souhait d'atteindre le même âge que lui, tout en continuant de pratiquer la quête de la Mordorée… En 2018, Noël Lefeuvre atteindra cet âge respectable le 25 décembre prochain. Eh bien, amis bécassiers, sachez que notre Nemrod continue de chasser la Mordorée trois jours par semaine. Et Noël chasse, non pas une heure ou deux, mais toute la journée, avec comme compagnon, un setter anglais de cinq ans qui pète le feu. Après lui avoir longuement parlé, je vous confirme que la flamme de la passion brille toujours dans la voix de notre vieux bécassier… Noël Lefeuvre s'est éteint le 28 avril 2018.

Lun.	Mar.
notes	
3 Gérard	4 Fr. d'Assise
10 Ghislain	11 Firmin
17 Baudoin	18 Luc
24 Florentin	25 Crépin
31 Quentin	notes

Mer.	Jeu.	Ven.	Sam.	Dim.
			1 Thér. de l'E.	2 Léger
5 Fleur	6 Bruno	7 Serge	8 Pélagie	9 Denis
12 Wilfried	13 Géraud	14 Juste	15 Thér. d'Avila	16 Edwige
19 René	20 Adeline	21 Céline	22 Élodie	23 Capistran
26 Dimitri	27 Émeline	28 Jude	29 Narcisse	30 Bienvenue

Nos différentes pratiques de chasse

Paloumayres et palombières

La maladie bleue du paloumayre

Depuis plusieurs siècles, la palombe est l'objet d'attentions passionnées de la part du chasseur landais. Nulle part ailleurs, on ne la chasse à la façon du pays gascon. Des générations de paloumayres ont laborieusement réussi à mettre au point cet art difficile, ce chef-d'œuvre d'observation et de finesse qui s'appelle une « palombière ». On ne peut réellement être « sacré » paloumayre que si l'on sait chanter la palombe. Dans les landes, on la chante de père en fils... Car c'est bien le terme de folklore qu'il faut employer pour qualifier l'ambiance dans laquelle se pratique la chasse à la palombe dans les départements du Sud-ouest. Le chasseur étranger à la commune n'est guère apprécié à cette époque, car les Landais et les Gascons ont déserté bureaux, commerces et autres activités tout au long des quinze derniers jours d'octobre. Pour certains, dès les tout premiers jours de septembre, l'attente commence. De l'aube au coucher du soleil, les paloumayres ont le regard fixé vers le ciel. Ils sont ainsi plus de cent mille à espérer l'arrivée de ces grands vols de palombes qui leur viennent du Nord. Les cabanes et les installations ont été remises en état, les appeaux ont été « bichonnés », rien ne manque en attendant celles qu'il convoite tellement, les palombes...

Vers quelles dates ont lieu les passages de palombes dans le Sud-ouest ?

À partir du 15 septembre, ce sont les premiers vols de pigeons colombins qui ouvrent le bal dans le Sud-ouest. Puis, il faut attendre le 25 septembre, jour du « saint Michel », pour voir passer les premières palombes migratrices. D'abord isolés, les oiseaux tant attendus se présentent en petites volées de cinq à quinze individus, volées qui constituent l'avant-garde de la grande migration automnale. Il sera nécessaire au paloumayre d'attendre la mi-octobre pour observer des vols réguliers qui atteignent parfois une à plusieurs centaines d'oiseaux. Au fil des jours, arrive bientôt la période culminante du passage, appelé « Le grand truc », qui se tient traditionnellement autour du 18 octobre. Ce jour-là, le ban et l'arrière-ban des chasseurs locaux des départements voisins et d'ailleurs, sont traditionnellement à pied d'œuvre. On parle alors, entre gens partageant la même passion, « Du jour du grand déballage ». Ce fabuleux passage commence au lever du soleil, et se poursuit sans interruption jusqu'à la nuit. Malheureusement, ce jour exceptionnel n'est que théorique, car généralement, « le Grand Patac » comme le surnomment les Gascons, est rarement au rendez-vous. En fait, les vols migratoires si attendus arrivent n'importe quel jour, souvent parfois autour du 1er novembre. Par contre, quand arrive le 15 novembre, tout est terminé. Cette incertitude et ce mystère renforcent encore un peu plus la passion des paloumayres.

La chasse aux appeaux

Dès « potron-minet », le paloumayre va à scruter le ciel, ponctué de menus travaux comme hisser avant l'aube par un astucieux système de poulies et de fils de fer, les appeaux, ces palombes appelées aussi pigeons bleus, élevés en captivité et qui servent d'appelants au sommet des pins. Sans oublier de préparer les grillades, la charcuterie, les cèpes et le foie gras, et de s'assurer de la bonne température du vin, constantes essentielles de la cérémonie. Car si le chasseur de palombes aime « bayer aux corneilles », seul, les yeux dans les nuages, il aime aussi refaire le monde, généralement accompagné d'un ou plusieurs bons copains, autres amoureux de l'oiseau bleu. Rarement, dans les autres modes de chasse, une passion atteint un tel paroxysme. Et que l'on ne vienne surtout pas s'imaginer que le paloumayre est un viandard. Quelques palombes entre ses mains lui suffisent pour effacer des journées et des journées de bredouilles. Trente à cinquante appeaux encapuchonnés sont hissés à la cime des pins. Chaque appelant repose sur une raquette qu'il est possible de manipuler du sol. Lorsqu'un vol est signalé, les raquettes sont manœuvrées pour déséquilibrer légèrement les appeaux qui battent ainsi violemment des ailes. Ce mouvement d'ailes donne l'impression aux oiseaux sauvages haut dans le ciel, qu'un autre vol est en train de se poser au-dessus de la cabane. Pour compléter cet effet, quelques oiseaux plus familiers et dressés sont lâchés les uns derrière les autres. Après un petit vol d'invitation incitant les sauvages à les rejoindre, ils regagnent les appelants en haut des arbres. Les techniques de cette tradition sont faciles à expliquer. Mais que faut-il de science et de connaissances pour faire « tomber » un vol de plusieurs centaines de palombes exactement à l'endroit où on le désire ? La palombe est un oiseau extrêmement méfiant. Pour réussir à faire cela, le camouflage de la cabane et de ses environs doit être plus que parfait. La cabane, elle est soit fondue au sol, parfaitement camouflée, soit intègre et invisible, à la cime des arbres. Une fois que le vol est posé, le cœur battant la chamade, chacun des occupants tire à travers une guignette son oiseau.

Pour la **chasse du pigeon ramier,** *l'utilisation de tout matériel électronique, comme le tourniquet ou le l'appeau à ailes tournantes, est interdit. Par contre, s'il est dépourvu de composants électroniques, l'utilisation d'un appelant artificiel motorisé tel que le pigeon à ailes battantes pour la chasse demeure donc possible. Le chasseur peut également utiliser un système de pigeon monté sur un piquet avec des ailes qui battent, appelé « flappeur ».*

La chasse au filet…

aux pantes : C'est une véritable chasse dite traditionnelle qui se pratique majoritairement dans les départements du Gers, de la Gironde, des landes, du Lot-et-Garonne et des Pyrénées-Atlantiques. C'est, vous diront certains, une science ou mieux encore, un art. Les filets à mailles de 40 mm sont tendus à plat, de chaque côté d'un terrain bien aplani. Quelques appelants sont disposés sur le sol pour inciter les palombes à descendre et les rejoindre. Facile à décrire, très difficile à faire. Lorsque les oiseaux sont posés sur le sol, les filets sont rabattus violemment l'un sur l'autre, emprisonnant les quelques oiseaux posés qui n'ont pas su s'échapper. Que de patience et de passion faut-il pour amener les oiseaux à l'endroit précis qui a été déterminé.

aux pantières : C'est une vraie chasse de spécialistes, qui se pratique dans les cols des Pyrénées empruntés par les palombes lors de leur migration. Les filets sont disposés entre de grands arbres, dans des couloirs qui ont été aménagés et vers lesquels on amène les vols à descendre. Comment ? L'art consiste à lancer des palettes au-dessus du vol. Car ces palettes bien manipulées imitent à la perfection l'attaque d'un autour des palombes sur un vol de pigeons. Lorsque la palette est bien lancée, les oiseaux affolés, comme ils le font habituellement lorsqu'ils sont attaqués par un de ces rapaces, se précipitent vers le sol, et volent au ras de terre pour tenter de lui échapper. Quelques-uns viennent ainsi parfois se jeter dans le filet…

Luxey, de la passion à la folie

Pour bien comprendre la passion du Landais pour la chasse à la palombe, il faut vous rendre le dernier dimanche de juillet à Luxey. La confrérie des paloumayres intronise quelques nouveaux adeptes dans une ambiance de fête indescriptible. L'amitié et la joie de vivre sont presque palpables.

LE CYCLE ÉTONNANT DE LA MIGRATION DES OISEAUX

Octobre, des regroupements pour voyager

Paradoxalement, beaucoup de ces oiseaux qui revendiquaient un territoire exclusif pendant la nidification se regroupent alors pour voyager. C'est ainsi qu'il est possible d'observer des vols quelques fois considérables de passereaux, de cigognes et de rapaces, notamment de milans noirs, traverser nos espaces, les uns volant de bosquet en bosquet, les autres planant en altitude. Beaucoup des vols, qui ont lieu en majeure partie la nuit, sont peu remarqués…

Palombes en migration

La pseudodéportation

L'utilisation du linéaire côtier permet aux oiseaux migrateurs de réduire les risques d'erreurs de navigation. Corriger systématiquement la déportation causée par le vent leur causerait une perte d'énergie importante. Beaucoup de migrateurs utilisent ainsi les vents arrière, même lorsque ceux-ci ne sont pas exactement orientés dans la bonne direction : on appelle ce phénomène la « pseudo déportation », qui sera compensée ultérieurement par une modification de la trajectoire. Les migrateurs, opportunistes, sélectionnent l'altitude de vol pour laquelle le vent leur est le plus favorable. Une trentaine de cygnes chanteurs, suivis au radar à partir de l'Écosse, ont ainsi gagné l'Islande à une vitesse moyenne de 180 km/h en volant au cœur d'un jet-stream* à plus de 8 000 m d'altitude !

Pourquoi le déplacement des oiseaux migrateurs en V

Lors de leurs déplacements migratoires, canards, oies et grues adoptent souvent la formation en V bien connue. La formation en V s'explique probablement par le fait qu'étant aérodynamique, elle diminue la résistance à l'avancement, et permet sûrement aux oiseaux de voler plus vite et plus loin. Sur la qualité et le rôle du canard de tête, différentes hypothèses ont été émises. S'agit-il d'un adulte expérimenté connaissant la route que la hiérarchie a mise à cette place ? L'une ou l'autre de ces explications ne paraît pas valable pour deux raisons. Les jeunes qui ne connaissent par la route volent en général ensemble, et en V, même s'ils n'ont encore jamais fait « le voyage ». D'autre part, l'observation des voliers permet de noter que le chef de file est souvent remplacé au cours de leurs déplacements. Il est donc plus probable que la permutation de l'oiseau de tête qui fournit l'effort maximum, permet une meilleure répartition de l'énergie à déployer par tous pour de long parcours.

Observations et comptages

L'étude des migrations a débuté par l'observation des vols migratoires et par la collecte des dates d'arrivée et de départ de migrateurs stricts dans des régions données. En France, le premier site où les vols migratoires ont été dénombrés de façon systématique selon un protocole bien défini a été le Col d'Organbidexka, en bordure de la forêt d'Iraty, dans la province basque de la Soule (Pyrénées-Atlantiques), rapidement suivi par la Pointe du grave, à l'extrémité nord du Médoc. Depuis, il existe un réseau de plus de quarante sites qui sont suivis, dont plus de la moitié le sont

* Un jet-stream est un courant d'air très rapide de quelques centaines de kilomètres de large, et de quelques kilomètres d'épaisseur.

> **Le sauvetage des hirondelles**
>
> *Début octobre 1913, surpris par une tempête de neige pendant la traversée des Alpes, un vol considérable d'hirondelles a été recueilli au monastère du Grand-Saint-Bernard (altitude 2 469 mètres) il y a quelques jours. Tandis que la bourrasque faisait rage, les moines aperçurent venant du nord, une nuée d'hirondelles qui se dirigeait vers l'hospice pour trouver un abri. Aussitôt, portes et fenêtres furent ouvertes. Déjà, la neige tombait à gros flocons. En un instant, toutes les salles furent remplies par une multitude d'oiseaux, exténués de faim et de fatigue, grelottant de froid. Il y en avait dans la chapelle et dans le réfectoire, il y en avait jusque dans les cellules des moines qui allumèrent de grands feux pour permettre aux hirondelles de se réchauffer. Le lendemain, après une nuit de repos, le temps s'étant remis au beau, le cortège des hirondelles reprit son vol vers le Midi. Mais d'évidence, le secours n'avait pas été assez prompt, car les moines retrouvèrent aux environs du couvent des centaines de cadavres de ces oiseaux migrateurs qui, la veille, n'avaient pu s'abriter assez tôt.*
> *(Le petit journal ; n° 1196 dimanche 5 octobre 1913)*
>
> 

relativement tôt pour se rendre dans des régions plus clémentes. Indéniablement, ceux-là possèdent alors un instinct migratoire très marqué. L'aire d'hivernage de ces grands migrateurs se situe au sud de l'Espagne et du Portugal. Ce sont ces mêmes oiseaux qui franchissent les Pyrénées en octobre pour revenir en mars. A contrario, ceux qui ont nidifié en Angleterre ou dans le centre de la France ont tendance à devenir sédentaires, ou migrateurs à regret. Les races orientales, elles, hivernent depuis l'Asie centrale à l'Iran, jusqu'au nord de l'Inde. En France, les populations hivernantes ajoutées à celles des oiseaux sédentaires sont estimées à plusieurs millions d'individus, car la migration est en train de changer. Les pigeons ramiers, trouvant abondamment des grains qu'ils trouvent dans les immenses champs de maïs d'Alsace, de Brie, de Beauce et des Landes, ont tendance à rester sur place si l'hiver le permet. Comme il a été observé, le pigeon ramier en migration peut voler à très haute altitude. Lorsqu'il franchit les cols pyrénéens, il lui arrive de monter facilement jusqu'à plus de deux mille mètres. Des pilotes d'hélicoptères de bases landaises en ont même observé volant à plus de trois mille cinq cents mètres. À cette hauteur, il est évident qu'un nombre important d'oiseaux migrateurs passe

régulièrement. Les résultats des comptages sont inscrits chaque soir sur le portail français de la migration, où chaque internaute peut les consulter sous forme de listes, graphiques, etc.

La migration particulière des pigeons ramiers

Le pigeon ramier, appelé palombe dans tout le Sud-ouest, est une espèce en pleine extension. L'amplitude des migrations chez le pigeon ramier est fonction des pays où il nidifie. L'oiseau bleu a colonisé la majeure partie de L'Europe, de la Sibérie occidentale au sud de l'Espagne, en passant par les îles Britanniques. Il niche également jusqu'à 2 000 mètres d'altitude. Poussés par les grands froids, dès les prémices de l'hiver, les pigeons qui sont nés en Europe du Nord sont obligés de s'exiler

complètement inaperçu. Les pigeons ramiers volent entre soixante à soixante-dix kilomètres par heure, avec des pointes plus importantes quand ils ont un vent marqué dans le dos. Certains pigeons voyageurs peuvent parcourir huit cents kilomètres dans une seule journée. On peut donc facilement imaginer que les ramiers peuvent avoir ce même rythme de croisière, étant des oiseaux peut-être moins rapides, mais plus robustes. Pour se déplacer sur cette distance, il est nécessaire de réaliser des durées de vol comprises entre onze et treize heures sans interruption, ce qui semble considérable. La migration prénuptiale s'effectue de préférence et en partie par la côte méditerranéenne (Aude - Pyrénées-Orientales) les détourner de leur destination habituelle.

Que se passe-t-il chez les oiseaux en octobre ?

La migration…

Le mois d'octobre représente une période majeure dans le grand chambardement que constitue la migration automnale des oiseaux. C'est un phénomène stupéfiant et complexe où les facteurs météorologiques jouent un rôle essentiel. Il est vrai que depuis quelques décennies, grâce à des opérations de baguage, aux radars, à la thermographie aérienne, à la télémétrie, à l'analyse isotopique des plumes et aux nombreuses observations, nos connaissances ont énormément progressé. Mais malgré cela, c'est un domaine où bien des questions n'ont encore pour réponses que des hypothèses. Lorsque le chasseur évoque migrateurs en octobre, il pense tout naturellement aux palombes et aux grives. Mais c'est aussi le mois des siffleurs, des milouins et des morillons qui viennent de quitter leurs zones de reproduction, sans oublier au gré des vents, les cigognes, coucous, bécassines, grues, oies, vanneaux, pluviers et hirondelles…

des canards

Généralement en octobre sur le DPM, c'est l'arrivée des canards siffleurs. D'après les cahiers des huttiers de la baie de Somme, celui-ci représente pas loin de 45 % des tableaux, suivi par les sarcelles (20 %) les milouins (12 %) et les souchets (8 %). En marais intérieur bien agrainé, c'est le colvert qui est plus que majoritaire à 98 %. Par contre, sur les quelques rares étangs qui ont toujours été une étape migratoire reconnue, sarcelles, souchets, milouins et chipeaux peuvent alors représenter plus de 50 % des tableaux lors d'une passée.

des bécasses

Quels éléments extérieurs influencent la migration de la bécasse ? La nouvelle lune ou la pleine lune ? La pénurie d'aliments ? Les vents à tendance à l'est ? Les avis divergent. Ce qui est indéniable, c'est que les vents d'est légers amènent régulièrement dès le début de ce mois les tout premiers oiseaux. Le passage traditionnel de la Toussaint est attendu par tous les bécassiers.

des grives

La grive mauvis, qui est une migratrice partielle, nous arrive en octobre. Les tsii… tsii… émis la nuit par les vols en migration, permettent de repérer facilement ses grands passages. La musicienne, dont la migration est essentiellement nocturne, arrive en France pour gagner ses quartiers d'hivernage par petit groupe, au grès des vents et conditions climatiques.

des bécassines.

Dans les marais côtiers en eau, les fortes marées accompagnées d'un petit coup de vent d'est apportent souvent un joli passage aux bécassiniers.

Les voies migratoires des anatidés

Il existe trois veines principales de migration des anatidés en France. Une première veine de migration, empruntée par les oiseaux venus des pays scandinaves, des Îles britanniques et de l'Europe de l'est, suit tout d'abord les côtes de la Manche, puis celle de l'Atlantique, pour aboutir au golfe de Gascogne, via l'Espagne. Une deuxième veine, plus spéciale aux oiseaux originaires du Nord-Est, aborde la vallée de l'Oise et de la Seine, puis celle de la Loire, puis elle contourne le Massif central à travers la Sologne et la Brenne pour rejoindre à des hauteurs variables la voie de l'Atlantique. Une troisième veine, moins importante, qui recueille les migrateurs de l'Est, passe par les départements de l'est, traverse les Dombes, et suit le cours du Rhône jusqu'à la Méditerranée. Les oiseaux sont parfois obligés de se mettre en route avec des vents de travers violents, vents qui les éloignent de leur route habituelle, ou bien encore de se perdre dans le brouillard. Ils reprennent leur bon cheminement dès que cela leur est possible.

Le grand cormoran, ce migrateur qui prolifère en Europe

Très rare à l'intérieur des terres jusqu'au début des années 80, le grand cormoran a bénéficié d'une protection totale suite à la marée noire de l'Amoco Cadiz du 16 mars 1978, et ce, jusqu'en 1995. Depuis, sa prolifération oblige la plupart des pays d'Europe à délivrer des autorisations de tirs pour le réguler. La France accueille des cormorans migrateurs et hivernants dont l'origine est très variée ; les données du baguage montrent que des oiseaux irlandais, gallois et anglais hivernent essentiellement sur les côtes atlantiques bretonnes, et que des nicheurs norvégiens atteignent parfois le Nord de la France. Les oiseaux néerlandais et danois se retrouvent un peu partout : sur le littoral vendéen et charentais, sur la Seine, la Loire et le Rhône, sur le littoral méditerranéen et particulièrement en Camargue. Sa population séjournant en France à partir d'octobre s'élèverait autour de trois cent mille individus.

Les vents

C'est de loin les vents d'est qui sont les meilleurs, et qui génèrent 30 % des tableaux, suivi des vents de sud-est et de nord-est, 13 % chacun. Le vent le moins propice est celui de nord-ouest.

L'arrivée tant attendue des palombes dans le Sud-ouest

Grive morris

Dans le Sud-ouest, les premiers vols ont commencé à faire leur apparition à la « Saint-Michel ». Puis, les premiers passages réguliers sont observés à partir du 10 octobre, et, théoriquement, c'est « le grand déballage » autour du 18. « À la sen Luc, lou gran truc ! ». Les jours les plus favorables sont le 18 octobre (À Saint-Luc, le coup), le 19 octobre (À Saint-Grat, le grand coup), et la Toussaint (À Saint-Marterou, la fleur, le meilleur). Pour les Gascons, c'est le 19 octobre, à la Saint-Grat, que se produit le « gran patac »… À la mi-octobre, après avoir survolé le nord de l'Europe et nos plaines de France, des vols comprenant parfois des milliers de palombes arrivent dans le sud-ouest. Les migrateurs semblent hésiter avant de franchir les Pyrénées. En fait, avant de se lancer à l'assaut de cols hauts parfois de plus de deux mille mètres, les pigeons attendent un vent favorable. Depuis des générations, les Basques ont observé qu'en montagne, lorsque sévit le « aize begoa », ce vent du sud fort et chaud, les palombes, nombreuses, passent à basse altitude. En arrivant à sa palombière avant la pique du jour, le premier soin du paloumayre est d'interroger sa girouette qui ne lui dit pas toujours la vérité, car elle indique le vent « d'en bas », alors que c'est souvent le vent « de dessus » qui détermine la migration. Dans le sud-ouest atlantique, les vents propices à la migration des palombes sont ceux situés entre nord et sud-est. Mais il est parfois compliqué de comprendre les itinéraires capricieux et les altitudes inexplicables empruntés par les oiseaux bleus. Attendu avec ferveur par les paloumayres du Sud-ouest, le gros passage si attendu a souvent lieu autour de la nuit de la pleine lune.

Siffleur

Trois espèces de pigeons traversent la France : le pigeon ramier, le pigeon colombin, et le pigeon biset qui est la souche de toutes les variétés connues de nos jours, comme le pigeon de ville.

> ***Aussi longtemps que les lions n'auront pas leur historien, les récits de chasse tourneront toujours à la gloire du chasseur.***
>
> **Proverbe africain**

Aventures et émotions de chasse

LA CHASSE DES CANARDS - 1973
par Christian Rocher

J'avais dans mes jeux de canards appelants une vingtaine d'oiseaux qui ne valaient rien et dont je voulais me défaire, la mort de ces braves canards allait servir mes désirs. Il était huit heures du soir. J'expliquai mon plan au Brochet… il était enchanté. Avec un ensemble parfait, armés de nos fusils, nous tirons au commandement sur la lune absente. Satisfaits, nous allumons la bougie et nous nous regardons en souriant, comme de véritables complices. Le Brochet sort et fait un peu de bruit dans l'eau avec ses bottes, il faut avoir l'air d'aller chercher du gibier… Il passe à la ferme donner des instructions et revient une demi-heure plus tard. Entre-temps, j'ai tiré une nouvelle fois, seul, au tir opposé. Cette petite musique se répéta une douzaine de fois dans la nuit… et, chaque fois, Brochet, ravi, avait le sourire. Il pensait au « Guinch » et à ses compagnons… qui n'avaient pas brûlé une cartouche et pour cause… Avant le petit jour, Brochet partit à la ferme et revint juste pour la passée. Il portait un sac avec mes vingt canards… morts… La Brochette et ses fils avaient bien travaillé pour nous, ils avaient ajouté un mâle de pilet tué la veille. La passée du matin ne nous envoya aucun canard ; seules deux malheureuses judelles que nous tirons au commandement viennent agrémenter notre tableau et… les coups tirés ! La suite se passa comme je l'avais prévu, le Guinch et ses compagnons nous virent sortir et passer devant eux… Ils étaient un peu sidérés ! J'avais mon carnier plein de canards ; à la main, je tenais ostensiblement le pilet, quatre colverts et deux judelles. Cela faisait bien dans le tableau. Brochet, son carnier plein jusqu'au bord portait des canards à la main. En passant, gentiment, je leur dis bonjour d'une voix joyeuse et claire ; en réponse, je n'entendis que quelques grognements…

NOVEMBRE
2022

Novembre

Du côté des livres

BÉCASSES ET BÉCASSIERS

par Georges Benoist

1921 – 1984

Préface de S.A.S. Albert 1er, Prince de Monaco.
Ce livre est l'un des plus célèbres ouvrages consacrés à la chasse de la bécasse, bourré d'anecdotes sur les chasses de Marchais, chez le prince de Monaco, et à Rambouillet. L'auteur entreprend tout d'abord une description anatomique très fouillée de l'espèce. Une seconde partie est consacrée à la migration. Pour la troisième partie, le naturaliste cède la place au bécassier averti et de ses chiens.

Albert 1er, prince de Monaco, vouait une passion sans borne pour la chasse de la bécasse au chien d'arrêt. Pour la vivre intensément, le Nemrod s'allia, grâce au relationnel du Comte Clary, Président du Saint-Hubert Club de France, les services du meilleur dresseur de chiens de cette époque, Georges Benoist. Celui-ci l'a accompagné de 1914 à la fin de sa vie, en 1922. Albert 1er, toujours accompagné par Sam, son inséparable épagneul, qui, au dire du prince, n'aurait jamais laissé passer un oiseau sans l'arrêter. Les lieux choisis étaient la forêt de Fontainebleau, parfois celle de Rambouillet. Il était autorisé à chasser à son gré sur le domaine de Vaux de Cernay, de la Croix Saint-Jacques, de la Mormaire, sans oublier les lots de la forêt, le tout représentant 14 000 hectares.

Lun.	Mar.
	1 Toussaint
7 Karine	8 Geoffroy
14 Sidoine	15 Albert
21 Présentation de Marie	22 Cécile
28 Jacq. de la M.	29 Saturnin

Mer.	Jeu.	Ven.	Sam.	Dim.
2 Défunts	3 Hubert	4 Charles	5 Sylvie	6 Bertille
9 Théodore	10 Léon	11 Armistice 1918	12 Christian	13 Brice
16 Marguerite	17 Élizabeth	18 Aude	19 Tanguy	20 Edmond
23 Clément	24 Flora	25 Catherine	26 Delphine	27 Emeline
30 André				

notes

Les perdreaux gris d'Aulnay-Sous-Bois

Dans le but de réaliser une zone de plates-formes de transport, la société qui emploie Michel Zuber le charge d'acquérir en 1962 tous les terrains attenants à l'autoroute du Nord d'Aulnay-sous-Bois. Devenu le responsable de nombreuses parcelles qui deviendront plus tard ZI Garonor, Michel intègre sans façon l'équipe de chasse en place.

La saison suivante, mon ami me convie à venir tirer quelques perdreaux, qui, d'après ses dires, se trouvent en grande densité dans ces plaines. Bon, moi je veux bien, mais si vous connaissez Le Bourget, Blanc-Mesnil et Aulnay-Sous-Bois, ces banlieues proches de Paris, il est évident que l'urbanisation et la proximité avec la capitale n'incitent guère à y aller chasser. Sur une demande plus pressante, j'accepte avec mauvaise grâce l'invitation de mon ami le 1er novembre 1965... Ce matin-là, Michel passe me prendre avec mon chien Noé, puis direction la banlieue nord. Une fois rendu au Bourget, il gare sa voiture devant une brasserie PMU située en face de l'entrée de l'aéroport. Blanc-Mesnil est une ville animée, ce qui est encore plus vrai un jour férié. Michel entre dans la brasserie, puis, en nous faufilant entre les turfistes qui font la queue pour jouer leur cheval favori, nous pénétrons dans une arrière-salle où se trouve réunie une dizaine de chasseurs. Après les salutations d'usage, Pierre, le président, un homme dans la quarantaine au sourire jovial, nous donne plusieurs consignes de prudence. Il conclut son discours en nous demandant expressément de ne jamais tirer en direction des maisons, même lorsque celles-ci semblent éloignées. Nous reprenons nos voitures et après deux ou trois kilomètres, nous nous garons sur un parking à camions. Lorsque je découvre l'environnement, mon moral baisse encore de deux crans. S'il y a effectivement beaucoup de champs cultivés autour de nous, j'aperçois disséminés ici et là, des bâtiments d'habitations de plusieurs étages, des petites maisons avec jardin, l'autoroute du Nord, des entrepôts, ainsi qu'un cimetière clos de murs planté au beau milieu des champs. Dépité, je marmonne entre mes dents : « Mais qu'est-ce que je suis venu foutre ici ? ». On se sépare en deux groupes. Un qui va rabattre, tandis que l'autre, dont Michel et moi faisons partie, ira se poster. Noé sage à mes pieds, je parcours deux ou trois cents mètres. Là, on me désigne un monticule de gravats qui me servira d'affût. Cet endroit me fait plutôt penser à un dépotoir, ce qui n'améliore pas mon moral... Coup de trompe, la battue commence. Bon, je l'avoue ! La première compagnie de « gris » me surprend complètement. Peu attentionné, j'épaule mal et je loupe les perdreaux qui volent comme des fusées dans le ciel. L'instant suivant, une deuxième compagnie vient me passer sur la tête. Appliqué, je fais un doublé sans me retourner. Noé me rapporte mon premier perdreau, lorsqu'une troisième compagnie apparaît, puis une autre, et encore une autre qui défile au-dessus de moi. Ébahi, je retrouve le sourire, car je ne suis pas le seul à tirer, mes voisins s'en donnant eux aussi à cœur joie. Pendant une dizaine de minutes, c'est une pétarade générale de coups de fusil. Je réussis assez bien sur ces « gris » qui ont de l'aile, pendant que Noé, bien excité, dépose mes oiseaux à mes pieds. Je suis vraiment bluffé, car j'avoue avoir rarement vu une telle quantité de perdreaux, même sur les excellents terrains de Beauce ! La battue se termine, les chasseurs se rassemblent. Notre tableau étalé sur l'herbe est bien sympathique. Je fais part à Michel de mon étonnement, ce qui l'amuse beaucoup. Pour la deuxième traque, c'est à notre tour de rabattre.

Nous nous alignons face à une luzerne assez haute. Je parcours à peine trente mètres, qu'un lièvre démarre devant le nez de Noé, lièvre que je fais bouler d'un coup de six. Au cours de cette traque, nous levons plusieurs compagnies de perdreaux avec des fortunes diverses, quelques isolés bloqués par mon chien, plus une dizaine de lièvres. À la battue suivante, derrière mon affût, je distingue les compagnies au loin qui prennent leur envol d'un énorme champ de betteraves, poussées les unes derrière les autres par les chiens et les rabatteurs, qui se dirigent droit vers moi. Le spectacle des gris qui passent la ligne est grandiose ! C'est mon voisin de gauche qui m'impressionne. Celui-ci, flegmatique, ne se laisse pas déborder. Il « attaque » les perdreaux loin devant, et tire son premier coup alors que son oiseau se trouve hors de portée. Lorsque ses plombs atteignent le perdreau choisi, celui-ci a parcouru la bonne distance de tir pour se retrouver en plein cœur de gerbe, le second perdreau tiré tombant alors à ses pieds. Cette technique permet à ce « grand fusil » de faire une succession de doublés qui sembleraient faciles à un spectateur néophyte. Moi, qui ne veux pas être en reste, je m'applique à tirer aussi bien… Je tue deux perdreaux tirés très loin, qui s'en vont tomber… au milieu de l'autoroute. Sans hésiter, je vide et pose mon fusil, saute le grillage, puis je réussis en slalomant entre les voitures à récupérer mes oiseaux. Plus incroyable encore ! À la battue suivante, je blesse un lièvre que Noé réussit à rattraper après une course poursuite… à côté des poubelles d'un petit immeuble. Mais c'est surtout la dernière battue qui est surprenante. Je ne sais pas comment le président s'y est pris, mais nous terminons le soir par un chaudron, dont le centre se trouve être…, le cimetière. La passion de la chasse lui avait certainement fait oublier le respect dû aux morts. Et encore plus particulièrement un jour de Toussaint, lorsque ceux-ci sont bien visités. Je bordure un perdreau arrêté par Noé que je ne quitte pas des yeux. L'oiseau réussit en volant à parcourir deux ou trois cents mètres, puis il se met à monter en chandelle dans le ciel pour s'immobiliser et retomber pantelant comme un chiffon... en plein milieu des tombes.

Je n'ai pas vu l'intérêt de laisser un gibier que je venais de tuer sans essayer de le retrouver. J'attends l'instant où il n'y a presque plus de visiteurs, puis je pénètre avec Noé dans le cimetière. Je revois mon chien partir le nez haut, quêtant au milieu des tombes, marquer un temps d'arrêt, pour enfin saisir le perdreau dans sa gueule et me le rapporter vivement... Bon, je suis d'accord ! On peut être offusqué par mon acte. Pour me déculpabiliser, j'imagine que plusieurs chasseurs sont obligatoirement enterrés là. Et je me persuade que de leur vivant, la plupart auraient certainement approuvé mon initiative.

Ce jour-là, je découvre une densité de petit gibier de plaine ahurissante. Et comme me dit ironiquement Michel : « Imagine un peu, on pourrait presque venir chasser en métro ! » Bien entendu, je n'ai plus jamais refusé une de ses invitations. Je me suis parfaitement intégré à ce groupe de chasseurs. Jean Nachbaur, mon ex-voisin que j'avais surnommé le « Grand Fusil », est devenu au fil des ans, un ami très proche. Comme c'était prévu, les travaux n'ont pas tardé à démarrer. Les parcelles de terrains achetées par Michel se sont rapidement retrouvées aménagées en entrepôts, le béton prenant définitivement le pas sur la verdure.

À partir de 1970, toutes traces de champs cultivés avaient disparu dans ce paradis à perdreaux. Depuis, malgré le temps qui passe et qui efface bien des choses, à chaque fois que j'emprunte l'autoroute du Nord, je ressens systématiquement une grande nostalgie en contemplant les bâtiments de Garonor bien bétonnés…

Nos différentes pratiques de chasse

La chasse du petit gibier en battue

Bien tirer en battue ne s'improvise pas

Janvier… Vous êtes posté à une traque de petit gibier. Un violent vent de face fait que faisans et perdreaux volent très fort. Ce jour-là, vous n'êtes pas vraiment à la fête. À chaque tir, vous vous faites déborder régulièrement, tout en ayant, à chaque épaulement, la désagréable sensation que le bout de vos canons n'arrivera jamais à rattraper puis à dépasser ces oiseaux de feu. Les douilles vides s'accumulent dans votre poche. Rien n'y fait ! Vous avez beau essayer de vous appliquer, cela ne sert absolument à rien. En fait, vous ne savez plus trop de quelle façon vous devez aborder votre gibier. A contrario, votre voisin, lui, à l'air de ne pas trop mal réussir. Justement, un faisan lancé comme une balle lui arrive haut et droit dessus… Vous vous accordez quelques secondes pour l'observer. Ce temps reste très court, car votre voisin a déjà épaulé et il a tiré son oiseau loin devant lui, complètement hors de portée, vous semble-t-il. À votre immense surprise, vous constatez que le faisan vient s'écraser dans sa gerbe de plombs. L'oiseau s'immobilise en plein vol et, en rebondissant, il tombe comme un caillou à quelques mètres devant le poste de votre voisin. Cette leçon est édifiante. Vous venez de comprendre la bonne technique pour aborder ces rentrants rapides et hauts. Il faut les attaquer loin, très loin devant.

L'avantage des canons longs

Au début du 20e siècle, nos grands-pères l'avaient bien compris. Les canons longs apportent plus de précision dans la visée, gardent plus de puissance et donnent un très bon groupement. Les tireurs mythiques de battue comme le Comte Clary ou Raoul de Quélen attaquaient les rentrants loin devant avec des canons d'une longueur de 80 cm. Sans faire comme eux, privilégiez quand même les canons au-dessus de 70 cm.

L'entraînement au parcours de chasse

Pour gagner du temps et se familiariser avec le tir si particulier de la battue, la tour du parcours de chasse reste un entraînement incontournable. Attentionné, la position d'attente est classique. Votre crosse est posée sur votre hanche, vos canons sont légèrement relevés, votre regard balaie au loin le plateau qui va venir sur vous. À votre commandement, vous voyez apparaître l'assiette à une centaine de mètres de vous. Elle arrive vite, à une vingtaine de mètres du sol. Vous épaulez lorsqu'elle se trouve à soixante mètres, corrigez à peine par-devant, et vous tirez. Le plateau et la gerbe se rencontrent dans les quarante mètres. À votre grand étonnement, vous avez constaté que l'avance que vous avez prise semble insignifiante, et que cette manière d'aborder les plateaux rentrants est de loin bien plus facile que de les tirer en travers ou à la verticale. Il ne vous reste plus qu'à refaire un grand nombre de fois les mêmes gestes pour bien tout mémoriser, puis de les appliquer en action de chasse.

Quelles corrections faut-il effectuer ?

Battue de faisans

Sur un oiseau rentrant, ou demi-rentrant volant à une dizaine de mètres de haut, le constat est le suivant. Plus il est tiré loin, plus l'angle est fermé. Ce qui peut être traduit par, plus il est tiré loin, moins vous devez prendre d'avance… En tenant compte, qu'à l'instant du point de rencontre qui se situe entre quarante mètres, votre gerbe de plomb est parfaite. La conclusion est qu'en battue, un oiseau attaqué loin devient beaucoup plus facile à atteindre. Ce tir ne demande pour ainsi dire aucun « swing », et s'exécute quasiment en interception. Il réclame juste parfois, un mouvement des canons du bas vers le haut.

Un plateau, ce n'est pas un oiseau

À voir, tout se passe bien ! Vous avez parfaitement compris de quelle manière vous devez tirer les oiseaux rentrants. Mais, en vous entraînant sur les plateaux, vous allez devoir faire très attention à leur particularité. Contrairement au gibier, un plateau se déplace très vite dès son départ, mais sa vitesse décroît régulièrement. Très rapidement, il freine, chute et tombe. A contrario, un gibier lancé garde toujours une vitesse constante. Souvent, il peut même rechercher de la vitesse quand il entraperçoit le chasseur.

Lorsque vous allez vous exercer sur des plateaux rentrants, une fois dépassée la zone de tir qui vous intéresse, c'est-à-dire celle se situant entre 50 à 60 mètres de votre poste, ceux-ci vont ralentir pour devenir lents et faciles. Et le danger est là. Pour effectuer un bon entraînement, vous ne devez absolument pas vous préoccuper et bien entendu ne pas tirer, les assiettes qui ont dépassé cette distance.

Quelle arme est la mieux appropriée ?

Les fusils juxtaposés très relevés (avec beaucoup de bandes) sont les mieux adaptés pour le tir de battue. Le choke du deuxième canon doit être obligatoirement serré. Contrairement à ce qui se pratique généralement, il est logique de tirer en premier le canon serré. Pour faire cela, le chasseur doit s'habituer à utiliser la deuxième queue de détente en premier, ce qui s'apprend très facilement. Pour ceux qui appréhendent de se tromper, le summum reste évidemment un fusil monodétente avec inverseur.

Fin de battue

Et quelles cartouches ?

Exception faite pour les chasses très spécifiques comme celle de la bécasse ou de la bécassine, une majorité de chasseurs n'utilisent plus qu'un seul numéro de plomb à l'année, qui est majoritairement le plomb numéro six. Comme cela, il est évident que la gestion des cartouches devient alors beaucoup plus facile. Par contre, vous devez faire alterner bourres à jupes et bourres grasses en fonction du gibier chassé et de l'avancement dans la saison. Majoritairement, le bon choix est une bourre à jupe au premier coup dans le canon le plus choké, et une bourre grasse dans le canon plus ouvert, celui qui tirera le plus près, le tout de préférence en 30/32 grammes. Ce chargement a deux avantages. Il donne moins de recul, donc fatigue beaucoup moins lorsque l'on tire beaucoup. Et surtout, il fournit une excellente gerbe.

LE CYCLE ÉTONNANT DE LA MIGRATION DES OISEAUX

Novembre, programme génétique et réchauffement climatique

En cas de grand froid dans l'est de l'Europe, plusieurs contrées de France représentent des étapes privilégiées pour les migrateurs. En fonction des conditions météorologiques et alimentaires locales, la diversité et le nombre d'oiseaux qui nous visitent peuvent varier énormément. Ce flux d'arrivants, comme la buse variable et le corbeau freux, s'ajoute à nos oiseaux sédentaires, ce qui prête souvent à une méprise sur l'expansion de leurs populations. Sur les plans d'eau restés libres, grues cendrées, cormorans et busards Saint-Martin, peuvent hiverner chez nous, mais ce sont les anatidés qui sont particulièrement représentés. C'est par centaines que colverts, siffleurs, sarcelles d'hiver, milouins, morillons pilets, oies de toutes sortes y stationnent. Sans oublier les foulques macroules. Certains hivernants, comme la bécasse, le ramier, le pinson du Nord, la grive mauvis, le tarin des aulnes, le sizerin flammé sont devenus des visiteurs réguliers. Et pourtant, il est avéré que le réchauffement climatique entraîne des modifications notables dans le comportement migratoire de certains oiseaux. Pigeons ramiers, hirondelles, oies cendrées, merles, et passereaux hivernent de plus en plus nombreux en France.

Halte et hivernage

D'autres raccourcissent leur déplacement. Les migrations étant ainsi écourtées, les oiseaux font alors l'économie des dépenses d'énergie qu'exigent ces voyages, causes d'une importante mortalité. Malgré cela, le programme génétique des oiseaux leur commandera encore pendant longtemps d'émigrer. Car malgré tous ces bouleversements imputables aux activités humaines, les adaptations sont lentes dans le règne animal.

Les vents mythiques de secteur « est »… et les autres

Il est avéré que les vents à tendance à l'est (N-E, E, S-E) sont nettement favorables à l'aller comme au retour aux oiseaux migrateurs. Exemple pour les anatidés, où il a été relevé sur les cahiers de la hutte de l'Estacade sur dix-sept saisons que ces trois directions de vent donnaient 8 462 oiseaux prélevés, contre 7 653 dans les cinq autres directions. Mais il est aussi indéniable que pour sauver son existence, l'oiseau migrateur voyagera avec n'importe quel vent. Bizarrement, par contre, par absence totale de vent, il n'y a généralement aucun déplacement migratoire. Lorsqu'après une longue période de vent à dominance à l'ouest, le vent change de direction dans le sens des aiguilles d'une montre pour passer alternativement en quelques heures de nord-ouest, à nord, à nord-est et se fixer au secteur est, ce changement de temps est généralement prometteur d'un mouvement migratoire. Par contre, si le vent change de direction pour s'orienter à l'est dans le sens inverse des aiguilles d'une montre, cette tendance ne dure pas et n'apporte aucun oiseau… Il arrive parfois que des sautes de vents violents et imprévisibles provoquent de graves accidents migratoires. Ce fut le cas en automne 1972 où plusieurs milliers de bécasses périrent déportées au large de la Galice, en Espagne…

L'extraordinaire périple migratoire de cinq coucous anglais

En Angleterre, au printemps 2011, cinq coucous baptisés Clément, Martin, Lyster, Kasper et Chris, tous équipés d'émetteurs satellites ultralégers Argos très miniaturés et à faible consommation électrique, ont été suivis par des scientifiques tout au long de leur migration. Les ornithologues ont pu ainsi localiser jour par jour, les oiseaux tout au cours de leur déplacement à destination de leur région d'hivernage dans la forêt tropicale du Congo. Les nombreux enseignements tirés de cette expérience ont modifié, voire bouleversé les connaissances antérieures qu'ils avaient sur leurs déplacements migratoires. La première surprise concernait le départ vers l'Afrique de quatre d'entre eux au cours du mois de juin. L'un des coucous quittait l'Angleterre dès le 5 juin, alors que la population des coucous gris revient en Europe au mois d'avril. Leur présence sur leur zone de reproduction était donc bien plus courte que celle jusqu'ici admise. Tous ces oiseaux quittèrent séparément l'Angleterre en juin. Kasper et Chris survolèrent la mer du Nord, la Belgique, la Suisse, l'Allemagne et la France, tandis que Martin traversait d'une traite la France pour franchir les Alpes du Sud. Puis, tous trois se dirigèrent vers le sud pour franchir la Méditerranée, le Sahara, le Tchad et le RCA. Clément et Lyster, eux, avaient choisi la route de l'Espagne. De là, ils survolèrent la Méditerranée, le Maroc, la Mauritanie, le Mali, le Nigeria et le Cameroun. Sur ce long trajet de plus de six mille kilomètres, nos cinq coucous arrivèrent enfin, toujours séparément, sains et saufs fin novembre au Congo, y compris les deux qui avaient effectué le trajet le plus long.

À suivre...

Quels sont les oiseaux qui émigrent, et ceux qui n'émigrent pas en Europe ?

Sur les 570 espèces d'oiseaux européens, une très large majorité effectue une migration, seule ou en groupe. Par contre, très peu d'espèces d'oiseaux sont strictement sédentaires, c'est-à-dire ne comportant aucune population ou partie de sa population effectuant une migration, au moins sur une courte distance. Le degré de sédentarité le plus marqué est rencontré chez certaines espèces des milieux forestiers comme pics, sittelles, grimpereaux, mésanges nonnettes, mésanges huppées, mésanges boréales, chouette hulotte. Néanmoins, une partie de ces espèces sont périodiquement sujettes à des mouvements invasifs (souvent très rares ou de faible amplitude pour les espèces citées ici) : c'est-à-dire que des conditions climatiques exceptionnelles, comme des vagues de froid brutales, déclenchent soudainement la migration massive de l'ensemble des individus. Il en est de même pour la majorité des gallinacés (perdrix, lagopèdes, gélinottes, tétras, etc.). De tous les oiseaux européens, une vingtaine ne nichent pas en Europe et ne vient que pour hiverner ou traverser le continent vers l'Afrique. C'est le cas du bécasseau cocorli, un limicole sibérien, qui séjourne sur nos côtes aux deux passages migratoires lors de son voyage Sibérie-Afrique.

L'arrivée des oiseaux migrateurs en Afrique

Après avoir franchi le détroit de Gibraltar, et être arrivés en Afrique, les oiseaux migrateurs suivent une voie parallèle aux côtes atlantiques et s'arrêtent à différents niveaux dans les embouchures des grands fleuves comme le Sénégal et le Niger qui possèdent d'immenses territoires marécageux, et qui peuvent, à la saison des pluies, déborder sur des milliers d'hectares. De leur côté, les migrateurs qui ont traversé directement la Méditerranée comme la caille des blés, souvent à bout de force, se « refont » dans les marais d'Afrique du Nord. Beaucoup comme le coucou en repartent en direction du Sud et se trouvent affrontés aux immensités sahariennes qu'ils mettront, au mieux, trois ou quatre jours à traverser avant d'arriver au lac Tchad, ou sur les grands fleuves du centre de l'Afrique qui sont parfois le terminus de leur voyage. S'ils ont la chance de rencontrer sur leur route quelques oasis, ils s'y arrêtent pour se désaltérer.

Que se passe-t-il chez les oiseaux en novembre ?

La migration…

Novembre ! Voici le mois tant attendu par les sauvaginiers et les bécassiers. Autour de la Toussaint, avec les premiers bons vents à tendance à l'est, la majorité des oiseaux migrateurs ont quitté la Russie et le nord de l'Europe pour aller migrer en Espagne ou en Afrique. Cette migration, qui s'effectue sur des milliers de kilomètres, n'est pas sans danger pour ces voyageurs. Tout au long de leurs déplacements, les prédateurs, eux aussi en migration, sont omniprésents. Et certains évènements climatiques sont parfois néfastes aux oiseaux, comme les tempêtes dont le vent déporte parfois les migrateurs qui n'arrivent pas toujours à corriger leur vol, évènement qui fait qu'un certain nombre vont se perdre en mer. Le brouillard, lui, est responsable d'hécatombes autour des phares. La nuit, leurs lumières attirent comme des papillons les oiseaux qui vont s'épuiser à tourner autour. Les lignes électriques causent chaque année l'électrocution de centaines d'oiseaux. Les éoliennes constituent une nouvelle source d'inquiétude. Implantées de manière inconsidérée sur les veines migratoires, elles présentent un risque majeur pour tous les migrateurs nocturnes et diurnes. Encore plus inquiétante, l'implantation en mer de fermes éoliennes devrait générer une mortalité importante pour ces millions d'oiseaux migrateurs qui longent nos rivages deux fois par an.

des canards

Tout au long du mois de novembre, ce meilleur mois de l'année, la migration bat son plein, tout particulièrement pour les siffleurs. Un coup de vent froid du secteur nord-est, accompagné de températures de 1 à 2°, est plus que favorable. C'est surtout à partir du 10 - 15 novembre que les pratiques de chasses de nuit et passées sont les plus marquantes.

des oies

En migration de novembre, les oies cendrées se déplacent aussi bien de jour que de nuit et à des altitudes variables selon les conditions météorologiques. La plupart rejoignent directement leurs sites d'hivernage. De ce fait, les haltes migratoires sont peu nombreuses et de courtes durées.

de la bécasse

Extrêmement sensible aux variations de temps et de vent, la bécasse est un migrateur régulier, qui s'appuie naturellement sur tous les premiers vents à tendance à l'est pour rejoindre sa zone d'hivernage.

de la bécassine des marais

La bécassine des marais n'est pas un oiseau que vous pourriez vous attendre à établir des records de vitesse. Pourtant, elle est une voyageuse incroyable, couvrant plus de distance en moins de temps que tout autre oiseau mesuré. Elle bat des ailes à sept battements par seconde et perd la moitié de sa graisse corporelle en cours de route, émergeant comme une machine à vitesse rationalisée. Sa vitesse est connue depuis

Harle bièvre mâle et femelle

longtemps : c'est de là que vient le mot sniper. En novembre, la migration de la bécassine des marais et de la sourde est effective. C'est principalement le manque d'eau, la neige et le gel qui vont faire fuir les oiselles de leur zone d'hivernage.

du pigeon ramier

Malgré les conditions favorables pour passer un hiver tranquille en France, avec maïs et glands servis à volonté, les palombes sont toujours nombreuses à passer les cols pyrénéens en ce tout début novembre…

Les vents

Les déplacements importants d'oiseaux ont principalement lieu avec des vents de secteur nord, suivi par les vents d'est. Les vents les moins propices pour la migration sont ceux de secteur ouest et de sud-ouest.

des grives

La majorité des grives mauvis sont déjà passées en octobre. La grive litorne, elle, amorce, en fonction des conditions climatiques, sa migration vers la mi-novembre. Ses effectifs vont augmenter régulièrement jusqu'en mi-janvier.

du harle bièvre

Le Harle bièvre arrive sur les étangs de l'est de la France. C'est une des bizarreries de la nature que ces oiseaux d'eau piscicoles nichent de préférence dans des creux d'arbres, et ce, jusqu'à une hauteur de plus de dix mètres ! Dans la période 2009-2012, le nombre des couples nidifiant en France a été estimé à quatre cents.

du Tarin des aulnes

Les Tarins des aulnes arrivent pour séjourner en France en novembre. Ils nous viennent d'Europe du Centre et du Nord où ils ont passé l'été pour se reproduire. À ne pas les confondre avec nos verdiers qui ont la même fréquentation et quelques ressemblances.

Ce que doit savoir le sauvaginier

En novembre, les vents à tendance à l'est sont presque toujours favorables à la hutte. Les changements de vent ont souvent lieu deux jours avant ou après la pleine lune. Les très grands froids dans le nord-est de l'Europe déclenchent toujours une migration. Par contre, les vagues de froid locales n'amènent en général aucun gibier. Quand le vent d'est survient brusquement en passant dans le sens des aiguilles d'une montre, le passage a toujours lieu, brutal et en masse.

Un dernier recours pour le bécasseau spatule

Bécasseau spatule

Le bécasseau spatule est au bord de l'extinction. Ce limicole, qui se reproduit dans l'Extrême-Orient russe, est un grand migrateur qui effectue, pour rejoindre ses aires d'hivernage, huit mille kilomètres à travers la Russie, le Japon, la Corée du Nord et du Sud, la Chine, l'Inde, le Bangladesh et la Thaïlande. L'espèce a plus que diminué, passant de deux mille six cents couples environ dans les années 2000, à moins de cent couples en 2011. Si cette tendance se poursuit, il aura bientôt disparu. Pour tenter de sauvegarder l'espèce, la BBC a annoncé que le 11 novembre 2011, treize bécasseaux étaient arrivés à la réserve de Slimbridge dans le Gloucestershire. http://www.saving-spoon-billed-sandpiper.com/. Ces bécasseaux, issus d'œufs récoltés dans le nord-est de la toundra russe et incubés artificiellement, avaient passé auparavant soixante jours en quarantaine dans le zoo de Moscou. Cette précieuse colonie est le dernier recours dans le cas où l'espèce s'éteindrait définitivement. En plus de ce programme de sauvetage, les Anglais prévoient de produire des oiseaux issus d'œufs qui seront éclos pour être relâchés dans leur environnement.

> *Les histoires d'amour sont comme les histoires de chasse : si le gibier entendait.*
>
> **Paul Léautaud**

Aventures et émotions de chasse

CHASSE EN GASCOGNE, CORBIÈRES ET AUTRES LIEUX - 1948 par Jean Castaing

Dans le pli d'un coteau qui jalonne la vallée de la Garonne se trouve un village du joli nom de Goudourville. Il y avait là un vieux curé qui avait la passion de la chasse. Je le rencontrai souvent sur les coteaux, sa vieille soutane verdie retroussée jusqu'aux genoux, chassant avec ses deux bassets « Crapouillot » et « Bertha ». Un matin d'automne, chassant la grive le long des haies, je venais de lever un lièvre, peut-être même l'avais-je manqué, quand je le rencontrai et lui fis part de l'aventure. Lui ayant montré le gîte, il mit ses chiens sur la voie qui partirent en fanfare. « Je n'ai pas le temps d'attendre, me dit-il, car j'ai un enterrement à dix heures ; vous me ramènerez les chiens au presbytère. » La cloche de l'église sonna presque aussitôt le premier avertissement de la cérémonie ; il disposait encore d'une demi-heure, il attendit. La cloche tinta pour la deuxième fois ; les chiens menaient fort et bien le lièvre descendu dans la plaine. Il devait forcément revenir au lancer ; mais après combien de détours ? Le dernier glas vint à sonner, suivi des trois coups rituels pour indiquer que la cérémonie allait commencer. Mais au village, le sacristain commençait à s'inquiéter de ne pas voir arriver son curé. Dong ! Dong ! Dong ! La cloche lança à nouveau son appel. « Les morts sont toujours pressés, me dit-il. Il a bien le temps celui-là, car je ne crois qu'il aille au ciel. Tenez, mettez-vous là, ajouta-t-il, c'est le passage ; ce lièvre va sûrement déboucher du buisson et sortir devant vous ; moi je vais me poster au carrefour de ces chemins, je serai plus près de l'église. » Il savait bien ce qu'il faisait le vieux curé ! Moi j'étais tout novice et je ne savais pas encore que le lièvre fait plus volontiers son retour en suivant les chemins qu'en suivant les buissons. Le curé arrivait à peine au carrefour indiqué que le carillonneur lançait désespérément un troisième appel et la cloche tinta encore nerveusement : Dong ! Dong ! Aussitôt en guise de réponse, on entendit : Pan ! Pan ! Le sacristain avait compris. Et moi aussi, quand je vis le vieux prêtre, tenant le lièvre par une patte et son fusil dans l'autre main, dévaler le coteau comme un lapin pour aller enterrer son mort, appelant sans se retourner : « Crapouillot ! Crapouillot ! »

DÉCEMBRE
2022

Décembre

Lun. Mar.

notes

Du côté des livres

CHASSES ET BÉCASSES

par Jean de Millerac

1981 – 1992 – 2006

Jean de Millerac a écrit un seul livre, *Chasses et bécasses*. À le lire, l'auteur, qui a emprunté le nom de Millerac, se dévoile un peu. Il est Normand, avocat, passionné de chasse, et plus particulièrement de celle de la bécasse.

« Renart est hostile aux clochettes, campanules et autres instruments… Il prétend, et en cela il a parfaitement raison, que la vraie chasse doit être aussi silencieuse que possible. Qu'il est paradoxal d'éviter de casser du bois en marchant, “pour ne pas effrayer”, alors qu'en même temps vos chiens sonnent “mâtines” à tous les buissons… L'interminable discussion reste ouverte… Mais personnellement, je regrette que l'insigne du Club National des Bécassiers comporte cette fameuse clochette… et au risque d'apparaître assez méchant à ceux qui en usent, je leur dis : “Êtes-vous bien sûr que ce soit indispensable ? N'est-ce pas en réalité un petit peu pour n'avoir pas à passer là où les chiens, ne trouvant rien, vous croyez qu'il n'y a rien. Pour éviter une fatigue que vous croyez inutile ? Ne pensez-vous pas au contraire que vous perdez de belles occasions, et que les jours où les bécasses sont légères, votre clochette est un instrument parfait pour faire le vide ?” »

Lun.	Mar.
5 Gérald	6 Nicolas
12 J.F. de Chantal	13 Lucie
19 Urbain	20 Théophile
26 Étienne	27 Jean

Mer.	Jeu.	Ven.	Sam.	Dim.
	1 Florence	2 Viviane	3 François-Xavier	4 Barbara
7 Ambroise	8 Imm. Conception	9 Pierre-Fourier	10 Romaric	11 Daniel
14 Odile	15 Ninon	16 Alice	17 Gaël	18 Gatien
21 Hiver	22 Françoise-Xavière	23 Armand	24 Adèle	25 Noël
28 Innocents	29 David	30 Roger	31 Sylvestre	notes

André Le Belhomme

ce sauvaginier phénomène

En cette nuit de mai 1968, accoudé à mon balcon, je regarde dubitatif les illuminations causées par les cocktails Molotov des étudiants en pleine révolte, tout en percevant les détonations ininterrompues des grenades offensives des CRS. Cela a quand même été une drôle d'époque !

Avec Maddy, mon épouse, nous avions prévu de passer deux semaines dans notre maison familiale de Vers-sur-Mer, mais cet évènement, et surtout la pénurie d'essence annoncée, nous incite à repousser notre projet à plus tard… En fait, il nous faudra attendre mi-juillet, l'avant-veille de l'ouverture tant attendue du gibier d'eau pour nous rendre enfin dans ce village que nous aimons tant.

Toujours euphorique, l'arrivée à Ver est pour nous trois un véritable moment de bonheur…

Dans la soirée du vendredi 13 juillet, nous avons le plaisir d'avoir la visite d'André Le Belhomme. André, mon ami marin pêcheur que je connais depuis l'époque de mes culottes courtes, est un personnage peu commun. Imaginez un individu à la carrure et aux membres très puissants d'une trentaine d'années, genre viking, blond comme les blés aux yeux bleus, toujours de bonne humeur. André est un professionnel de la pêche des crustacés comme tourteaux, étrilles et surtout homards, qu'il capture journalièrement dans son doris à l'aide d'une centaine de casiers.

Étant célibataire à cette époque, les seuls travers d'André, appelons ça comme ça, c'est de faire des rencontres féminines et surtout, de faire la fête. Je revois encore ce petit matin de septembre où, dissimulé derrière une bonde à attendre les limicoles, je découvre André habillé en costume trois pièces, chemise blanche et mocassins, se dépêcher de pousser son doris pour le mettre dans l'eau, a priori très, très en retard pour relever ses casiers.

« Je m'étais endormi à côté d'une superbe inconnue après une nuit très mouvementée », tente-t-il de se justifier le soir même.

André, qui habite Graye sur mer, est aussi un sauvaginier enragé qui a la chance d'être le propriétaire d'une hutte à haut rendement dans le marais d'Asnelles, idéalement placée à une trentaine de mètres de la plage. Les mois de novembre, par vent de nord-est, j'ai passé là quelques nuits mémorables qui me donnaient l'impression que tous les becs plats venus de la mer n'avaient qu'un seul objectif, se poser sur ma mare ! Cette hutte de deux pièces à demi enterrée, parfaitement intégrée dans le paysage, possède une ouverture par le toit muni d'un escalier en bois. L'évoquer me rappelle ce jour maléfique où, fusil en main, après avoir survolé des yeux le plan d'eau qui me semblait vide d'oiseau, un pied en l'air je m'apprêtais à descendre, lorsqu'une énorme envolée de bécassines, invisibles dans l'herbue, s'envolèrent simultanément. Interloqué par cette vision, je loupais la marche pour tomber et me fracturer deux côtes sur son rebord en fer. Je ne vous explique pas comme ce genre de mésaventure peut-être douloureux, pendant, et surtout, longtemps après…

Comme la plupart des sauvaginiers, André est également un siffleur talentueux qui reproduit à la perfection le langage des limicoles, les invitant à venir se poser près de lui. Autre savoir-faire, mon ami élève et sélectionne ses appelants, tous colverts à cette époque, avec méthode et rigueur. Il est assez fier de produire régulièrement quelques véritables courts cris, croisements de malards purs sauvages et de bourres sélectionnées, « des vrais aspirateurs à canards » comme il aime tant à dire.

Cet homme de chasse est également un tireur d'exception. Ce qui le singularise, c'est sa manière d'utiliser un fusil. À peine épaulé, d'un geste simple et naturel, il tire en donnant l'impression de ne pas viser. Oh oui, croyez-moi, il manie drôlement bien une escopette le bougre ! Avec mon Perrazi, qu'il aime tant manier, je l'ai vu réaliser des doublés de sarcelles et de bécassines à des hauteurs que peu de chasseurs auraient eu l'idée d'essayer.

Ses talents de tireur, il le démontra un jour à quelques grands professionnels du fusil… Venu passer une semaine chez nous, à Boulogne, André m'avait demandé de lui faire tirer quelques plateaux au Ball-trap de Guyancourt. Ce jour-là, veille d'une compétition nationale à la fosse olympique, plusieurs ténors comme Michel Garrega, Pierre Candelo, Edward Empain, Jean-Jacques Beau, et d'autres, s'entraînaient sur cette fosse aux trajectoires déroutantes qui utilise quinze lanceurs. Captivé par ce spectacle, André, fébrile et sans complexe, me demanda de l'inscrire sur la planche suivante. En chemise, sans gilet, ses cartouches à portée de main, et bien sûr toujours aussi décontracté, le marin pêcheur en m'empruntant mon fusil, réalisa l'exploit de faire un 25/25, en ne tirant que… 27 cartouches. Inutile de vous dire qu'il devint immédiatement le centre d'intérêt de tous les tiradorès présents. Amusé, je vis André en pleine discussion avec mon ami Empain, cet autre passionné de chasse surnommé par tous « Wado », pas bégueule du tout, comme à son habitude.

Bon, ce fameux soir de notre arrivée à Ver, André, qui, contrairement à nous ne boit jamais d'alcool, un verre de Perrier en main, me dit :

« Alain, comme tu as pu le constater, le vent a une petite tendance à l'est depuis deux jours. Malgré la canicule que nous subissons depuis plusieurs semaines, il reste encore pas mal d'eau dans ma mare, ce qui fait que sarcelles et bécassines ont investi le marais. Je passerai te prendre demain matin vers les trois heures. Je crois que nous allons passer une matinée de chasse bien sympathique dans ma hutte… »

À l'observer parler, ses yeux pétillants de plaisir, je le compare à cet instant à un gosse découvrant un cadeau attendu depuis longtemps.

Après une courte nuit, une fois les appelants tendus, moment de béatitude, nous nous installons, ravis, devant les guichets. La lune éclaire la mare, tout semble tranquille. Quelques minutes plus tard, le marais s'anime rapidement. Simultanément aux brefs appels rauques des bourres, nous observons une première pose de sarcelles d'hiver virevoltantes… Mécaniquement, nous épaulons silencieusement. Sans trop attendre, mon œil vissé dans ma lunette Fournier, j'ai trois canards au coup. Je demande, « prêt ? », André me répond, « prêt ! ». Je commande, un, deux, le trois est remplacé par les détonations de nos fusils. Déjà, André, après avoir enfilé ses cuissardes, se précipite au-dehors pour revenir, joyeux, avec cinq sarcelles dans les mains.

Mon copain avait bigrement raison ! Cette matinée est fantastique. Nous réalisons tout au long de la passée du matin, un tableau varié de bec-plats, composé majoritairement de sarcelles d'hiver, de quatre souchets, mais nous arrêtons rapidement de tirer les colverts peu craintifs, majoritairement nés dans ce marais. Le soleil à peine levé, nous sortons de la hutte pour tirer au vol, pieds rouges, courlis cendrés et courlieux, et plus particulièrement des multitudes de bécassines qui défilent sans interruption jusqu'à 10 heures. Une fois rendus chez moi, après un solide petit déjeuner, nous arrivons tous deux à la conclusion que notre passion est vraiment sans pareil…

Puis, le temps est passé ! Après le décès de mes parents, je suis dans l'obligation de vendre avec regrets la maison de Ver-sur-Mer. Plus tard, je me retrouve locataire du lot numéro deux de la forêt d'Orléans. Tout cela fait que je délaisse complètement la côte normande.

J'apprends quelques années plus tard qu'André s'est marié et que le couple a acheté une maison à Courseulles. Deux enfants naissent de cette union. Pour mieux rentabiliser son métier, André achète un chalutier d'occasion qu'il amarre dans le port de Courseulles, puis il se spécialise dans la pêche de la crevette, ce qui est loin d'être une bonne idée, cette nouvelle activité s'avérant bien moins rentable que prévu.

On me dit que mon ami vit des moments financiers difficiles. Quelque temps plus tard, André est retrouvé mort, noyé en mer, empêtré dans ses filets. Il laisse un grand vide dans mon cœur ce joyeux compagnon !

Nos différentes pratiques de chasse

Chasse des canards et des oies la nuit, à la hutte

En raison de son climat varié, de ses zones humides, de ses côtes et de ses estuaires, la France est une étape cruciale pour les millions d'anatidés en migration, venus de Russie et de Scandinavie. Inabordable le jour, seule la chasse de nuit permet d'effectuer quelques prélèvements dans les populations de gibiers d'eau migrateurs. Huttes et hutteaux sont des modes ancestraux et traditionnels de chasse des anatidés en France. Les huttes, gabions et tonnes sont devenus de plus en plus confortables, certaines huttes n'ayant même rien à envier à de véritables habitations. Depuis les années 1970, malgré une chute de près de moitié des porteurs de permis de chasser, le nombre des chasseurs de sauvagine, lui, n'a pas vraiment varié. La forte diminution du petit gibier, remplacé majoritairement par des oiseaux d'élevages, explique ce fait. Et puis le gibier d'eau demeure sauvage et énigmatique. L'imprévu même qui entoure sa migration, la présence ou la disparition brutale de ces farfadets mystérieux, procure aux sauvaginiers des émotions intenses, sans cesse renouvelées.

Intelligent, le canard ?

Combien de fois ai-je remarqué, entre les phases migratoires, avec quelle méfiance les canards sédentaires évitaient les installations de chasse, se posant dans les fossés, les trous d'eau où n'existe aucune hutte, ou bien se tenant toujours sur les mares dans les ombres des bordures, hors de portée du tir. Ils font leur passée du soir et du matin en pleine obscurité à grande hauteur, et quand il leur arrive de passer au-dessus d'appelants, ils se défilent et se mettent à monter en chandelle au premier cri de la cane d'appel. Le canard plus que tout autre gibier s'adapte aux conditions de vie ou de mort qui lui sont faites, faculté qui provient non de son instinct, mais de son intelligence. Il prouve qu'après observation et réflexion, il a su trouver les moyens d'éviter tous les traquenards qui lui sont tendus.

La hutte est un affût fixe construit en dur, non soumis aux marées, semi-enterré ou non, qui s'intègre dans son environnement pour demeurer le moins visible possible. On chasse principalement la nuit à la hutte, mais il en existe certaines, qui ont un rendement aussi bon, sinon meilleur le jour que la nuit.

Le gabion en Picardie et en Normandie est ancré dans les estuaires. C'est une sorte de bateau flottant, fixé par des chaînes, posé dans un coffrage. Il peut ainsi suivre le niveau d'eau des marées en montant ou descendant à l'intérieur du coffrage. En baie du Mont-Saint-Michel, il existe encore des gabions fixes recouverts par la mer à grande marée.

La tonne dans le Sud-ouest, désigne aussi bien le gabion que la hutte. À l'origine, c'était un vieux fût de vin de quatre cents litres environ, ce qui explique son nom.

Le hutteau est une pratique de chasse extrêmement physique de bord de mer à marée basse. C'est, soit une cache rudimentaire en toile tendue par quatre piquets, soit un affût creusé dans le sable où le chasseur, allongé sur un matelas de paille, se recouvre d'une simple toile, soit un hutteau mobile, sorte de caisson en bois que l'on transporte sur deux roues qui s'enterrent à moitié dans le sable.

Combien existe-t-il de huttes en France ?

On compte en France environ quinze mille installations de chasse de nuit, dont 90 % de huttes fixes sur le domaine terrestre et 10 % sur le domaine public maritime, plus quelques centaines de hutteaux mobiles, en DPM.

Les canards appelants

Incontournables pour la chasse de nuit à la hutte, les appelants jouent un rôle essentiel pour cette pratique. Que l'on ne s'y trompe pas, le huttier ressent un amour passionnel pour ses appelants qu'il a vu naître, puis élevé et soigné. Dans les années 1980-1990, quelques huttiers ont commencé à utiliser de la sauvagine comme siffleurs, sarcelles d'hiver et oies, ajoutées aux traditionnels colverts. Cette nouvelle pratique a connu un véritable succès, à laquelle est venue s'ajouter une quantité de plus en plus importante de sauvagines attachée sur chaque mare. En 2005 est arrivée la menace de la grippe aviaire, menace qui a durci la loi sur la détention des appelants, et qui chagrine tous les huttiers.

Le tir à la hutte la nuit

Contrairement à ce que peuvent imaginer les néophytes, le tir à la hutte la nuit est loin d'être un exercice facile. Le tir du gibier au posé s'apparente plus au tir à la carabine qu'au tir au fusil de chasse. Il faut réussir dans de mauvaises conditions d'éclairage, à voir, puis tirer le gibier dans une obscurité parfois presque totale. Pour pallier cette difficulté, la lunette de tir est devenue un des éléments indispensables du huttier.

Tirer au commandement

Vous huttez à deux ou trois chasseurs. Une bande de canards se posent, éparpillés sur la mare. Dans ces conditions, vous allez devoir tirer à plusieurs au commandement. Le rituel est le suivant. Une seule personne commande. Il questionne en murmurant tout bas, « Prêt ? » Si personne ne dit « non », il continue en rythmant bien ses mots. « Un », « Deux », le « trois » étant remplacé par un tir simultané.

Avec quelles cartouches ?

Depuis juin 2006, la grenaille de plomb est devenue interdite au-dessus des zones humides. Depuis, il est proposé à la vente des cartouches en substitut au plomb, comme l'acier, le bismuth ou la « zinc-étain » qui possède d'excellences performances pour un prix abordable, utilisable dans des canons non éprouvés « billes d'acier ». Sachez sinon que la grenaille d'acier, même en Haute Performance, limite grandement la distance de tir par manque de densité.

Un fusil adapté à la pratique de la hutte, le canardouze

Le canardouze, c'est un fusil juxtaposé de calibre 12, réservé exclusivement pour le tir au posé à la hutte, généralement équipé d'une lunette. Sa grande particularité est que le chasseur peut sélectionner ses départs. En choisissant entre ses deux queues de détente, il lui est possible de tirer soit coup par coup, soit de tirer ses deux coups simultanément. Fabriqué pour résister aux plus lourdes charges, son poids oscille entre quatre et six kilos. La longueur de ses canons est comprise entre 76 à 88 cm. Ce fusil a la prétention de rivaliser avec un calibre 4. Je dis prétention, car en réalité une charge quitte toujours le canon avant l'autre, provoquant ainsi une perturbation sérieuse dans la grenaille.

Le braque français

Le braque français est un chien d'arrêt méridional, ancêtre de tous les chiens d'arrêt à poil court. Originaire de la Navarre, le braque français était initialement un chien lourd, haut de taille, portant babines pendantes et fanons, lent, mais très endurant, qui possédait une finesse de nez et un savoir-faire remarquable. La particularité du braque français est qu'il a toujours appartenu à des chasseurs rustiques, et que sa sélection s'est toujours faite sur ses aptitudes de chasse.

Une évolution physique presque naturelle

Depuis plus d'un siècle, sous l'influence vraisemblable de milieux extérieurs, de notre genre de vie, peut-être aussi de la nourriture et majoritairement du fait de l'évolution du comportement du gibier, le physique du braque français s'est modifié. Disparus les fanons et les paupières tombantes. Bon ! Il nous faut bien avouer que beaucoup de braques, considérés comme étant orthodoxes et purs, ont subi, directement ou indirectement, pas mal d'apports de sang étranger. De ce fait, à moins qu'une famille ait été confinée dans une consanguinité absolue depuis des temps immémoriaux, il est impossible d'affirmer que nos braques soient rigoureusement purs. Mais quand on a suivi l'évolution de plusieurs familles sur plusieurs générations, il est prouvé qu'en dehors de tout croisement, que celles-ci ont fortement évolué. Ce qui prouve qu'une race est d'autant plus capable de se modifier aux influences du milieu et de s'adapter, qu'elle est plus naturelle.

Aptitudes et caractéristiques

Les causes multiples de la diversité des caractères pratiques des chiens d'arrêt sont quelques fois perdues de vue quand on décrit les aptitudes d'une race. L'arrêt et le rapport sont généralement naturels chez le braque français. Les caractères cynégétiques d'un chien d'arrêt de chasse pratique peuvent être scindés en trois points. Le premier intéresse l'allure, l'attitude, la quête. Le deuxième concerne le pouvoir olfactif, et le troisième est la coordination des précédents pour un utile emploi. Le braque français est bâti en trotteur. Le caractère galopeur ne fait pas partie de son patrimoine familial. Pour l'y fixer, il faudrait un apport de sang étranger chez lequel le caractère galopeur est héréditaire, comme le sang pointer, ce que se sont malheureusement empressés de faire certains éleveurs, à des fins mercantiles. Le galop est bien là, mais le nez ne suit pas...

L'allure et la quête du braque français

L'allure normale d'un chien d'arrêt continental est le trot. L'allure typique du braque français est le grand trot rapide. Ce trot doit être soutenu pendant de nombreuses heures avec quelques alternances de petits galops, particulièrement sur un terrain plat et découvert. En aucun cas, la quête exclusivement au galop ne doit être recherchée, ni même encouragée. Cette allure est conforme au physique du braque, comme le galop soutenu l'est à celle du pointer et du setter anglais. En outre, le braque français s'intéresse à tous les gibiers, poils et plumes. Il doit faire preuve d'initiatives, aller prospecter une haie, un buisson, car le chasseur fixe sa direction d'après la nature du terrain où il opère. Il lui faut un grand discernement et de la ténacité. Il ne lui est pas indispensable d'avoir un nez spectaculairement puissant, mais il doit l'avoir « fin » pour contrôler en plus des émanations directes, les déplacements d'oiseaux piétard. C'est l'aptitude naturelle du petit travail d'artisan, fait de patience et de ténacité, de roublardise face à certains gibiers particulièrement retors. C'est aussi l'art de retrouver un désailé dans un milieu difficile ou sur une longue distance, et celui de ne chasser que pour son maître. Une des caractéristiques du braque français est de maintenir une liaison absolue avec son maître.

L'intelligence du braque français

L'intelligence de la chasse est pour le chien d'arrêt, comme pour le chien courant, un des principaux facteurs de réussite. Elle est le complément de l'allure, de la quête et du sens olfactif. Un braque français sait naturellement chasser en terrain très varié, aussi bien à mauvais vent qu'à bon vent, et par toutes températures. Son rapport est naturel. Élevé pendant plusieurs générations par des chasseurs rustiques peu soucieux des règles théoriques, ce chien a toujours été astreint à ne chasser que sur des terrains morcelés, parfois montueux, dont les nombreux obstacles naturels et artificiels rendaient pratiquement impossible une quête régulière sous le vent. C'était à lui de se « débrouiller » ! De là, sa quête apparemment désordonnée reste incontestablement intelligente, commandée par les circonstances du biotope.

Tout métissage entre braques, pointers et autres est indésirable, et même regrettable. L'élevage serait bien facile s'il suffisait d'unir des sujets possédant des qualités supérieures pour obtenir un produit idéal, même quand on connaît toutes les qualités des descendants.

Races, sous-races ou variétés de braques français

Si le nom de braque français est resté attaché à une seule variété, il est évident que celle-ci représente la vraie descendance du vieux chien d'autrefois. Le terme variété ne peut d'ailleurs pas lui convenir s'agissant de la race mère. La particularité du braque français est qu'il a toujours appartenu à des chasseurs ruraux méridionaux, et que sa sélection s'est toujours faite uniquement sur ses aptitudes de chasse. Sans doute, celles-ci sont attachées à certains attributs physiques déterminés par le biotope qui lui était propre, mais tel sujet peut posséder par atavisme les qualités d'une spécialité, et tel autre, une autre.

Groupe 7
Poids : 25 à 35 kg
Hauteur au garrot : 47 à 69 cm

Le caractère galopeur ne fait pas partie du patrimoine familial du braque français. Pour l'y fixer, il faudrait un apport de sang étranger chez lequel le caractère galopeur est héréditaire, comme le sang pointer, ce que se sont malheureusement empressés de faire certains éleveurs, à des fins mercantiles. Le galop est bien là, mais le nez lui, ne suit pas...

Existe-t-il deux sortes de braques français ?

La mode et l'appât du gain ont fait que beaucoup d'éleveurs, soi-disant professionnels ou amateurs avertis, voulurent différencier deux variétés de braques français. La raison est qu'à cause de géniteurs pas toujours dans la norme, il arrivait souvent que dans une portée quelques chiots soient plus petits que la taille normale, donc, plus difficile à vendre. Qu'à cela ne tienne. Aujourd'hui, deux types sont proposés. Un de taille normale, braque français de type Gascogne, et une autre version petite taille, dite de type Pyrénées. J'ai croisé quelques-uns de ses produits, qui m'ont vraiment consterné. Plus qu'alléger, pour « briller » dans les Fields-trials, l'infusion massive de sang pointer a transformé notre braque trotteur en petit galopeur. Mais le nez et l'équilibre ne sont plus présents. Aux oubliettes toutes les particularités et qualités du vieux braque français. Mais quel gâchis ! Je reste heureusement persuadé qu'en cherchant un peu, particulièrement de chaque côté des Pyrénées, qu'il est tout à fait possible de trouver quelques amateurs et éleveurs qui possèdent précieusement des souches non polluées.

LE CYCLE ÉTONNANT DE LA MIGRATION DES OISEAUX

Décembre, la complexité des migrations

Les conditions météorologiques ont une influence déterminante sur le déroulement de la migration des oiseaux. Plus le séjour hivernal est lointain, plus les migrateurs sont exposés. Les vents contraires, les tempêtes, la neige, les chutes de température sont de nature à modifier un comportement migratoire normal. Un ciel clair et un vent arrière soutenu constituent les conditions optimales. Bien que le déclenchement des grandes migrations soit génétiquement programmé, un fort vent de face est susceptible de le reporter. De même qu'en cours de périple, un vent excessif de travers peut inciter les oiseaux à rester au sol pour quelque temps ou à voler très bas pour donner moins de prise aux bourrasques. Ce qui est le cas des passereaux. Les cygnes, les oies, les canards, les cormorans et certaines espèces de limicoles au vol puissant comme les barges sont bien moins à la merci des mouvements de l'air atmosphérique. Les tempêtes font parfois dévier de façon considérable le trajet migratoire normal des oiseaux de mer. Certains, appartenant à des espèces nord-américaines, sont parfois déportés de continent. L'île d'Ouessant est réputée pour observer ces visiteurs inhabituels.

Grand coup de froid : le pari des oiseaux migrateurs

Lorsqu'arrive brusquement une vague de froid, les migrateurs ont deux options. Soit déserter leur zone d'hivernage, soit demeurer sur place. Ceux qui prennent la fuite espèrent trouver de meilleures conditions climatiques et se régénérer en s'alimentant en route pour pallier la perte calorique causée par leur déplacement. La stratégie de l'immobilisme prise par certains, elle, par contre, n'est pas sans risque. Lorsque le gel rend leur nourriture inaccessible, les oiseaux fonctionnent à l'économie. À l'abri du vent du nord, ils profitent d'un ensoleillement maximal, ils se gonflent afin de créer une couche d'air tiède entre la peau et leur plumage, et ils dorment plus longtemps tout en abaissant leur seuil de vigilance. Au départ, aucune de ces deux options n'est meilleure que l'autre. La très mauvaise alternative, c'est le départ forcé après un jeûne prolongé…

Influence de la lune sur les migrations

La lune est pour certains un guide absolu pour prévoir les mouvements migratoires. Pleine lune, nouvelle lune et derniers quartiers sont favorables à la migration nocturne. Il est indéniable que les oiseaux diurnes préfèrent de loin voyager la nuit avec un ciel dégagé et un peu de luminosité. Mais, bousculés par une grande vague de froid, ils s'envoleront vers le sud, quoi qu'il arrive. Pour les anatidés et les limicoles, les pleines et nouvelles lunes coïncident avec les fortes marées dont les heures varient selon les lieux. Premiers et derniers quartiers coïncidents avec les plus faibles marées (mortes-eaux), ce qui fait moins bouger les oiseaux. Par contre, il est avéré que les grands changements de temps en hiver ont souvent lieu deux jours avant ou après la pleine lune.

Les grandes migrations*

« En moyenne, peu de chasseurs ont vu plusieurs grandes migrations dans leur vie. En quatre-vingts ans de chasse effective notée sur les carnets de mon grand-père, de mon père et les miens, il a été constaté sept migrations massives. Dans chacun des cas, des centaines de milliers de canards ont passé, encadrés de bécassines, pluviers, vanneaux, alouettes... Ils venaient droit du nord, direction plein sud, et poursuivaient leur route sans s'arrêter.

- La première par vent de sud-ouest, un 20 novembre, plus 9°
- La deuxième par vents de nord-ouest-ouest, un 28 novembre, plus 1°
- La troisième par vents de sud-est, un 2 décembre, moins 2°
- La quatrième par vent de nord-nord-est un 18 novembre, moins 1°
- La cinquième par vents de sud-ouest, un 25 novembre, plus 9°
- La sixième par vents de sud-est, un 3 décembre, 0°
- La septième, par vents d'ouest passant nord-ouest, plus 1°

Ces sept migrations qui ont été constatées en plein jour et la nuit, ont duré en moyenne une dizaine d'heures. Dans les trois derniers cas, il avait été annoncé des froids sérieux dans le Nord. Au cours de deux de ces grands passages, le froid est survenu deux à trois jours après. Seule une de ces journées n'a pas été suivie de glace. »

*constatées par René Dupeyron dans le sud-ouest (antérieures à 1953), *La chasse des canards*

L'extraordinaire périple migratoire de cinq coucous anglais (suite et fin)

La migration de retour de nos cinq coucous anglais s'avérera malheureusement plus difficile. Partis du Congo en février, quatre des coucous ont traversé le Sahara. Ils ont accompli leur voyage en effectuant des haltes au Ghana et en Côte d'Ivoire avant d'atteindre l'Algérie. Dans le passé, on supposait que ces oiseaux franchissaient le désert en un vol sans stationnements pour les mener du Congo en Europe du Sud. En fait, les itinéraires suivis par les coucous pour revenir sur leurs lieux de reproduction en Grande-Bretagne ne correspondaient à aucune de celles observées lors de leur descente vers le Sud. Chris était repassé par la plaine du Pô où il a observé une longue halte lors de sa migration en direction de l'Afrique. Martin avait également séjourné dans cette région avant de survoler la Méditerranée pour rejoindre à travers le Sahara la forêt équatoriale du Congo. Il a subi à son retour dans le sud de l'Espagne des conditions météorologiques désastreuses qui ont causé sa perte. Lyster, qui avait traversé l'Espagne à l'aller, a complètement contourné l'Europe du Sud au retour pour survoler directement la Méditerranée et la France, sans escale notable. Les scientifiques étaient sans nouvelles de Clément, rendu au Cameroun depuis le 22 février. Les derniers signaux transmis par satellite suggéraient qu'il n'était plus en vie. Le faible et ultime signal de Kasper émis dans le Sud algérien datait du 11 avril... Décès accidentel ou panne de balise ? Sur les cinq coucous de départ, seuls deux coucous semblent avoir survécu. Ceux-ci ont mis un peu moins de deux mois pour effectuer le trajet entre leur quartier d'hiver et l'Angleterre. La majeure partie de ce trajet a été effectuée par des haltes en Afrique de l'Ouest, Afrique du Nord et Europe du Sud. Entre ces escales, le survol du Sahara s'est accompli de façon rapide et directe... La conclusion est que la route de migration empruntée par les coucous n'obéit pas à des règles précises comme d'autres espèces comme les grues, les oies cendrées ou les hirondelles. Chaque individu exerce sa propre appréciation sur la trajectoire du parcours, les lieux et la durée des haltes. Ce qui confirme que les coucous, comme toutes les autres espèces d'oiseaux, possèdent une certaine intelligence, ce qui a été longtemps contesté.

Que se passe-t-il chez les oiseaux en décembre ?

La migration…

Un grand froid venant de Russie appelé un « Moscou – Paris » qui déferle sur l'Europe est obligatoirement synonyme d'une importante arrivée d'oiseaux migrateurs. En cent ans, la France a subi une douzaine de vagues de froid, dont dix ont eu lieu en décembre, et trois un 23 décembre. Les oiseaux possèdent une température de 41 ° qu'ils doivent maintenir constante. Mais avant de mourir de froid, les passereaux parviennent à supporter les températures records de - 30°, les pigeons, anatidés et anséridés, - 80°. Face au froid, certaines espèces, comme les limicoles, les bécassines et la grive mauvis, ont une grande mobilité qui les pousse à déserter leurs zones d'hivernages habituelles. D'autres, comme les pigeons, le colvert, l'oie rieuse et les cygnes, s'adaptent en attendant des jours meilleurs. Des hivers très froids peuvent déclencher le départ d'oiseaux qui, normalement, ne migrent pas, vers des zones de l'Atlantique au climat maritime plus doux. La France joue souvent un rôle de refuge en cas de vague de froid nordique.

Oies rieuses en migration

des canards

Le mois de décembre, qui a toujours été un excellent mois de migration, se positionne en valeur juste derrière novembre. En fonction des conditions météorologiques dans l'est de l'Europe, il peut même devenir exceptionnel (se rappeler ces énormes flux migratoires survenus le 23 décembre 1962, et le 31 décembre 1978). Plus résistant de tous les anatidés de surface, le colvert, qui se trouve toujours un peu à la traîne, devient le gibier majoritaire dans les tableaux en littoral et en intérieur.

des oies

Un certain nombre d'oies cendrées ne gagne pas les stationnements hivernaux d'Andalousie, et passe la mauvaise saison en France, sur le lac de Der, en Hollande, en Belgique et en Allemagne. Seules des températures fortement négatives obligeront ces oiseaux à migrer et à traverser notre pays.

des pigeons ramiers

L'absence de gland peut faire que les pigeons, en manque de nourriture, ont l'obligation de « pousser » leur déplacement vers au sud. Les populations de pigeons migrateurs partiels, qui décident de rester dans les grandes plaines céréalières, deviennent de plus en plus importantes. Seul un grand coup de froid avec gel et neige peut les décider à reprendre la migration vers le sud.

des bécasses

Début décembre, la bécasse va se cantonner dans les grands bois, les taillis sous futaie, les grandes sapinières où poussent fougères et feuillus. Seul un gel prolongé la fera se décantonner. Courant décembre, lorsque survient une vague de froid avec gel prolongé, les bécasses se concentrent sur les départements côtiers aux températures plus clémentes. Dès que le redoux revient, les scolopax Rusticola recolonisent progressivement l'intérieur des terres. Ce retour est parfois inégal pour certaines régions… Le fameux passage de Noël est constitué des bécasses de montagne qui rétrogradent en plaine.

Les vents

C'est le vent du nord, suivi par le vent d'est, qui est le plus favorable à la migration. Le moins bon, de très loin, c'est le vent d'ouest.

des grives

Les grives musiciennes ont déjà rejoint leurs quartiers d'hivernages. Par contre, grives mauvis et litornes, migratrices partielles, mais sensibles aux changements climatiques, arrivent en France poussées par le froid et la neige.

La migration de la bécassine des marais

La bécassine des marais niche rarement en France. Par contre, dès la mi-juillet, les premières migratrices qui ont nidifié en Scandinavie et en Russie arrivent sur notre littoral. Il se dit qu'une partie de ce premier contingent est d'origine anglaise, notamment d'Écosse et plus précisément des îles de la côte… Il est bien connu ce « passage de la Madeleine », qui a lieu traditionnellement autour 22 juillet. Tout au long de l'été, un temps pluvieux survenant après une longue période de sécheresse provoque parfois un passage important en Picardie. Là encore, les vents à tendance à l'est sont synonymes de passage brutal. Le mois d'août semble être un excellent mois, mais cela vient du fait que les oiseaux se concentrent dans les marais qui restent inondés. Le mouvement de descente s'accuse nettement de la fin octobre à fin novembre. Un autre passage a lieu vers le 25 novembre, appelé « Passage de la Sainte-Catherine ». Un grand froid sur le nord et l'est de l'Europe a pour effet de précipiter le voyage des oiseaux. Les carnets de chasse sur plusieurs années sont extrêmes instructifs. Août est bon. Septembre, octobre assez bon. Novembre est excellent. Décembre beaucoup plus faible, janvier presque nul… Les premières migratrices arrivent vers le 20 septembre dans les marais d'Afrique du Nord…

La gynocratie* existe (aussi) chez les oiseaux…

Les phalaropes sont des limicoles aux mœurs surprenantes. Les deux espèces, à bec large et à bec étroit, sont exclusivement marines, au point d'être intégrées dans la catégorie des oiseaux de mer. Contrairement à tous les autres oiseaux, les femelles sont plus grandes que les mâles, et ce sont elles qui portent le plumage nuptial lors de la période de reproduction. Elles s'affrontent pour obtenir les faveurs des mâles, puis elles choisissent et défendent leur territoire. Immédiatement après avoir pondu, les femelles entament leur migration vers le sud, à charge pour leurs conjoints d'assurer l'incubation et l'éducation des jeunes. Ne pouvant plonger pour chasser, leur méthode pour se nourrir est révolutionnaire. Elle consiste à créer en nageant en rond à une vitesse de l'ordre de 50 cm/s, un tourbillon d'un diamètre de quelques dizaines de centimètres, ce qui leur permet ainsi de se saisir de petits insectes aquatiques et crustacés, obligés de remonter à la surface. Le Phalarope à bec large niche dans le Grand Nord, en Islande et en Arctique. Après une longue migration en mer vers le sud, il hiverne dans l'océan Atlantique, en pleine mer. Le Phalarope à bec large fréquente le golfe de Gascogne d'octobre à janvier.

Phalarope à bec large

* Une gynocratie est un système dans lequel le pouvoir est exercé par des femmes

CINQUANTE ANS DE SOUVENIRS DE CHASSE AU MARAIS par Guillaume Vasse

Au cours de cette campagne de chasse, j'avais remarqué dans mes appelants une jeune cane qui s'était montrée d'une familiarité extrême avec moi. En peu de temps, elle était apprivoisée, au point de venir manger dans ma main. Elle avait une voix grêle qui ressemblait un peu à celles des sarcelles et elle avait marqué, dès les premières nuits de hutte, une prédilection particulière pour cette variété de gibier. Elle ne chantait que quand il passait des sarcelles et chaque fois qu'elle élevait la voix, j'étais sûr de voir le gibier s'abattre. Il me vint l'idée de la laisser libre dans ma mare par les nuits de pleine lune et, de temps en temps, je la sifflais. Elle quittait aussitôt ses congénères et venait devant les guichets de ma meurtrière ramasser quelques grains de maïs que je lui jetais. Une nuit de pleine lune de décembre, il y avait du gibier posé autour de ma mare, lequel, méfiant, ne voulait pas venir aux appelants ; je vis, tout à coup, ma cane que nous avions baptisée Criette, quitter ses camarades, traverser la mare à la nage, aborder sur le bord du marais et entamer une conversation avec les visiteurs timorés. Au bout d'un certain temps, quel ne fut pas mon étonnement de voir ma cane revenir, tenant la tête d'une file de gibier qui se hâtait vers les appelants. De suite, Criette aborda en face de ma hutte et vint chercher protection près de moi, tandis qu'un coup de feu décimait les imprudents, confiant dans ses promesses. Depuis ce jour, par chaque nuit de lune, Criette fut libre et grâce à elle, je tirai plusieurs centaines de pièces que jamais, sans elle, mon carnier n'aurait renfermées. Jusqu'en 1900, Criette fut ma cane préférée. Hélas, un jour de gel, en février elle était partie comme d'habitude faire de la propagande parmi les indécis, elle revint avec une bande de gros canards. L'un de ceux-ci plus pressé vint tout droit aux appelants et la prenant pour ma cane, je tirai sur le groupe qui était bien en arrière, tuant avec Criette huit colverts. Le lecteur qui est chasseur me comprendra lorsque je lui dirai que je pleurai ma cane comme on pleure un vieux chien fidèle et que ce soir-là je fermai jusqu'au jour mes meurtrières, me refusant à veiller davantage.

JANVIER
2023

Janvier

Du côté des livres

HISTOIRE D'UNE PASSION

par Georges Siffredi

Georges Siffredi est né en 1929. Fervent sportif, il a exercé la médecine générale à Toulon pendant une quarantaine d'années. Georges, que j'ai connu à une époque où nous faisions de la compétition au parcours de chasse, a commencé à chasser à 35 ans, pour devenir rapidement un bécassier accompli. À 90 ans, il m'a confié avoir arrêté de chasser il y a deux ans, pour cause de santé. Ce livre est le récit d'une vie d'un homme passionné de la vie, et de la chasse à la bécasse.

À regarder, l'interview de son livre par *Seasons* :
https://=www.youtube.com/watch?v=1Mrz71ayyjE

Lun	Mar.
notes	
2 Basile	3 Geneviève
9 Alix	10 Guillaume
16 Marcel	17 Roseline
23 Barnard	24 Fr. de Sales
30 Martine	31 Marcelle

Mer.	Jeu.	Ven.	Sam.	Dim.
				1 Jour de l'an
4 Odilon	5 Édouard	6 Mélaine	7 Raymond	8 Lucien
11 Pauline	12 Tatiana	13 Yvette	14 Nina	15 Rémi
18 Prisca	19 Marius	20 Sébastien	21 Agnès	22 Vincent
25 Conv. de Paul	26 Paule	27 Angèle	28 Th. d'Aquin	29 Gildas

notes

UNE HISTOIRE

Les bécasses de Vicqsur-Breuilh

Cette année-là, Martine, mon épouse, me convie à venir passer le week-end à Laurie, chez ses parents qui possèdent une maison près de Vicq-sur-Breuilh, dans le Limousin. Moi, du Limousin, je ne connaissais de réputation que ses vaches, sa porcelaine et ses châtaignes… ! En fait, je suis agréablement surpris lorsque je découvre son environnement.

Isolée, perchée sur un promontoire, Laurie, la vieille bâtisse familiale construite en pierres blanches, possède un charme fou. Le soir, assis sur la terrasse, tout en sirotant un verre de pouilly frais, mes yeux découvrent un paysage vallonné recouvert de vertes prairies, de châtaigneraies centenaires, de forêts aux arbres moussus coupés de gorges abruptes au fond desquelles coulent des ruisseaux aux cours rapides. À cet instant, je me fais la réflexion que voici un endroit que j'aimerais bien parcourir en quête de Dame Bécasse. Malheureusement, à cette époque, je n'ai plus de chien, ma griffonne Korthals Sybelle étant morte de vieillesse l'année dernière. Et pour Martine, adopter un chien n'est pas la priorité du moment…

En rentrant le dimanche soir, je repense avec nostalgie à ces paysages qui sentent bon la bécasse. Le mois d'après, un samedi matin, Laureen, ma belle-fille et ma complice, me suggère du haut de ses dix ans, d'aller « visiter » un élevage d'épagneuls bretons chiots de Hautes Origines. Martine accepte à contrecœur de s'y rendre, à la condition « sine qua non », de ne faire… que de regarder, tout en martelant… « Trop compliqué à gérer un chien en appartement, et puis, tout jeune, ça ne fait que des bêtises… ».

Des trois chiots de la même portée que l'on me présente, tu es, ma petite Jacka, la seule femelle. À l'instant où tu m'apparais, je sais que je ne repartirais pas sans toi. On me fit un peu (beaucoup) la tête lorsque je fis mon chèque, et plus encore lorsque nous nous retrouvâmes avec toi dans ma voiture. Heureusement, la bouderie de Martine tourna court pour se transformer au fil des jours, en une adoration sans faille à ton égard. C'est ainsi que Jacka est entrée dans notre famille. Notre chienne a trois mois, un pelage tricolore et elle est légèrement petite pour ta race. Douce et affectueuse, la chance n'est pas avec elle, puisqu'en jouant dans les escaliers, elle glisse et se fracture la patte arrière droite. Plus graves encore, ses ligaments croisés cèdent, eux aussi. Après avoir consulté plusieurs vétérinaires, dont un « boucher » qui te charcute pour rien, un véto de génie, Jean-François Bardet, à Neuilly, te permet, après une opération qui dure plus de deux heures, de courir comme tu le faisais auparavant. Les semaines à te soigner et à te porter journellement scellent un amour indéfectible entre nous.

L'année suivante, Jacka complètement rétablie, Martine nous propose d'aller passer le réveillon de Noël à Laurie, afin d'y passer quelques jours avec ses parents. Pour être tout à fait honnête, ce qui me décide vraiment, c'est que je vais enfin pouvoir explorer ces bois qui m'ont tant captivé, et d'y chasser la Mordorée avec Jacka. Trois semaines auparavant, ma très jeune chienne m'avait fait tuer sa première bécasse dans les Montagnes noires de Bretagne et, naturellement, j'ai hâte de la voir valider ses talents de bécassière. La très bonne nouvelle, c'est que des voisins, amis très proches de mes beaux-parents, mettent à ma disposition une centaine d'hectares de bois situés à dix minutes de marche de Laurie. Cerise sur le gâteau, d'après mes beaux-parents, cet endroit a la réputation depuis des lustres, d'être excellents aux champignons… et à la bécasse.

Dès le lendemain matin de notre arrivée, mon calibre « 28 » sur le bras, nous nous dirigeons avec Jacka en direction de Souffas, lieu-dit du territoire autorisé. Il fait un vrai temps de saison. L'air est froid et humide, l'extrémité des arbres est enveloppée d'un épais manteau de brume. Des sous-bois, monte une odeur de terre et d'humus qui sent bon la bécasse ! Jacka, toute joyeuse, effectue des petites pointes de vitesse pour se réchauffer, ce qui fait tinter gaiement sa sonnaille. J'ai comme projet d'explorer à bon vent la bordure de cette propriété que je ne connais pas. La veille, aidé par mon beau-père, j'ai bien mémorisé ses limites sur un plan, les chasseurs de la région, majoritairement fous passionnés de sangliers, n'étant pas à même d'apprécier que je vienne déranger les grands animaux chez eux.

Il est toujours difficile de chasser sur un terrain une première fois. Heureusement, tous les bécassiers ont cette faculté de pouvoir reconnaître les endroits que privilégie la Mordorée. Après plusieurs minutes de marche dans une châtaigneraie beaucoup trop claire, une parcelle particulièrement fourrée attire mon attention. Sans que je lui ordonne, Jacka rétrécit ses lacets, et, tête haute et nez au vent, prend cette direction. D'un galop souple, elle commence à s'y engager, sans prendre, semble-t-il, d'émanation. À un moment donné, je vois mon épagneule prendre un sentier aplati par le grand gibier. Puis elle pénètre dans un massif constitué d'un enchevêtrement de ronces, d'épines noires et de jeunes sapins. Perplexe, je la laisse faire, à l'écoute de sa sonnaille. Quelques secondes plus tard, j'entends deux coups de gueule rageurs, et je vois une chèvre et son chevrillard qui détalent sur ma gauche, lancés en plein galop, suivis de Jacka excitée comme un pou qui les talonne. Sur un « Non ! », ordonné à haute voix, ma chienne s'arrête sur place. Pour la calmer, je la fais asseoir quelques minutes, tout en la « gourmandant »… gentiment.

Une des nombreuses particularités notables de Jacka est de mémoriser comme un buvard ce qui lui est permis ou interdit. À un an, elle accompagne sans laisse Martine en ville, s'arrêtant aux bords des trottoirs avant de traverser, sans jamais s'occuper des « perturbateurs », comme les surnomme mon épouse, tels que chats, chiens, klaxons et autres bruits surprenants. Par la suite, après trois ou quatre sermons, Jacka dédaignera définitivement les grands animaux pour s'occuper exclusivement de la plume, et principalement de la Mordorée.

Nous repartons en direction d'un versant qui me semble intéressant. Orienté plein sud, recouvert de jeunes sapins et de bouleaux envahis par les ronces, cet endroit me semble accueillant. De larges percées, certainement faites par les sangliers, permettent de circuler sans trop de gênes. Arrivée en bordure, Jacka, lancée au grand galop, ralentit brusquement sa course pour effectuer un petit retour en arrière. Excitée, elle donne un long coup de nez en direction d'un massif imposant. Puis, la tête haute, la truffe frémissante, elle s'avance précautionneusement. Inutile de préciser qu'à cet instant, je suis très ému. Jacka, son ventre touchant presque terre, parcourt ainsi une cinquantaine de mètres, tout en baissant de plus en plus son museau. Arrive enfin cet instant magique dont rêvent tous les bécassiers. Ma chienne s'immobilise à moitié couchée, muscles tendus, dans un arrêt figé. Canons à l'horizontale, crosse sous l'aisselle, je m'avance devant elle sans plus attendre. Une ombre qui s'enfuit jaillit du milieu des gaulis. Sans vraiment viser, je jette un unique coup de fusil en direction de la fuyarde. L'ombre se fige entre deux vieux chênes, pour tomber comme un chiffon pantelant vers le sol. Déjà, Jacka se précipite et saisit l'oiseau dans sa gueule. Toute fière, ma chienne revient en courant vers moi, puis elle s'assied devant mes pieds en m'offrant sa bécasse comme un présent. Bon ! Encore une fois, je suis complètement chamboulé… Je m'agenouille devant elle. Ému, je lui dépose un baiser sur sa truffe, rituel que j'appliquerai toute sa vie après chaque bécasse qu'elle me fera tuer.

Au cours des quatre matinées de chasse autour de Noël, Jacka arrête cinq autres bécasses. Indéniablement, c'est au cours de ce déplacement dans le Limousin que ma chienne est devenue une vraie accroc de la Mordorée.

Nos différentes pratiques de chasse

La chasse de la bécasse au chien d'arrêt

Une passion exclusive

À quoi tient que la bécasse est un gibier unique et à part ? Comment se fait-il que la manière de la chasser, sa migration, ses mœurs, sa morphologie, l'art de la peindre, de la sculpter, la façon de la cuisiner, relèvent d'un symbolique qu'aucun autre gibier ne peut revendiquer ? « Chasser la bécasse ! » Pour le chasseur initié, pour celui qui trouve dans cette pratique autre chose qu'un passe-temps, ces trois mots ont une signification passionnelle qui provoque en lui une mystérieuse attirance vers les profondeurs humides des bois, où l'attend un plaisir que lui seul cultive. Depuis plus d'un siècle, certains chasseurs éprouvent pour la Mordorée un réel amour. Ces « bécassiers », comme ils se nomment, ont leurs règles qui ne sauraient déroger. Aux oubliettes, la croule et la passée, que pratiquaient assidûment leurs grands-parents. Pour eux, la bécasse, cette merveille de la nature, ne doit être chassée qu'au chien d'arrêt, à la loyale. Malgré les multiples recherches et les nombreux écrits dont elle a été l'objet, la bécasse reste un oiseau bien mystérieux qui nous fascine encore et toujours…

Le bécassier, un chasseur solitaire d'exception

Se définir comme étant bécassier comprend de nombreuses qualités. Cette implication dans la prévision de la venue de l'oiseau migrateur, sa recherche, souvent synonyme de bredouille, cette connivence avec son compagnon à quatre pattes, la compréhension du comportement déroutant aux mille facettes de la bécasse, auquel lui et son chien doivent trouver une solution au problème qu'elle leur pose, font partie intégrante du quotidien du bécassier. Passion dans l'éducation qu'il a méticuleusement prodiguée depuis son plus jeune âge à son élève, ce partenaire incontournable dans leurs recherches souvent infructueuses, parfois compliquées, mais de temps à autre, enivrantes. Sans oublier, malgré le peu de cartouches tirées dans une saison, de devenir un bon tireur, ce gibier d'exception étant trop rare pour être manqué par un manque de préparation. Penchant pour la solitude, qui est l'apanage du bécassier ordinaire, qui prend le parti de privilégier la manière plutôt que le résultat.

Le chien, cet auxiliaire indispensable

Indissociable à cette recherche chimérique, le compagnon, le complice, c'est le chien, majoritairement d'arrêt, obligatoirement aussi passionné que son maître. Pour pratiquer assidûment sa passion, le bécassier devra choisir entre deux familles antinomiques représentées d'une part, par un chien anglais de grande quête, et d'autre part, un chien continental, ce qui est loin d'être évident… Pour se faire, celui-ci va devoir admettre que les chiens de grande quête sont des chiens remarquables pour les fonctions auxquelles ils sont destinés, comme sont remarquables nos chiens continentaux dans leurs propres fonctions, qui ne sont pas vraiment les mêmes. Pour lui permettre de tirer l'oiseau roux dans les meilleures conditions, l'épagneul breton perspicace, le vieux braque français appliqué, ou le setter anglais de feu, va s'évertuer de bloquer l'oiseau mythique au milieu d'un enchevêtrement de gaulis et d'épines noires. Quelles sont les caractéristiques fondamentales d'un chien bécassier ? En premier lieu, toutes ses qualités sont d'égales importances, comme son intelligence qui va « mûrir » au gré des rencontres avec la Mordorée, un odorat, selon sa race, fin ou puissant, un arrêt de plomb, mais surtout, une passion forte et exclusive dans la recherche de cet oiseau au comportement inattendu. Une fois aguerri à cette pratique, cet auxiliaire va mettre tout son talent et son efficacité au service de son maître…

La bécasse, un oiseau doté d'une forte intelligence

La passion que ressent le bécassier pour cet oiseau sauvage, qui ne sera jamais d'élevage, souvent qualifié de chef-d'œuvre de la nature, est légitime. Pour avoir vécu dans sa recherche des aventures mémorables, le bécassier en est intimement persuadé ! La bécasse a des mœurs innées dans son comportement, joints à une sensibilité émotionnelle très forte, exacerbant des impulsions instinctives, qui dénote une forte intelligence, spécificité unique chez les volatiles. L'intelligence, c'est cette faculté innée de comprendre et de s'adapter à des situations nouvelles, particularités qui sont effectivement propres à Scolopax. Car il est indéniable que Dame bécasse possède un comportement démoniaque, qu'elle démontre souvent dans ses réactions de fuites imprévisibles, qui laissent le chasseur pantois et admiratif. Indéniablement, les attitudes de défense de la Mordorée, qu'elle soit en vol ou au sol, paraissent souvent ahurissantes au chasseur. En difficulté devant le chien, la multitude des ruses échafaudées par la bécasse, comme une envolée rasante pour disparaître derrière un gros chêne dans la seconde qui suit, ou encore, acrobatique et ascensionnelle. Une chute simulée après le coup de fusil, la parodie d'être blessée, ses « sauts » de crapaud, courts ou longs, sa repose, après une circonvolution complète tout près de son point de départ, se cacher dans un terrier, ses dérobades à pattes enchevêtrées, sont particulièrement déroutantes pour le bécassier et son chien. Les comportements constatés de la bécasse pour se soustraire du couple chien-chasseur seraient bien longs à énumérer.

Rapport bécasse

La bécasse, une migratrice pleine de mystères

La bécasse est un oiseau migrateur dont la vie est principalement nocturne. Ses déplacements migratoires sont souvent imprévisibles, quelquefois en complète contradiction avec les conditions météorologiques qui pourraient laisser imaginer sa venue. C'est pourquoi, les chasseurs l'ont toujours considéré comme un gibier plein de mystères. D'abord, son arrivée, qui est souvent délicate à prévoir. Il se dit que quelques migratrices avant-coureuses, particulièrement quand la période lunaire coïncide avec la dernière décade du mois, arrivent en septembre, en période de nouvelle lune… Dès la première décade d'octobre, on constate parfois quelques passages épisodiques. La deuxième quinzaine d'octobre voit normalement les arrivées substantielles. Un dicton ancien certifie « qu'à la Saint-Denis, il y a des bécasses dans tout le pays »… Depuis des temps immémoriaux, à la Toussaint, il est de tradition que Dame Bécasse soit rendue dans nos forêts. C'est un fait que les jours proches du 1er novembre, de génération en génération, lorsque les vents se trouvent bien orientés au secteur est, par les nuits lourdes de brouillard, les voyageuses s'établissent mystérieusement aux mêmes endroits, subornés à un biotope inhérent à leur espèce. Les prêtres de son culte, blasés des autres aventures, qui se targuent du nom de bécassiers, répondent du fond du cœur « présents », à cette invite qu'ils attendent depuis si longtemps. Alors, quand la terre et le ciel se rejoignent, fouettés par la triste pluie de novembre, quand chaque feuille gorgée d'eau déverse entre col et chemise sa cargaison de froidure, voici enfin venu le temps de partir à la recherche de la Reine des bois. Un chien statufié, un frôlement rapide entre les fûts des arbres, un oiseau fantôme qui, à peine entrevu, s'évanouit derrière un massif d'arbustes… Cet oiseau mythique, cette merveille d'esthétique, est amoureusement appelé « Mordorée » par le bécassier.

Le griffon à poil dur Korthals

La constitution du « Griffon d'arrêt à poil dur Korthals » ne s'est pas faite sans effort et sans heurt. Elle a été l'objet de nombreuses discussions, de concurrences, et même d'attaques, et cela, dans la plupart des pays européens. Aujourd'hui, le griffon Korthals est une race parfaitement homogène, stable et équilibrée. Son tempérament et ses qualités de chasseur sont universellement reconnus. Les chasseurs l'ont compris depuis longtemps : le griffon Korthals, c'est le spécialiste des sales besognes. Marais, ronces, épines noires, roseaux, rien ne le rebute, son poil et sous-poil l'autorisant à chercher et à trouver les oiseaux qui se défilent à l'intérieur d'endroits les plus inexpugnables. Le Korthals possède un nez fin, et il s'en sert intelligemment pour pister les gibiers les plus retors comme la bécasse. Une autre de ses nombreuses qualités est qu'il possède généralement la passion du rapport. Et surtout, ce chien est particulièrement facile à éduquer.

L'histoire du « Korthals »

Pendant des siècles, ont été désignés comme griffons, l'ensemble des chiens à poil long rude ou laineux, présentant le caractère commun de porter barbe et moustache. De 1870 à 1875, Korthals et F. Bontant, un autre éleveur amateur allemand de griffons, se sont employés à l'amélioration et à la fixation du chien d'arrêt à poil dur ou rude, qui se rencontraient sous des types divers un peu partout sur le continent. Les documents de l'époque et les portraits des chiens de ces deux éleveurs attestent que leur point de départ fut le même, et qu'ils envisageaient à moyen terme, un idéal commun. Mais rapidement, quelques divergences virent le jour. Excepté pour le barbet, Korthals affirmait que les chiens appelés en français « griffons à poil dur », et qui se rencontraient dans divers pays d'Europe, devaient être considérés comme appartenant à une même et seule famille. La sélection à venir devait être pour lui naturelle, sans aucun apport de sang étranger. Bontant et d'autres éleveurs allemands prétendaient au contraire qu'il existait depuis longtemps en Allemagne une race spécifique de chiens à poil rude, poil raide ou poil touffu, indifféremment appelé stachelhaarigen, drahthaarigen ou encore stichelhaarigen. En fait, à l'évidence, tous ces chiens appartenaient à une même souche, celle des barbets et des griffons. En 1876, à l'instigation de la Société hollandaise « Nimrod », était constituée une Commission des Délégués dont faisait partie Edward Korthals, qui établissait la première ébauche du standard du griffon d'arrêt à poil dur.

À partir de là, Korthals prenait son bâton de pèlerin et s'en allait parcourir l'Europe à la recherche de géniteurs possédant les qualités de chiens d'arrêt, passionnés de chasse, possédant ce poil dur et surtout ce sous-poil propre aux griffons. Son pèlerinage lui fit trouver et acquérir différents griffons qui correspondaient plus ou moins aux critères qu'il avait déterminés. Plus tard, seuls sept chiens eurent droit à l'appellation « Pur-sang Korthals ». Ces géniteurs, surnommés « Patriarches », étaient inscrits en tête aux Griffon-Hunde-Stammbuch (G.S.B.), premier livre des Origines des Griffons d'Arrêt à Poil dur, créé par Korthals. Ces « Patriarches » eurent sur la race à venir, une influence déterminante.

En 1888, était établi par différents éleveurs, dont faisait bien sûr partie Edward Korthals, le standard définitif du « griffon à poil dur ». La race était déclarée internationale. Puis, dans la foulée, était fondé le « Griffon club » ratifié par la Belgique en 1895, et par la France en 1901.

En 1951 en hommage à l'illustre créateur, le Club prend officiellement la dénomination « Club français du Griffon à poil dur Korthals »

Le griffon Korthals, un chien d'arrêt d'exception

Aujourd'hui, le Griffon à poil dur Korthals est une race parfaitement homogène, stable et équilibrée. Son tempérament et ses qualités de chasseur sont universellement reconnus. Les chasseurs l'ont compris depuis longtemps : le griffon Korthals s'adapte à toutes les formes de chasse, particulièrement à celle si particulière de Dame bécasse. Le griffon possède un nez fin, et il s'en sert intelligemment pour pister les mordorées les plus retorses. Au bois, ronces et épines noires ne le rebutent pas, son poil et sous-poil l'autorisant à chercher et à trouver les oiseaux à l'intérieur des massifs les plus inexpugnables. Une autre de ses nombreuses qualités est qu'il possède généralement la passion du rapport. Et surtout, il est particulièrement facile à éduquer, « compagnonnable », comme l'a si bien écrit Jean Castaing.

Son physique, sa quête, ses qualités de chasseur

Comme beaucoup d'autres races, le griffon a subi depuis un siècle une crise de modernisation et d'allègement. L'augmentation de la vitesse et d'une quête étendue a failli prendre le pas sur le maintien de ses qualités propres comme la finesse de son nez, son intelligence et la facilité de son éducation. Certes, Korthals a fait du griffon d'arrêt un chien apte à chasser en plaine, se déplaçant d'un galop souple et soutenu, mais d'une allure modérée, nuancée et alternée de trot. Cette allure est un maximum, sous peine de spécialiser la race dans des fonctions lui faisant oublier que son destin est « la sale besogne » pour laquelle son poil et son tempérament l'ont toujours désigné.

Le physique du griffon Korthals est d'être bâti près de terre, avec des côtes légèrement arrondies. Il a un poil bien fourni, bien feutré de sous-poil et une démarche ondulante. Les reins doivent avoir une certaine longueur qui n'existe pas dans d'autres chiens d'arrêt, sauf peut-être chez le setter anglais.

Son tempérament est calme et posé. Il est réfléchi et attentif, ce qui facilite son éducation. Ses aptitudes naturelles en font un compagnon de chasse redoutable, car il sait s'adapter à toutes les situations. Au marais, il va arrêter comme un caillou une bécassine, et quelques minutes plus tard, « pousser » un canard désailé d'un roncier inexpugnable. C'est le seul chien à la poursuite d'un canard désailé, que j'ai vu disparaître entièrement sous l'eau, et revenir à la surface avec l'oiseau dans sa gueule. En plaine, sa quête de trot soutenu et son odorat lui permettent de trouver et d'arrêter perdreaux rouges et gris, cailles et faisans. Contrairement à qu'on s'imagine, le Korthals ne craint pas la chaleur. Il peut concurrencer dans le rapport à l'eau ou à terre, n'importe quel retriever. Il sait également, quand cela lui est autorisé, se montrer redoutable à la chasse au sanglier. Toutes ces qualités séduisent de plus en plus de chasseurs, à la recherche d'un chien polyvalent.

Groupe 7
Poids : 23 à 27 kg
Hauteur au garrot : 50 à 60 cm

Certains éleveurs n'ont qu'un seul et unique objectif. Concurrencer setters, pointers et autres buveurs de vent, en Field-trial de printemps. Pourquoi ? Et bien ils imaginent qu'un chien rapide se vendra mieux et plus cher. Proposé dans un but mercantile, le super-Korthals de grande quête n'existe pas, comme tiennent à le préciser les dirigeants éclairés du club...

LE CYCLE ÉTONNANT DE LA MIGRATION DES OISEAUX

Janvier, avec parfois des vagues de froid qui chamboulent tout

Des hivers très froids peuvent décider du départ d'oiseaux qui normalement ne migrent pas, vers des zones de l'Atlantique au climat maritime plus doux. Ces mouvements affectent des espèces granivores et frugivores, mais aussi certains rapaces. La France joue souvent un rôle de refuge en cas de vague de froid plus nordique. Dans le nord de l'Europe, les conifères produisent beaucoup de graines tous les deux à quatre ans et, dans l'intervalle, il peut y avoir une année de pénurie complète. Les becs-croisés envahissent alors le sud et l'ouest du continent. Ces sortes de mouvements sont le fait d'espèces dépendantes d'une source de nourriture dont la quantité peut varier fortement d'une année sur l'autre. L'autre exemple significatif c'est la buse pattue des toundras arctiques qui capture des lemmings et autres petits rongeurs dont les populations s'effondrent puis se reconstituent tous les quatre ans. Le soudain manque de proies pousse alors des buses pattues jusque dans l'est et le nord de la France. Nos oiseaux sédentaires peuvent également faire mouvement vers le sud ou l'ouest si le temps se détériore soudainement. Par contre, la plupart de ces oiseaux retournent d'où ils sont venus lorsque la vague de froid se termine.

Buse pattue des toundras arctiques

Vols de migration ou haltes migratoires ?

Les déplacements migratoires des oiseaux se présentent sous deux formes :

- les vols migratoires, lorsque les oiseaux se déplacent pour rejoindre leur zone d'hivernage.
- les haltes migratoires, qui sont des lieux de stationnement à l'allée ou au retour, dans lesquelles les oiseaux se nourrissent ou se reposent pendant une durée variable, plus particulièrement dans les grandes réserves. (Le lac de der, le Marquenterre, l'Aiguillon, le Teich, Oléron…).

Ces haltes rendent les migrations relativement complexes à analyser, car il devient alors difficile de faire le distinguo entre les zones d'hivernages, les haltes migratoires et les zones qui combinent ces deux caractéristiques. De plus, le départ d'une zone d'hivernage n'est pas forcément synonyme de début de migration. Il peut s'agir d'un changement de zone sous l'influence de conditions climatiques locales, de l'appauvrissement des ressources alimentaires ou de dérangement…

Ce phénomène climatique NAO, pour Oscillation du Nord Atlantique

Vers 1920, deux météorologistes ont démontré que notre climat est régi chaque année par la différence de pression entre les Açores et l'Islande, oscillations qui influe fortement la migration des oiseaux. L'indice qui mesure cette différence est le NAO. C'est un phénomène atmosphérique et océanique, qui concerne principalement l'Atlantique Nord. On parle d'oscillation parce qu'il y a un va-et-vient, dans la direction nord-sud, d'air au-dessus des régions arctiques et islandaises vers la ceinture subtropicale près des Açores et de la péninsule ibérique. Ce va-et-vient de masse a pour conséquences des changements de la pression au sol, de telle façon que, quand la pression est plus élevée dans la ceinture subtropicale, elle est moins élevée au pôle, et réciproquement, des variations des vents d'ouest moyens des influences sur le climat, tout autour du bassin atlantique, et tout particulièrement sur l'Europe. Le NAO est le phénomène climatique qui a le plus d'effet sur les hivers. Environ 15 % de la variance mensuelle de la NAO en début d'hiver semble prévisible plusieurs mois à l'avance.

***Si le NAO est faible ou négative** = Islande forte et Açores faible = hivers froids et secs en Europe = forte migration*

***Si le NAO est positive ou élevée** = Islande faible et Açores fort = hivers doux et humides = faible migration*

- *Pendant la période **1860-1900**, la tendance de la NAO est restée le plus souvent négative.*
- *Pendant la période **1901-1930**, la tendance de la NAO est restée le plus souvent positive.*
- *Pendant la période **1931-1970**, la tendance de la NAO est restée le plus souvent négative.*
- *Pendant la période **1971-2004**, la tendance de la NAO est restée le plus souvent positive.*

Conditions négatives

La pleine mer arrête ou freine la migration, ce qui explique en partie, l'énorme quantité des migrateurs qui suivent nos côtes. Il se dit que par temps de neige, de brouillard et de tempête, la migration est suspendue. Il se dit aussi que les oiseaux disparaissent par vent d'ouest et de nord-ouest. C'est généralement vrai, mais il n'empêche que les oiseaux lorsqu'ils y sont obligés, comme un retard de bonnes conditions météorologiques prénuptiales peut se déplacer en masse par n'importe quel temps.

Vol de nuit

Des études récentes menées par radar et de stations d'enregistrements bioacoustiques ont démontré que les 2/3 des oiseaux migrateurs comme les anatidés, anséridés et limicoles, volent la nuit à notre insu, ce qui rend leurs migrations encore plus difficiles à décrypter. Pour les migrateurs au long cours, la migration nocturne leur permet de couvrir de grandes distances tout en mettant à profit les journées pour s'alimenter. Elle leur permet aussi d'économiser de l'énergie : la nuit, l'air est plus frais et plus dense, la probabilité de faire face à des prédateurs est plus faible et le risque de déshydratation est inexistant. Les migrateurs de courtes distances comme certains limicoles voyagent plutôt de jour, et disposent ainsi de plus de temps pour effectuer leur migration. Certains migrateurs diurnes, volent à une altitude si élevée, entre 2 000 et 6 000 mètres, qu'ils demeurent complètement invisibles à l'œil nu. Deux records impressionnants de vol en altitude ont été homologués : 9 000 mètres pour les oies, et 11 000 mètres pour un vautour.

Pendant la période 1901-1930, il y a eu huit hivers consécutifs doux (1919-1927). Les flux d'ouest étaient fréquents avec une douceur parfois exceptionnelle en France. Or, pendant la période 1931-1970, les hivers ont été généralement glacials, notamment ceux de 1940 et 1963, mais également le terrible février 1956. Un autre exemple est celui de 1879-1880, encore plus froid qu'en 1963.

Bécasse en migration

Que se passe-t-il chez les oiseaux en janvier ?

La migration…

En janvier, la migration est en principe terminée. Sans un violent bouleversement climatique avec fortes baisses des températures dans l'est et le nord-est de l'Europe, janvier est le mois où les déplacements migratoires demeurent insignifiants. À cette époque, il apparaît que la majorité des oiseaux migrateurs ont rejoint leurs zones d'hivernages. Et pourtant… Que surviennent des températures extrêmement basses, et le chasseur ébahi assistera à un déferlement ininterrompu d'oiseaux de toutes les sortes qui fuient le froid, direction plein sud. Il arrive aussi d'observer quelques petites boutées d'oiseaux peu communs, très difficiles à prévoir, causées par un fort coup de gel régional… Singulièrement, une population importante d'oiseaux fait le choix d'hiverner près du littoral du nord de l'Europe. Seuls des températures très négatives accompagnées de vents de secteur nord à est fort, peuvent contraindre tous ces migrateurs à regret à déserter leur zone d'hivernage.

des canards

C'est généralement un mois « creux » pour le sauvaginier du littoral. Rustiques, les colverts résistent bien au froid, et beaucoup rechignent à quitter l'endroit où sont nés. En marais intérieur, le fond de chasse se compose principalement de rares colverts et sarcelles d'hiver en hivernage. Pourtant, il subsiste dans les pays de l'Est et principalement dans les Îles de Grande-Bretagne, un important potentiel de « migrateurs à regret », en attente de jours meilleurs. Que le grand froid s'installe, et tous ces oiseaux vont déferler contraints et forcés sur la France, direction le sud, accompagnés de ces pèlerins du nord si rare chez nous, comme le garrot à œil d'or, l'eiders, et Harelde de Miquelon.

des palombes dans le sud-ouest

La culture du maïs a bouleversé le cycle migratoire des pigeons. En janvier, les palombes ont tendance à se concentrer en bande de plusieurs milliers d'individus, dans les zones céréalières. Les plus fortes concentrations d'oiseaux se situent aux confins du Lot-et-Garonne, du Gers et des Landes. Mais il a été prouvé par reprises après baguage que la majorité des oiseaux étaient fidèles à leurs zones d'hivernage. Opportunistes, quelques nicheuses précoces se préparent à retourner dans leurs zones de nidification. Que survienne une très forte baisse des températures, et nos oiseaux s'envoleront vers des zones plus clémentes.

des bécasses

Au cours de la saison 2014-2015, la 100 000e bécasse a été capturée et baguée en France. Depuis 1980, les équipes du « Réseau Bécasses ONCFS/FNC/FDC » ont participé aux sorties de baguages nocturnes. Cela a fait découvrir plusieurs aspects des migrations comme chronologie, vitesse des déplacements, origine géographique. Sans être exceptionnelle, la saison 2014 - 2015 a été un bon cru, l'IAN (Indice d'abondance nocturne) s'élevant à 4,09, ce qui est une valeur forte, proche des trois saisons précédentes. L'autre évènement scientifique de 2015, c'est l'équipement en balises Argos de neuf grammes, alimentées en énergie par panneaux solaires, de douze bécasses. Quatre dans les Landes, quatre en Ardèche, quatre en Ille-et-Vilaine. Réalisée conjointement par l'ONCFS et le CNB, cette opération est un vrai succès, aucun oiseau n'ayant été par la suite gêné par la balise ou prédaté. Le 13 avril, les douze bécasses étaient en pleine migration. Il a été constaté que ces bécasses avaient parcouru entre 1 600 et 5 900 km pour rejoindre leur site de nidification. La première l'avait rejoint le 1er avril en Pologne, la dernière le 4 mai en Oural.

Le rutilant pinson du Nord

Pour échapper à l'hiver arctique, le pinson du Nord, qui est un grand migrateur, vient régulièrement visiter nos régions pendant l'hiver. Ses territoires de reproduction sont situés à l'intérieur et aux abords de la taïga scandinave et russe. Son plumage bien particulier attire d'emblée l'attention. Pourtant, en janvier, le mâle n'arbore pas encore sa parure nuptiale avec le noir brillant sur la tête et le dos. Cependant, même en hiver, la couleur orange sur la poitrine et l'épaule, le blanc sur le croupion et le ventre, le distingue nettement de son cousin, le pinson des arbres. Comme lui, il aime fréquenter les mangeoires de nos jardins où il est alors possible de l'observer. Le pinson du nord, qui se rassemble chaque nuit dans un coin de forêt abrité du vent et du froid, peut regrouper un nombre considérable d'oiseaux. Des bandes immenses ininterrompues sortent le matin des dortoirs pour chercher les terrains de gagnage. Sa présence dans nos régions, outre qu'elle est de courte durée, a un caractère sporadique et local.

Les vents

En janvier, c'est le vent d'est qui est le plus favorable. Encore faudra-t-il différencier un vent d'est local, sans intérêt, d'un vent amenant un air glacial de Sibérie. Viennent ensuite les vents de nord-est, puis le vent de sud-est. Le vent le moins favorable est le vent du nord.

Des données nouvelles sur le retour prénuptial des oies cendrées

Pour rejoindre les Marismas du Guadalquivir et la région de Zamora en Espagne, leurs quartiers d'hiver, les oies migratrices survolent la France sur un large front, essentiellement à l'ouest d'une ligne Charleville-Limoges-Pau. Un gros contingent ne descend pas jusqu'en Espagne, mais reste à passer l'hiver en France, particulièrement au lac du Der, en Camargue, sur le cours du Rhin, ainsi que sur le littoral atlantique. L'oie cendrée, qui connaît un accroissement important depuis quatre décennies, fait l'objet d'un débat majeur quant à la gestion de ses populations nicheuses et hivernantes. L'utilisation de 97 balises GPS fixées sur le dos des oies entre 2010 et 2014 a permis un suivi très précis de leurs déplacements entre leurs zones d'hivernages et de reproductions. La conclusion est sans appel. « Sauf données contradictoires s'appuyant sur de nouvelles techniques de géolocalisation, nous pouvons affirmer que la migration prénuptiale des oies cendrées s'opère de façon active à partir de la seconde décade de février pour les oies de la population du Nord-ouest de l'Europe hivernant en France et en Espagne. À ce stade, nous pouvons également émettre un doute sérieux sur la signification des oies observées en vol avant cette seconde décade de février. » Mathieu BOOS, M 2016. Actualisation des connaissances sur la migration et l'écologie spatiale des oies cendrées en Europe de l'Ouest. Rapport scientifique et technique extrait de la Convention de recherche PROCEE

Pinson du nord

Fauvette à tête noire d'Europe

> *Quand le chasseur rentre avec des champignons, on ne lui demande pas des nouvelles de sa chasse.*
>
> **Proverbe Ashanti**

Aventures et émotions de chasse

LES LOUPS EN BRETAGNE - 1983 par Jakez Cornou

Le Chanoine Moreau de Quimper, témoin des calamités que subit la Bretagne au temps des guerres de la ligue à la fin du XVIe siècle, relate dans ses écrits à quel point les loups s'étaient enhardis à cette époque. « Les loups, dès le commencement de leur furieux ravage, ne laissèrent dans les villages aucun chien, comme si par leur instinct naturel, ils eussent projeté qu'ayant tué les gardes, ils auraient bon marché des choses gardées ; et avaient cette finesse que quand il y avait quelques mauvais chiens en un village et de défense, ils fussent venus en bande vers le village, et se fût l'un d'eux avancé jusque à bien près de la maison. Les autres demeureraient un peu cachés derrière comme en embuscade ; celui qui s'était avancé, se sentant découvert par le chien et suivi, se retirait d'où il était venu, jusque à ce qu'il l'eut attiré aux embûches, et lors tous ensemble se ruaient sur le chien et le mettaient en pièces. Telles ruses de ces bêtes sont à peu près semblables à celle de la guerre, et mirent dans l'esprit du simple peuple une opinion que ce n'étaient pas des loups naturels, mais que c'étaient des soldats déjà morts qui étaient ressuscités en forme de loups, pour, par la permission de Dieu, affliger les vivants et les morts, et communément parmi le menu peuple, les appelaient-ils en leur breton, "tut-bleis", c'est-à-dire, "gens-loups" ; où que c'étaient des sorciers en ce pays comme en autres contrées de la France. Une honnête femme de Kerfeunteun, pressée d'accoucher, un certain jour de marché, sortant par la porte Bihan, fut en plein jour éventré, et son enfant tiré et emporté, et cependant il y avait du monde après et devant. Cela fut expédié bien promptement par un seul loup. La paix faite, les portes de Quimper demeuraient ouvertes et les loups se promenaient toutes les nuits par la ville jusqu'au matin, et au jour de marché les venderesses de pains qui se levaient matin pour prendre leur place les ont souvent trouvés autour du Chastel, et emportaient la plupart des chiens qu'ils trouvaient la nuit sur la rue. La nuit, ils blessaient plusieurs personnes sur la rue au milieu de la ville, et sans le secours et les cris que l'on faisait en criant "aux loups", ils les eussent mangés… »

FÉVRIER
2023

Février

Du côté des livres

LA BÉCASSE DES BOIS

Par D. Fraguglione - 1984

Cet ouvrage doit figurer dans une bibliothèque cynégétique. Dans la profusion de la littérature bécassière, trop souvent viciée par les partis pris de ceux qui prônent telle race de chien, tel calibre, telle cartouche ou telle manière de l'aborder, l'ouvrage de D. Fraguglione, avec toutes les données qu'il met à notre disposition, est une somme incomparable des observations sur le terrain et des théories scientifiques consacrées à la Bécasse.

« Blessée ou pas, la Bécasse adopte parfois une attitude agressive devant le chien en faisant entendre un chuintement et se tenant queue relevée, les rectrices et les ailes pendantes et frémissantes. Ce comportement ne peut s'expliquer qu'en raison d'une intense irritabilité émotionnelle, traduisant chez l'oiseau une absence totale et momentanée de son habituelle méfiance. Nous longions, en bordure d'un champ labouré, une large haie dans laquelle se trouvait gîté un oiseau. Celui-ci, à la vue du chien, lui fit face en exécutant, à la stupéfaction de ce dernier, des mouvements, balancés de droite à gauche, traduisant une forte agressivité, laissant le chien tout simplement pantois. Complètement déconcerté, le chien suivait du regard la Bécasse qui poursuivait ses mimiques d'intimidation durant deux ou trois minutes, pour s'envoler brusquement devant sa truffe. Tombant alors à la suite de notre tir, le chien s'en approcha avec beaucoup de circonspection avant de s'en saisir et de nous la rapporter. »

notes

Lun.	Mar.
6 Gaston	7 Eugénie
13 Béatrice	14 Valentin
20 Aimée	21 Damien
27 Honorine	28 Romain

Mer.	Jeu.	Ven.	Sam.	Dim.
1 Ella	2 Présentation	3 Blaise	4 Véronique	5 Agathe
8 Jacqueline	9 Apolline	10 Arnaud	11 N.-D. Lourdes	12 Félix
15 Claude	16 Julienne	17 Alexis	18 Bernadette	19 Gabin
22 Isabelle	23 Lazare	24 Modeste	25 Roméo	26 Nestor

notes

Le jour des bécassines

Nous sommes en 1967, début novembre. Depuis une semaine, les cartes météo sont sidérantes. Malgré un fort vent d'est qui balaie la Picardie, les températures restent largement positives. Pourtant, il ne nous en faut pas plus avec Michel pour nous décider à aller passer une nuit à la hutte en baie d'Authie, suivie d'une journée en quête des bécassines de Tigny-Noyelle.

Un coup de téléphone pour vérifier que celui-ci est disponible, et nous voilà partis, accompagnés bien sûr de Noé, mon braque français, incomparable pour retrouver un gibier désailé, et de Cora, l'épagneul breton retors de Michel. Le propriétaire de ce gabion, Armand, exerce deux professions. Marin pêcheur et propriétaire d'un petit café-restaurant complètement perdu dans l'arrière-pays de Fort-Mahon, bistrot où nous aimons prendre nos déjeuners. Car la cuisine mitonnée par Gisèle, l'épouse d'Armand, ferait damner un saint. Bien entendu, nous arrivons justes pour nous mettre à table, ce qui vaut déjà largement le déplacement. Nous avons à peine fini de boire nos cafés, qu'Armand, toujours pressé, nous propose de nous accompagner à son gabion. Arrivés en baie, nous filons en direction du gabion, car le soleil est déjà bien bas sur l'horizon. Pendant que mon copain rentre nos affaires, j'attache les appelants. Ce sera une nuit de pleine lune dans un ciel sans nuages, ce qui fait que je place la long cri au loin, sous le vent. Les fusils et les lunettes sont montés, les cartouches et les jumelles posées à portée de mains, nos chiens dorment en boule, nous sommes rapidement fin prêt. Dehors, le vent d'est se met à souffler fort, la passée commence. Le constat, c'est que tout est morne et silencieux. On n'entend aucun coup de fusil et, excepté un paquet de mouettes qui survolent notre mare, on ne perçoit aucun oiseau dans le ciel. Bon, c'est le grand calme depuis une heure. Michel, ayant envie de veiller, je décide de m'allonger pour dormir un peu. Le cancanement des appelants criant « au renard » me sort doucement de ma torpeur. Noé, qui est lui aussi réveillé, semble énervé. Les guichets sont fermés, je suis dans l'obscurité, mais bizarrement, j'éprouve des difficultés à émerger de mon sommeil, tandis que Michel ronfle paisiblement à côté de moi. J'ouvre une des guignettes. L'air marin me réveille un peu. Ce qui m'interpelle au-dehors, c'est que notre mare semble illuminée. Les canards semblent effrayés et tirent sur leurs attaches. Une odeur âcre de brûlé me prend la gorge. Ça y est, j'ai compris ! Je fais coulisser la planche derrière moi, et immédiatement, une langue de flamme et une bouffée de chaleur envahit l'intérieur de la hutte. Il y a le feu ! Cet abruti de Michel s'est endormi en oubliant d'éteindre le réchaud. Je le secoue violemment. À cet instant, j'assiste une scène mémorable.. Très énervé, je lui signale que c'est derrière nous que ça se passe. Heureusement, la bouteille de gaz, reliée par un long tuyau en caoutchouc, se trouve éloignée du brûleur. Je coupe l'arrivée du gaz, sectionne le tuyau avec mon couteau et, non sans mal, j'évacue la bouteille dehors. Nos chiens, plus qu'inquiets, en profitent pour sortir d'un bond. En chaussette, je fais comme eux, pendant que Michel enfile tranquillement ses bottes. Inutile de vous dire que là, il commence vraiment à m'énerver mon copain. Le vent d'est qui souffle très fort attise violemment les flammes. Des gerbes de feu accompagnées de minuscules escarbilles se dressent vers le ciel à plusieurs mètres de haut.

Il nous faut beaucoup de temps pour éteindre ce brasier. Le bois, desséché pendant des années par la chaleur dégagée par le réchaud à gaz, se consume de l'intérieur. Les braises ronflent, attisées par le vent violent. Grâce à une pelle trouvée dans le gabion qui nous sert de hache, mais surtout à plusieurs couvertures que nous couchons sur les braises, arrosées de grands seaux d'eau de mer, nous arrivons à maîtriser l'incendie vers les trois heures du matin. Avec Michel, nous sommes dans un état pitoyable. Transis, exténués, nous réintégrons le gabion. Un grand trou dans le toit, le froid et une forte odeur de brûlé ne nous gênent pas pour nous endormir en un instant. Roulé dans une couverture, j'ai la chance de partager la chaleur de Noé qui est venu se lover contre moi. Nous nous réveillons juste avant la passée du matin, où là, deux sarcelles, pas gênées du tout par notre gabion sans toit, viennent gentiment se faire tuer au milieu des blettes. Le soleil est à peine levé que nous voyons Armand, certainement curieux de connaître le résultat de notre nuit, arriver en trottinant. À voir sa tête, notre copain est loin d'être ravi lorsqu'il découvre son gabion calciné et à moitié décapité. Il boude même très fort, mais j'arrive à le calmer en lui expliquant qu'en fait, nous avons eu beaucoup de chance, car nous aurions très bien pu y rester. Il avoue en bougonnant avoir une bonne assurance, ce qui nous tranquillise complètement.

Malgré une petite lassitude, après le déjeuner, superbe comme il se doit, j'éprouve quand même l'envie d'aller taquiner les bécassines. Nous réglons notre addition, embrassons Gisèle, puis nous nous dirigeons en direction des pâtures de Tigny-Noyelle. Michel semble complètement exténué. Amusé par ma remarque, il me dit que j'ai, moi aussi, une sale tête. Après la nuit que nous avons passé, cela ne me semble pas vraiment surprenant. Je regarde ma montre, il est quatorze heures. Je propose à Michel de chasser une petite heure, puis de rentrer à Paris. Une fois à pied d'œuvre, nous nous mettons en tenue. Les fusils sont montés, les cuissardes enfilées. Noé, bien excité, court en rond pour se dégourdir les pattes. Avant d'attaquer les prairies, dans l'espoir d'y lever une ou deux sarcelles, Michel va inspecter, bien inutilement d'ailleurs, un bras mort de l'Authie. Dépités, nous nous séparons tout en nous dirigeant vers la première pâture. Nous parcourons à peine une dizaine de mètres, qu'une bande de plusieurs bécassines s'envolent devant nous. J'en décroche une, et loupe le doublé. Au bruit fait par mes deux coups de fusil, c'est une trentaine d'oiselles, disséminées un peu partout, qui décollent pour disparaître. Michel et moi sommes médusés. Je fulmine, car j'imagine que le marais doit être vidé de ses oiseaux. Noé part en courant pour ramasser la bécassine que je viens de tuer. Il n'a pas fait trois mètres, que deux autres bécassines jaillissent devant son nez, que j'enfume magistralement. Immédiatement, nous assistons au même scénario que précédemment. Électrisé par les détonations, un autre paquet d'une vingtaine de bécassines s'envole devant nous. Michel avance de quelques pas, quatre oiselles jaillissent devant ses pieds. Lui a la chance de faire un magnifique doublé. Tous ces évènements se sont passés en moins de deux minutes.

C'est ahurissant ! Le marais est couvert de bécassines. Le nombre d'oiselles que nous venons de lever sur moins de cinquante mètres est incroyable, c'est même du jamais vu. Dix minutes plus tard, nous arpentons la même pâture plusieurs fois de suite, les bécassines levées se reposant derrière nous. Je me souviendrais longtemps de Michel tirant et loupant un peu bas à l'arrêt de Cora une oiselle qui démarre en trombe devant lui. Au même instant, bien involontairement, il sèche une autre bécassine, qui se jette littéralement dans sa gerbe de plomb. Nous avons tout pour être heureux. Malheureusement, nous sommes broyés, exténués, et la qualité de notre tir s'en ressent. Cela ne nous empêche pas en moins de deux heures, d'aligner une jolie quantité d'oiselles. Notre tableau peut sembler extraordinaire, mais il est ridicule en comparaison des cartouches tirées et du gibier vu. À seize heures, anéantis, incapables de faire un pas, nous décidons de rentrer.

Dans ma vie de sauvaginier, je n'ai plus jamais revu, même dans les meilleurs jours au marais de la hutte des « 400 coups », en Brière ou ailleurs, une pareille densité de bécassines.

Au fait ! Ne vous posez surtout pas la question du retour. Michel m'a gentiment laissé le volant, pendant que lui, Cora et Noé dormaient à poings fermés.

Nos différentes pratiques de chasse

La chasse des bécassines

La bécassine des marais c'est la reine des gibiers. Elle apprécie tout particulièrement notre pays la demoiselle au long bec, où bords d'étangs et prés inondés demeurent ses terrains de prédilection. Par contre, elle y nidifie peu chez nous, mais dès la mi-juillet, les premières migratrices arrivent pour nous rendre visite. Pour le chasseur de sauvagines, cet oiseau a deux particularités. La première est qu'elle est sans contexte l'un des meilleurs gibiers à manger. La deuxième est que le tir de cet oiseau est particulièrement difficile, démoniaque même, faudrait-il préciser.

La chasse de la bécassine au chien d'arrêt

Chasser la bécassine au chien d'arrêt est réservé aux chasseurs puristes. Car cette pratique, très physique, n'est pas un sport à la portée du premier Nemrod venu. Il est intéressant d'observer un « bécassinier » en action de chasse un jour de grand vent. Sa technique pour aborder les bonnes places est de marcher « vent dans le dos », ce qui oblige l'oiselle, qui a besoin de s'appuyer sur un vent de face pour prendre son envol (comme tous les oiseaux d'ailleurs), à s'envoler par les côtés. En adoptant cette technique, le chien qui se trouve a mauvais vent doit effectuer des grands « en avant », pour revenir vers son maître en quête croisée face au vent. Cette méthode fonctionne parfaitement lorsque la bécassine se laisse arrêter. Par contre, lorsqu'elle est légère, ce qui arrive assez souvent, l'oiselle prend son envol face au vent, avant de se laisser arrêter. Et puis, comme me le confiait non sans humour un de ces pratiquants, on est bien obligé à un moment ou à un autre de revenir sur ses pas.

De plus, le tir de cet oiseau est démoniaque, car généralement, chaque départ est fulgurant. La bécassine arrive ainsi à « voler » facilement cinq à six mètres avant que le chasseur l'aperçoive et épaule. L'utilisation de la grenaille de plomb étant interdite en zone humide, seuls les onéreux « bismuth » et les « zincs-étain » ont cours. Un jour s'envolant loin devant le chien, le lendemain se laissant bloquer facilement, la bécassine est un oiseau au comportement fantasque.

Une technique de tir des plus primaires, bien que…

Lorsque notre bécassinier marche face au vent, le tir sur ces oiseaux fuyants et légers qui s'envolent à limite de portée, devient extrêmement difficile. À l'arrêt d'un chien bien créancé, notre chasseur, le regard vague balayant loin devant lui, son fusil à moitié épaulé, canons à l'horizontale et crosse sous le bras, avance, prêt à tirer. Le scénario est classique. La bécassine décolle comme une folle, fait quelques crochets au ras du sol, pour s'élever en chandelle vers le ciel, hors de portée. Tout en épaulant, il est important pour le débutant d'oublier et de gommer toutes les théories d'antan, du genre… « Il faut tirer avant, ou après les crochets » ou bien encore « Le seul instant pour tirer se trouve juste entre le troisième et le quatrième crochet », conseils qui prêtent vraiment à sourire. La bonne technique à mettre en œuvre est plus primaire. Lorsque l'oiselle s'envole à grande distance, le bécassinier épaule, « rentre » dans l'oiseau tout en corrigeant les écarts de la bécassine à toute vitesse et il tire dans le mouvement. En une fraction de seconde, le bécassinier a jugé la distance et la trajectoire, épaulé, anticipé le vol de

la diablesse et, dans la foulée, il a tiré tout en corrigeant loin par devant, souvent avec succès. Pour bien maîtriser cette technique de tir, il faut bien évidemment être, un peu doué au départ, très passionné et… pratiquer énormément.

Ce qui semble incroyable à ceux qui ne connaissent pas ce type de chasse, c'est cette faculté qu'a le bécassinier d'anticiper trajectoires et crochets dans un minimum de temps, puis de lâcher volontairement son coup de fusil largement à côté, à plusieurs mètres de l'oiselle, qui sera l'emplacement précis où elle se trouvera une seconde plus tard. Pour réussir, notre bécassinier n'a pas trop le choix. Ou bien il s'adapte, ou bien il ne fera que des « flops » à répétition. Si on analyse la vitesse d'exécution et la technique, cela ressemble au mariage du tir à la fosse olympique, et des hélices un jour de tempête…

Les chiens bécassiniers

Les bécassiniers chassent principalement l'oiselle avec un chien d'arrêt de grande quête comme le setter anglais, le setter irlandais, le setter Gordon, parfois le pointer, très sensible au froid et à l'humidité, mais aussi avec l'épagneul breton, les épagneuls du nord ou un griffon Korthals. Face au vent, ces chiens doivent posséder un nez « long », être extrêmement prudents et se figer à la moindre émanation. Certains d'ailleurs, s'évertuent en plein galop à faire le moins de bruit possible lorsqu'il remonte une émanation dans l'eau…

La bécassine de marais, la bécassine sourde et la rare bécassine double, apprécient les milieux humides plutôt ouverts, avec une faible couche d'eau, parsemés de places boueuses, meubles, dans lesquelles elles peuvent se nourrir en enfonçant leurs longs becs flexibles.

Le marais à bécassines

Sans intervention extérieure, le marais se reforme rapidement en raison d'un développement envahissant de la végétation aquatique. De ce fait, le bécassinier passionné doit devenir un aménageur patenté, consacrant à ce travail fort intéressant un temps considérable. Le but de ces travaux d'aménagement consiste à dégager annuellement l'excès de végétation afin d'offrir aux oiselles des terrains d'atterrissage et de nourrissage en découvrant, ci et là, la couche superficielle du sol.

La bécassine sourde ou « bécot »

Les chasseurs l'ont surnommée « sourde », tellement cette bécassine petit format répugne à prendre son envol. Ce sont les chiens d'arrêt continentaux, calmes et retors, habitués à pister la caille en été comme le braque français, qui sont les plus aguerris pour cette pratique. Levée une première fois et loupée, c'est du grand art pour le chien de relever une « sourde » une seconde fois… La bécassine sourde se reproduit principalement en Sibérie, en Russie, en Scandinavie et en Allemagne du nord. En général, elle fréquente les mêmes territoires que la bécassine des marais avec des préférences pour les zones plus inondées et denses en végétation. La bécassine sourde arrive en Picardie et en Normandie vers le 15 septembre. Son pic de migration a lieu en novembre où on la rencontre sur tout notre territoire.

La bécassine double

Cette bécassine, qui se reproduit en Arménie autour du lac Arpi, se rencontre parfois en France où elle est protégée, ne doit pas être confondue avec la bécassine des marais, car elle est plus trapue, possède un bec légèrement plus court et des ailes plus larges que cette dernière. Des scientifiques suédois ont découvert que la bécassine double pouvait accomplir un vol transcontinental à travers l'Europe, de la Suède à l'Afrique subsaharienne, en seulement deux jours sans se reposer ni s'arrêter. Les limicoles parcourent environ six mille cinq cents kilomètres, à une vitesse moyenne proche de cent kilomètres par heure.

Le Welsch-Springer

Voici un chien méconnu en France qui possède des qualités de chasses exceptionnelles. Reconnaissable à son pelage rouge et blanc, le Welsch-Springer ne doit surtout pas être confondu avec le Springer anglais, cet autre Spaniel. Majoritairement utilisé par les chasseurs anglais depuis une quarantaine d'années, cet auxiliaire qui n'est pas un chien d'arrêt, est aussi un remarquable retriever qui possède un « marking » étonnant. Les particularités qui le diffèrent des autres chiens sont d'être un compagnon hyperactif, infatigable, et de chasser pour faire plaisir à son maître auquel il est très attaché. Facile à éduquer, c'est un chien qui est opérationnel pour chasser dès l'âge de six mois.

Son histoire

Originaire du pays de Galles, cette race a une genèse mal connue. Certains chiens arborant cette robe si particulière rouge et blanc sont parfois représentés dans d'anciennes peintures datant du 16e siècle. En 1570, John Caius écrit que des épagneuls blancs marqués de taches généralement rouges sont connus sous le nom de Welsh Cocker, et qu'ils pourraient provenir de croisements entre le Springer anglais et le Clumber. Fait inhabituel, dans le livre de John George Wood de 1865, « The Illustrated Natural History », une image est décrite montrant un cocker gallois épagneul comme un épagneul sombre de couleur unie. À l'origine, ce chien qui n'a jamais été d'arrêt, était uniquement utilisé dans le Pays de Galles pour la chasse au vol et la chasse au filet, comme le démontrent les documents appartenant à la famille Williams. Longtemps, le Springer anglais et le Springer gallois furent considérés comme faisant partie de la même famille, ce qui est une erreur. Il est vrai que le Welsh Springer possède une ressemblance superficielle avec son cousin anglais, mais il est largement prouvé que ces deux races se sont développées en toute indépendance l'une de l'autre au fil des siècles. Notons que le Springer gallois, dont la tête rappelle celle de l'épagneul breton, est plus léger que le Springer anglais. Ce n'est qu'au début du 20e siècle que la distinction des deux races est définitivement établie. Le Welsh Springer est méconnu au 19e siècle, mais il devient célèbre en 1900 lorsque M. A. T. Williams d'Ynis-y-Gerwn remporte le concours annuel du Sporting Spaniel Club Trials. La compétition a eu lieu sur la propriété de M. Williams. Certains ont vite conclu que si ses Welshs-Springers avaient vaincu huit équipes renommées, c'était à cause de l'avantage du terrain. Cette affirmation est démentie lorsque ces mêmes chiens se classent régulièrement premiers les années suivantes. Un de ces chiens, le champion Corrin, est le premier Springer Spaniel gallois à avoir été photographié. Le Welsh Springers est reconnu en 1902 par le Kennel Club sous le nouveau nom de Welsh Springer Spaniel. Le Welsh Springer Spaniel émigre en Amérique au début du 20e siècle ou là aussi il est également reconnu en 1906 par l'American Kennel Club. Au Royaume-Uni, le Welsh Springer Spaniel Club est créé en 1923. Les naissances augmentent régulièrement entre les deux guerres, mais tous les documents détenus par le club sur cette race sont détruits lors d'un raid aérien au cours de la Seconde Guerre mondiale. En 2012, le Kennel Club a enregistré 348 Springers gallois et 12 792 Springers anglais. Cela montre pourquoi le Welsh Springer n'est pas aussi connu que son cousin.

Caractère et comportement

Robuste, tonique, actif avec beaucoup d'allant, très ardent, doté d'un odorat très fin, le Welsh Springer est plus à l'aise dans l'eau que le Springer anglais. Il couvre le terrain avec une quête méthodique, d'amplitude rapide tout en restant pas trop éloigné de son conducteur. Il n'hésite pas à donner de la voix sur un lapin, un lièvre. Ce chien a également une prédilection pour la bécasse. Gai, gentil, mais au caractère bien affirmé, parfois entêté dans sa recherche, il n'est aucunement agressif et se prête assez bien à son rôle d'auxiliaire. Son éducation doit se faire d'une manière ferme, mais en douceur. Mon fils Martial a possédé deux femelles Welsh Springer, « Lady » et « Violet » que lui avait offerts un de nos amis anglais. Habitué aux chiens d'arrêt, j'avoue avoir été agréablement surpris par le comportement particulier de ces chiennes. Ce qui m'a frappé en premier, c'est l'adoration qu'elles portaient à Martial. Tout en chassant, elles ne cessaient jamais de l'observer, anticipant ce qu'il allait faire. Contrairement à l'habitude prise par mes chiens, elles ne se précipitaient jamais pour ramasser une pièce de gibier sans en avoir reçu l'ordre. En chassant la bécasse, toutes deux réglaient leur quête pour permettre à mon fils de tirer son oiseau dans de bonnes conditions. Toutes les deux s'arrangeaient souvent pour faire partir la Mordorée en direction de Martial. L'éducation donnée par mon fils avait pourtant été donnée de façon succincte… Harry, notre copain anglais qui chassait la bécassine avec des Welsh Springer, nous confia un jour que ces chiens avaient eux aussi ce même comportement.

Description

D'une taille nettement inférieure à celle de son cousin anglais, le welsh springer ressemble à notre épagneul breton, excepté qu'il n'est pas chien d'arrêt, contrairement à lui. On le reconnaît facilement à sa morphologie plus ramassée que le springer anglais, mais surtout par sa robe foie (qui tourne souvent vers le rouge) et blanc, ainsi qu'à son énergie survoltée en action de chasse. Son oreille est nettement plus courte que celle de son cousin anglais. Morphologiquement, le Welsh Springer est moins « cob », possédant une cage thoracique plus descendue que cerclée. Le welsh springer possède un « peps » de feu. C'est un super actif complètement fou de chasse et de rapport, d'une efficacité surprenante. Ce pisteur redoutable peut remonter des oiseaux démontés sur des distances incroyables par n'importe quel temps. Il aime l'eau et les épines noires ne lui font pas peur. Facile à éduquer, il porte toute sa vie à son maître un amour sans faille. L'amateur intéressé par son acquisition a peut-être tout intérêt à s'adresser au club anglais par Internet. De par sa réputation grandissante et très méritée, il semblerait normal que cette race connaisse un énorme engouement dans les années à venir.

Groupe 8
Poids : 16 et 21 kg
Hauteur au garrot : 44 à 46 cm

Si vous envisagez d'adopter un chiot, consultez de préférence un éleveur réputé et assurez-vous de pouvoir voir les chiots avec la mère. Cela devrait vous donner une idée quant à l'apparence et au tempérament futur de votre chiot. Assurez-vous que les deux parents ont été testés pour les contrôles de santé pertinents comme la dysplasie.

LE CYCLE ÉTONNANT DE LA MIGRATION DES OISEAUX

En février, quel déclencheur de migration : un grand gel ou un manque de nourriture ?

Les hivers très froids déterminent les grandes migrations d'oiseaux. De mémoire de chasseurs, la nuit et la journée du 1er février 1956 furent exceptionnelles. Impressionnante également la chute des températures constatées pendant la nuit du 22 au 23 décembre 1962, et par la densité du gibier d'eau qui défila en direction du sud. À l'aube du 23 décembre, l'observateur sidéré pouvait contempler les vols sur le DPM, qui se succédaient les uns derrière les autres, d'alouettes et de passereaux au ras du sol. Plus haut dans le ciel, grives, vanneaux, pluviers et bécassines. Encore plus haut, ramiers, canards de toutes sortes, mouettes, rapaces, goélands, hérons. Et par-dessus, des cygnes et toutes les variétés d'oies… C'était un sauve-qui-peut général. Pourtant, à lire le Docteur Rocher dans son incontournable livre *La chasse des canards*, ce n'est pas le froid, mais le manque de nourriture qui en découle, qui est le véritable déclencheur des migrations.

Oies en vol

Les migrations en boucle

Les populations ou espèces chez lesquelles seule une partie des individus effectue une migration, ou dont le renouvellement (les oiseaux du nord remplaçant ceux du sud) donne l'impression d'une présence continue tout au long de l'année, sont dites migratrices partielles. Il s'agit généralement d'espèces migratrices, petit ou moyen-courrier. Très peu d'espèces migratrices au long cours rentrent également dans la catégorie des espèces migratrices partielles. On peut néanmoins citer l'exemple de la gorge bleue à miroir, dont les populations scandinaves effectuent de très grandes migrations de cinq mille kilomètres, alors que ceux de l'ouest de la France hivernent en général à moins de mille kilomètres de leur lieu de nidification et qu'une partie des oiseaux espagnols est sédentaire. Et puis le comportement migratoire varie selon les populations. On distingue alors la migration en boucle où les populations septentrionales migrent, mais pas les plus méridionales, et la migration en chaîne : les hivernants nordiques remplacent les nicheurs locaux, eux-mêmes partis hiverner plus au sud, ce qui donne l'impression d'une présence continue de l'espèce tout au long de l'année.

Lorsqu'il gèle, les canards recherchent l'eau libre

Il est intéressant d'observer le comportement d'un groupe de canards sur un étang au cours d'une grande période de gel. D'une façon innée ou acquise, les oiseaux gardent un seul objectif, conserver le plus longtemps possible une pièce d'eau libre de glace. Pour faire cela, ils vont se relayer jour et nuit en nageant sur cette parcelle. Selon la quantité des canards, la partie conservée libre de glace sera plus ou moins importante. C'est le mouvement de leurs palmes, ajouté à leurs circonvolutions qui empêchent l'eau de geler. Si le coup de froid est très important et dure longtemps, le trou d'eau va inévitablement rétrécir régulièrement, pour disparaître. Lorsque c'est le cas, les canards s'en vont définitivement et partent à la recherche d'une eau libre sur les fleuves ou rivières. S'ils n'en trouvent pas, ils doivent impérativement s'envoler rapidement en direction plein sud.

Le fabuleux parc de Coto Doñana en Andalousie

Le parc national de Doñana est l'un des plus grands sites naturels protégés en Europe. Situé en Andalousie, c'est un des sites d'hivernage et d'escale d'importance majeure pour les migrateurs paléarctiques en route vers l'Afrique. D'une superficie de cinq cents kilomètres carrés, il est remarquable par la diversité de son biotope. Une grande partie du parc est formé par les Marismas du Guadalquivir, vaste zone de lagune peu profonde et saline, protégée de la mer par un banc de sable. Dès octobre, la quantité et la variété des oiseaux observées sont époustouflantes. Oies, flamands, canards, limicoles, passereaux, rapaces dont le rarissime aigle impérial, ce sont plus de trois cent cinquante espèces comprenant plusieurs millions d'oiseaux qui viennent y passer l'hiver ou y faire escale. Surprenant ! Soutenu par National Géographic, un groupe d'archéologues dirigé par le professeur Richard Freund affirme avoir la preuve formelle que l'Atlantide, balayée par un tsunami il y a onze mille ans, se trouvait à l'emplacement précis du parc de Coto Doñana.

Les boutées

Une boutée est un phénomène de déplacement en masse d'oiseaux qui fuient devant des facteurs climatiques ou écologiques exceptionnellement brutaux et défavorables. Si elle peut se produire en dehors de toute phase migratoire normale, elle se situe habituellement en fin d'hiver lorsque survient une violente vague de froid accompagnée de vents forts dans le nord ou l'est de l'Europe. Alors, en quelques heures, tous les plans et sources d'eau vive étant pris par la glace, des oiseaux arrêtés assez haut en hivernage et les migrateurs « à regret » n'ont plus d'autres alternatives que de fuir à tire d'aile vers les rivages de la mer et vers le Sud, jusqu'à ce qu'ils trouvent nourriture et boisson. C'est ainsi que s'expliquent ces passages fantastiques d'oiseaux de toutes sortes que l'on a l'occasion d'observer deux ou trois fois dans sa vie et qui ne durent habituellement qu'une journée. Dès le lever du jour, le spectacle est féérique, impressionnant : dans le ciel, simultanément, à différentes altitudes, ce ne sont que millions d'ailes qui vibrent, fuyant droit vers le Sud. Il est rare que le chasseur puisse bénéficier d'une telle aubaine, car les canards volent haut et ne s'arrêtent pas. D'ailleurs, très souvent, le lendemain, il ne reste aucune trace de leur passage, à l'exception peut-être de quelques individus blessés ou éreintés.

En migration, rien n'est figé

Il a été constaté que certains oiseaux empruntent parfois des trajets migratoires diamétralement opposés à celui pris par son espèce. Comme chez les passereaux scandinaves par exemple. Migrant habituellement vers le sud-est pour rejoindre l'Afrique de l'Est, quelques individus prennent parfois la route du sud-ouest en direction l'Afrique de l'Ouest. S'agit-il d'erreurs de navigation ou de stratégies destinées à explorer de nouvelles routes migratoires ? Il est avéré que de tels changements sont le fruit d'initiatives individuelles. Ainsi, lorsque ces individus parviennent à regagner leurs sites de nidification avec un taux de survie supérieur à celui des populations empruntant leur voie habituelle, un nouveau trajet migratoire leur est ouvert. C'est le cas de la Fauvette à tête noire d'Europe centrale qui, après avoir modifié d'environ 30° son angle de migration, hiverne désormais en Grande-Bretagne, sa nourriture étant disponible à une distance bien moindre.

Cormoran

Que se passe-t-il chez les oiseaux en février ?

La migration…

Voici venu pour les migrateurs le début de leur retour vers leurs sites de nidifications, retour qui reste largement tributaire des conditions météorologiques du moment, comme printemps avancés ou vagues de froid intense. Il est avéré que les vents doux à tendance est à sud-est sont nettement favorables à la migration prénuptiale. Pourtant, l'incidence des facteurs météorologiques reste encore incertaine, impondérable et complexe, dès lors où l'on sort des schémas faits d'observations communes. Bien que le déclenchement vers les zones de reproduction soit génétiquement programmé, un vent fort de face persistant est susceptible de le reporter. Il peut même inciter les oiseaux à rester au sol pour quelque temps ou à voler très bas, ce qui est particulièrement le cas pour les petits passereaux, comme les turdidés, les bruants, les pinsons.

des canards

Beaucoup plus significatives en DPM, mais toujours tributaires des vents bien « accrochés » à l'est avec redoux, à partir du 15 – 20 février, c'est le tout début de la remontée des siffleurs, sarcelles, colverts, milouins et morillons. Pour les anatidés, froidure et douceur déterminent la remontée. Les pleines et les nouvelles lunes, qui sont favorables à la migration nocturne et diurne, coïncident avec les fortes marées, dont les heures varient selon les lieux. Les faibles marées remuent moins les oiseaux. En cas d'absence totale de vent avec brouillard, les canards, en attente d'un changement de temps, restent là où ils se trouvent. Lorsque le temps est doux, c'est le début de la remonte pour les migrateurs les plus précoces, comme les oies, les grues, les cygnes, les cormorans ou les palombes. Rapidement, et contrairement au flux de la migration de descente, l'activité migratoire devient alors intense. Par contre, si le thermomètre affiche des températures largement négatives, les oiseaux s'immobilisent sur place dans l'attente de jours meilleurs. Et lorsque le froid devient extrême comme en février 1956, 2010 et 2012, c'est une fuite éperdue en direction du sud.

des oies

La migration prénuptiale des oies est significative à partir de la mi-février. Excepté lors d'une longue vague de froid, la remontée des oies cendrées ayant hiverné en Espagne et en France en direction de leurs sites de nidification scandinaves est de plus en plus tardive, et commence généralement fin février. Ce phénomène est bien documenté tout le long de la route migratoire, grâce à la lecture de colliers et le contrôle de bagues des individus marqués. Un fort coup de froid, alors que la migration est en court, bloque les oiseaux sur place. Un temps froid et sec retarde ce flux migratoire.

de la bécasse

Lorsque l'hiver a été clément, la migration prénuptiale débute vers le 20 février. Lors de la migration de retour, la bécasse peut se rencontrer dans des milieux très divers comme taillis, haies, dunes. Au cours des haltes migratoires, les prairies permanentes sont très fréquentées la nuit. Par contre, en période de froid intense, les bécasses sont plus actives en journée et ne quittent pas la forêt la nuit. Par contre, un fort gel qui les empêche de véroter bloque ce mouvement.

des pigeons

Les trois variétés de pigeons qui traversent par deux fois la France au cours de leur migration, comme l'abondant ramier et les rares bizets et colombins, sont particulièrement dépendantes au cours de leur remontée des conditions climatiques du moment. Un manque de nourriture occasionné par l'absence de gland peut bouleverser le stationnement des pigeons dans de nombreux départements.

de la cigogne blanche

La cigogne utilise le vol plané pour se déplacer. Ce grand migrateur rencontre de réels problèmes pour effectuer la traversée de la mer Méditerranée, car il y a peu ou pas d'ascendances d'air chaud au-dessus de l'eau. En février, de retour d'hibernation en Afrique de l'Ouest et du Sud, elles n'ont pas d'autres choix que de passer, soit par le détroit de Gibraltar en Espagne, soit par le détroit du Bosphore en Turquie.

Les vents

Ce sont les vents à tendance à l'est, comme ceux de nord-est, est et sud-est, accompagnés de températures positives qui s'avèrent être les plus favorables. L'absence de vent et le vent de nord-ouest sont négatifs.

de la barge rousse, record de vol mondial.

Une barge rousse a volé de l'Alaska à la Nouvelle-Zélande sans se reposer. En parcourant douze mille deux cents kilomètres en onze jours, elle bat le record de vol sans escale que détenait un autre spécimen de la même espèce. Suivi grâce à une balise satellite de cinq grammes harnachée dans le bas du dos, cet oiseau a survolé l'océan Pacifique pendant onze jours, avec des pointes à près de quatre-vingt-dix kilomètres par heure.

Rémanences migratoires

L'observation des oiseaux adultes par les jeunes générations assure le maintien des traditions migratoires. Très vite, l'habitude s'inscrit dans les gènes et l'instinct se substitue à l'imitation. Pourtant, il suffit qu'une population migratrice soit déviée de sa voie habituelle par un incident météorologique majeur pour qu'une autre rituelle d'hivernage se mette en place. Ce phénomène a été constaté en France chez certaines populations. Au cours de l'hiver 1962–1963, une très forte vague de froid affecta toute l'Europe et l'Afrique du Nord, obligeant un grand nombre d'oiseaux à décaler leurs quartiers d'hiver plus loin vers le sud. Des dizaines de milliers d'entre eux atteignirent le centre de l'Afrique, où ils se cantonnèrent. Lors des saisons hivernales suivantes, hors contexte météorologique défavorable, une fraction de ces oiseaux revint spontanément sur ces nouveaux sites. Ce processus est connu sous le terme de « rémanence migratoire » par les biologistes. Il y a fort à parier que l'hivernage africain de plusieurs espèces résulte d'un phénomène identique, originellement hérité de la dernière glaciation.

La foulque ou blérie, cette migratrice mal-aimée

Très représentative en hiver, la foulque constitue souvent la suprême espérance d'éviter la bredouille quand les becs-plats sont absents. Elle est alors l'objet d'une chasse volontaire, comme cela peut se produire début février. Cette migratrice plutôt erratique, qui vole le moins possible, accomplit souvent en une journée des centaines de kilomètres. De gros stationnements d'oiseaux sont observés sur les étangs de Camargue, de Sologne ou du Sud-Ouest. Méfiante, répugnant à s'envoler, elle donne une fausse impression de lenteur une fois sur l'aile, ce qui trompe le chasseur. Avant de comprendre son erreur, celui-ci aura grillé une bonne quantité de cartouches.

Foulque

> *À la chasse comme en amour, on commence quand on veut et on finit quand on peut.*
>
> **Giacomo Casanova**

Aventures et émotions de chasse

EN CHASSANT À TRAVERS CHAMPS, BOIS ET MARAIS - 1942 par Antoine Chappert

Mais une chasse qui est moins connue, c'est l'affût des palombes au bord de la mer, lors du passage de retour. Lorsque, aux approches du printemps, les migrateurs remontent vers le nord, et il est des bandes, qui, pour éviter la barrière des hauts sommets pyrénéens et les brouillards froids qu'elles auraient à traverser, vont faire un crochet au-dessus de la mer, suivant de près la côte et abordant ainsi notre pays par eau. C'est alors que, sur les côtes des départements des Pyrénées-Orientales et de l'Aude surtout, les chasseurs attendent l'arrivée des belles voyageuses ; et il est des années où il se tue, ainsi beaucoup d'oiseaux. Voulez-vous aujourd'hui être, avec moi, de la partie ? Allons donc nous poster de bonne heure face à la mer dans un bouquet de chênes verts, soit sur la plage elle-même, dans une excavation creusée dans le sable. Au-dessus de l'océan, les palombes arrivent en bandes plus ou moins nombreuses et se rapprochent rapidement. Que de kilomètres déjà ont été franchis d'une seule traite par ces ailes rapides qui rament dans le vent sans jamais se lasser !… C'est à peine si on les aperçoit à l'horizon, que les voici qui abordent le rivage. C'est le moment où l'on doit garder l'immobilité la plus absolue. Alors la fusillade commence. Malgré le rapide crochet et la débandade désordonnée, vous avez réussi un beau doublé et deux oiseaux, dans un tourbillon de plumes claires, sont tombés lourdement sur le sol. Au moins, ne sortez pas de votre cachette, vous irez les ramasser tout à l'heure… En voici d'autres, mais trop loin ; tant pis, elles sont pour le voisin qui leur envoie ses deux coups… Il est près de dix heures, on sort, un peu engourdi par la fraîcheur matinale et une position pas toujours commode, mais on est bien vite ragaillardi par le bon soleil. Au tableau : onze oiseaux. À deux, ce n'est pas si mal. Et puis, dites-moi, ces heures ainsi passées face à la mer infinie, dans le grand calme du matin et l'immense solitude sablonneuse, sans crainte d'être importuné en cette saison, ne valent-elles pas autant la chasse elle-même ?

MARS
2023

Mars

Du côté des livres

LA DERNIÈRE TRAQUE

Par Robert Del Pia - 1989

Ce livre est un roman, écrit par un grand « spécialiste » de la bécasse au chien d'arrêt, auteur de *La bécasse et sa chasse dans le Sud-est*. Le « Vieux » Régis est le roi des Bécassiers. Depuis son enfance, il traque les « Belles rousses » dans les fabuleux paysages des gorges du Verdon et du haut Var. Une sortie en solitaire lui rappelle les souvenirs d'une vie de grand Chasseur dont la passion mêle dans un même amour simple et démesuré, la nature, les bêtes, et les gens, d'une des plus belles régions de France. La dernière traque est à la fois une leçon de chasse, un code du « vrai chasser » et un cri d'amour de la nature. Très plaisant à lire pour un bécassier.

Lun.	Mar.
notes	
6 Colette	7 Félicité
13 Rodrigue	14 Mathilde
20 Printemps	21 Clémence
27 Habib	28 Gontran

Mer.	Jeu.	Ven.	Sam.	Dim.
1 Aubin	2 Ch. le Bon	3 Guénolé	4 Casimir	5 Olive
8 Jean de Dieu	9 Françoise	10 Vivien	11 Rosine	12 Justine
15 Louise	16 Bénédicte	17 Patrice	18 Cyrille	19 Joseph
22 Léa	23 Victorien	24 Catherine	25 Annonciation	26 Larissa
29 Gladys	30 Amédée	31 Benjamin		

notes

Le brocard d'Aimable

Comme l'affirme son prénom, Aimable, à l'allure joviale et à forte carrure, est l'archétype du bon vivant. Grand, la voix rocailleuse et les cheveux gris, notre homme porte la bonne cinquantaine avec bonhomie.

Je connais Aimable depuis le temps de mes culottes courtes. Voisin et complice inséparable de Jean, mon grand-père maternel, tous deux possèdent depuis toujours les mêmes passions de l'amitié, de la chasse, de la nature et de leur région des Vosges. Aimable, célibataire endurci, a reporté le manque de ne pas avoir eu d'enfant sur ma personne. Lorsque je venais passer quelques jours chez mes grands-parents, à Chanteloup, Aimable arrivait sans crier gare, les mains remplies de cadeaux, tellement heureux de me retrouver. Inutile de dire que j'ai toujours adoré celui que je considère comme mon deuxième grand-père. Arrivé à l'âge de treize ans, c'est Aimable qui m'a initié à la chasse si particulière de la bécasse au chien d'arrêt. L'hiver, j'accompagnais le matin le bécassier et son chien Pyrame, un braque allemand assez lourd aux fanons tombants, bien différent des critères de légèreté et de vitesse de notre époque. C'est devant un arrêt de Pyrame que j'ai ressenti ma première grande émotion devant l'envol démoniaque de l'oiseau roux. En vérité, ce grand braque n'avait pas son pareil pour pister, arrêter et retrouver les vieilles « sorcières », si roublardes. Je n'imaginais pas, bien sûr, que je reproduirais cette passion tout au long de ma vie…

Autre talent d'Aimable, celui-ci se plaisait à cuisiner à la perfection son gibier selon ses propres critères, c'est-à-dire, tué de l'avant-veille, jamais faisandé, pas trop cuit, accompagné de légumes de son jardin, et de manière la plus simple possible. Avec le recul, je dois admettre que sa façon d'accommoder et de préparer bécasses, grives et perdreaux était vraiment sans pareil… Mon ami possède quelques terres au soleil, biens qu'il a hérités de ses parents. Dans un de ses champs de culture bordant la forêt domaniale, des lapins trop gourmands font parfois quelques dommages la nuit. Mais tout s'arrange sans conflit, car Aimable s'évertue de rester en bons termes avec son locataire de chasse qui le convie de temps à autre à venir faire une partie de chiens courants. Souvenirs qui se trouvent entremêlés à ceux de l'amitié, qui sait enrichir beaucoup de choses. Lorsque je ferme les yeux, le décor m'apparaît, et me reviennent les souvenances par vagues. En vérité, j'ai beaucoup aimé cette rude forêt des Ardennes aux grands arbres roussis par l'automne, dépouillée plus tard par l'hiver, entourés de fougères blanches de givre dans lesquelles nous chassions parfois le grand gibier… En fermant les yeux, il me semble entendre le récrie des chiens dans les matins calmes, parfois lointain et assourdi, emporté par le vent les jours de tempête. Ou encore la trompe de Serge, notre piqueur, appuyant sa petite meute de griffons, sonnerie qui se concluait peu après par l'éclatement sonore d'un coup de carabine. Je revois cette chevrette, légère, bondissant parmi les fougères, ces sangliers délogés de leur bauge défilant à la queue leu leu, sautant un layon, bien trop loin pour être tiré. Les fourrés que je traversais en m'empêtrant pour aller vite me poster vers une refuite habituelle. Et puis parfois l'envol inattendu de la première bécasse de l'année, cette vision qui me coupait le souffle.

Je viens d'avoir vingt-cinq ans. Un jour de novembre, lors d'un de nos déjeuners de chasse, Aimable, pourtant excellente carabine, mais chassant peu les grands animaux, avoue avec un peu de regrets dans la voix, être puceau sur le chevreuil. Ce fut pour nous une vraie consternation ! Aussitôt, nous ses amis, déclarâmes que nous allions tout mettre en œuvre pour remédier à ce triste constat.

À partir de ce jour, ce fut Aimable qui occupa les meilleurs postes. Après l'incontournable tirage au sort, dans un grand élan de camaraderie, chacun de nous lui cédions avec empressement l'emplacement qui nous semblait être le meilleur. Les premiers temps, ce fut en vain, car comme le savent tous les chasseurs, le gibier passe où il veut, et quand il veut. Mais un jour que la meute menait allègrement un chevreuil annoncé par la trompe de Serge, nous entendîmes enfin la carabine d'Aimable résonner, suivi des trois sonneries accompagnées du joyeux turlututu, signifiant… chevreuil mort.

Posté pas très loin de lui, j'arrivais sur les lieux en même temps de Serge. Nous étions prêts, tous deux, à faire envoler dans l'air le triomphe de l'hallali. Le spectacle que nous découvrîmes nous figea… Aimable, assis par terre, les yeux fixés en direction des taillis, se grattait le sommet du crâne, avec l'air à la fois anxieux et ahuri de l'empoté qui aurait occis par mégarde un des chiens de la meute, au lieu du gibier poursuivi. Notre ami avait triste mine, assis dans une rigole gorgée d'eau, crotté, une de ses joues recouverte de boue…

– Et bien, Aimable ! demanda Serge… Où il est ton chevreuil ?

De sa voix éraillée, encore tout émotionné, celui-ci nous répondit.

– Ne m'en parle pas ! Le brocard m'est passé à trente mètres en travers, au plein galop. Immédiatement, j'ai remarqué la beauté de ses bois dépassant d'une bonne main ses oreilles, ses meules épaisses et ses nombreuses perlures. Émotionné, je n'ai tiré qu'une seule balle, et mon cœur a failli s'arrêter lorsque le chevreuil a boulé comme un lapin. Imaginez un peu ma joie ! Comme l'animal faisait mine de vouloir se relever, j'ai vite couru jusqu'à lui, et je lui ai mis mon pied dessus, tout en sonnant pour vous prévenir. Alors là, je me suis bien fait avoir ! Juste comme je finissais de sonner, le brocard s'est relevé comme un diable, ce qui m'a fichu cul par-dessus tête. Puis il est parti à toute allure dans cette direction.

– Et tu n'as pu tirer une deuxième balle ? lui demande Serge.

– Je te dis que j'étais cul par terre ! Crois-tu qu'il m'a donné le temps de me relever ? D'ailleurs, je n'y ai même pas pensé…

En voyant la tête dépitée d'Aimable, un fou rire nous prit alors, Serge et moi. Les autres camarades, qui arrivaient les uns derrière les autres, se tapaient sur les cuisses en découvrant le spectacle et après avoir écouté son histoire. Aimable, déconfit, se remit laborieusement sur ses jambes. Il alla ramasser son chapeau, s'essuya tant bien que mal. Bombardé de railleries, il esquissa un pâle sourire. Serge eut pitié de lui…

– Allons, ne perdons pas de temps. Regarde tout ce sang par terre ! Aimable, ton chevreuil ne peut pas être allé bien loin. Nous allons aller te le chercher…

Les chiens, ralliés, reprirent péniblement la voie. Comme nous le savons tous, un grand animal qui vient d'être blessé ne laisse guère de sentiment sur son passage. Derrière la meute, en nous égaillant, nous parcourûmes quand même plus de trois cents mètres, avant de retrouver le chevreuil étendu dans l'herbe, bien mort, cette fois. Il m'est difficile de vous décrire l'émotion qui saisit Aimable. Les yeux humides, le vieux chasseur tomba à genou pour caresser la tête et les superbes bois de « son » chevreuil.

Depuis ce jour, la tête naturalisée du brocard trône au-dessus de sa cheminée.

Le temps a largement passé, mais si un jour vous rendez visite à Aimable et qu'il découvre que vous êtes chasseur, sachez que vous ne couperez pas au récit de cette histoire.

Mais je tiens à vous prévenir qu'il ne faudra pas moins d'une heure à mon vieux camarade pour bien vous la raconter…

Nos différentes pratiques de chasse

La chasse du grand gibier en battue

La chasse du grand gibier en battue procure de temps à autre des émotions violentes au chasseur posté. Car qu'y a-t-il de plus stressant que d'entendre la menée hurlante d'une meute de chiens qui vous arrive droit dessus, accompagnée des vociférations des rabatteurs qui s'imaginent que vous êtes sourd ? À l'opposé, il y a cette attente qui dure depuis trop longtemps. C'est à ce moment-là qu'en tournant la tête, vous découvrez qu'un animal lancé a déjà franchi la moitié du layon que vous êtes supposé garder. Dans ces deux situations, votre tir risque avec raisons d'être mal assuré.

L'incontournable mise en conformité

Vous êtes décidé de chasser le grand gibier en battue. On ne le dira jamais assez… La toute première chose à faire après l'acquisition d'une carabine est de faire vérifier par l'armurier si celle-ci est adaptée à votre conformité. Dans la négative, c'est-à-dire dans la plupart des cas, il est indispensable de faire ajuster votre crosse à vos mesures, ce qui n'est pas si simple que ça… Et encore plus particulièrement si vous décidez par la suite de faire monter une lunette de battue sur votre arme. La première mise en conformité, eh bien, elle ne vous servira plus à grand-chose. Une fois épaulé, vous aurez un écart important entre votre œil et votre optique. Alors, que faire ? La seule, l'unique solution, est de faire poser par l'homme de l'art un busc fixe ou amovible, en bois ou en liège. Une fois le choix du busc déterminé et posé, votre armurier va enfin pouvoir réaliser tous les réglages pour adapter votre arme à votre morphologie. Toutes ces astreintes sont le passage obligé pour bien tirer.

> **Le test infaillible et si facile à faire**
>
> *Il existe un test tout bête pour déterminer si la crosse de votre carabine a bien été ajustée. Habillé comme pour chasser, lunette posée si c'est votre choix, votre carabine dans les mains, vous fermez les yeux. Puis, toujours les yeux fermés, vous épaulez naturellement. Une fois le talon bien placé dans le creux de votre épaule, et votre joue bien calée, vous ouvrez les yeux. Sans avoir à bouger votre tête d'un millimètre, votre œil directeur doit se positionner exactement dans l'axe de votre grain d'orge ou de votre réticule… Vous devez effectuer ce test plusieurs fois de suite, et en tirer les conclusions.*

Le choix d'une optique de tir

À chaque mode de chasse convient un modèle d'optique. La lunette de battue autorise d'arrêter des animaux en pleine course à moyennes distances. Par contre, si vous chassez majoritairement en battue, posté dans un layon de forêt de quelques mètres de largeur et des voisins placés à quelques dizaines de mètres de votre poste, les viseurs avec point lumineux restent un très bon choix. Une partie des chasseurs de battue de grand gibier a opté pour les deux systèmes de visée, lunette de battue et point rouge, systèmes qu'ils adaptent en fonction des différentes situations. Ce sont, en règle générale, des chasseurs qui pratiquent assidûment cette chasse, et qui se retrouvent régulièrement dans toutes les situations de tir.

Le montage d'une lunette

Il existe deux systèmes de montage, un pivotant et un fixe. La dépense est modulable de façon très conséquente en tenant compte que ces montages sont très deux performants. Un montage fixe est souvent très avantageux et l'argument qui consiste à vanter la liberté de tirer parfois sans la lunette, n'est pas très sérieux, car, si la lunette est parfaitement montée et adaptée à votre type de chasse, à la bonne hauteur de la distance œil/oculaire, encore appelé relief oculaire, vous ne serez pas tenté de l'ôter… À savoir qu'un montage pivotant vaut posé, trois à quatre fois plus cher qu'un montage fixe de la meilleure qualité.

Pourquoi un mirador de battue ?

Le mirador de battue est devenu incontournable pour améliorer la sécurité à la chasse du grand gibier, et ses avantages sont incontestables. Tout d'abord, il donne une meilleure visibilité générale. Ensuite, c'est un positionnement idéal pour le chasseur qui dispose ainsi d'un tir vraiment fichant. Sans oublier qu'il aide à mieux identifier les animaux, en quantité et en distance. Quant aux grands animaux, ils éprouvent plus de difficultés à localiser le chasseur qui se tient immobile, posté à trois mètres de haut.

L'entraînement au « sanglier courant »

La mise en conformité est excellente, l'épaulement est immédiat, il est temps maintenant de passer à l'entraînement au « sanglier courant ». Vous aurez le choix entre plusieurs distances de tir, deux vitesses différentes et deux trajectoires : une de gauche à droite (la plus facile si vous êtes droitier) et l'autre de droite à gauche. Pour débuter, la distance de vingt-cinq mètres et la petite vitesse sont préférables. Si votre carabine est équipée d'une lunette de battue, la toute première des choses à faire est d'immobiliser votre cible à mi-course. Une fois bien calé, il est toujours bon de tirer une ou deux balles pour vérifier que votre optique ne s'est pas déréglée. La cible remise en mouvement, vous pouvez au choix, tirer épaulé ou désépaulé. Il est impératif d'alterner les deux façons. Si tout se déroule bien, vous pouvez passer à la vitesse supérieure en reculant à cinquante mètres. Pour bien comprendre vos erreurs, il est essentiel d'observer l'impact de vos balles entre chaque tir. Pour progresser, il est nécessaire de tirer une vingtaine de balles tous les quinze jours.

Les règles de sécurité à appliquer, posté, en battue

Le chasseur doit toujours garder en mémoire que son arme est faite pour tuer ! Le chasseur est seul responsable de ses actes. Une arme de chasse, qu'elle soit lisse ou rayée, n'est pas dangereuse en tant que telle. C'est le bon comportement de son utilisateur qui permet d'éviter tout accident. Pour chasser posté le grand gibier en battue, vous devez impérativement appliquer les consignes suivantes : Pour tout déplacement en véhicule, décharger votre arme et la mettre dans une housse. Qu'elle soit chargée ou non, ne jamais diriger votre arme vers une personne. En arrivant à votre poste, repérez vos voisins et signalez-vous à eux. Matérialiser vos deux angles de sécurité de 30° *. Ne charger votre arme qu'au signal de début de battue. Ne vous déplacez sous aucun prétexte au cours de la battue. Avant d'épauler, vous devez identifier formellement votre animal. Vous ne devez jamais épauler ou viser dans la traque et balayer la ligne des chasseurs postés. Il vous faut épauler et tirer uniquement à l'intérieur de l'angle de 30° compris entre vos deux piquets marqueur. Le tir à l'intérieur de la traque est interdit. Votre tir doit être obligatoirement fichant. Ne jamais tirer assis ou à genoux. Ne jamais tirer les animaux rentrant dans la battue. Déchargez votre arme dès le signal de fin de battue et assurez-vous que vos voisins ont bien entendu le signal avant de vous déplacer.

***Arrivé au poste, comment délimiter un angle de 30°**

Une fois arrivé devant poste, en premier lieu le chasseur se doit de déterminer sa zone de tir autorisée, sachant qu'il lui sera formellement interdit de tirer en dehors de l'angle de 30° qui le sépare de ses deux proches voisins. Pour délimiter cet angle, il lui suffit de faire cinq pas dans la direction d'un premier voisin, puis de faire trois pas à la perpendiculaire. Arrivé là, il plante son premier piquet de marquage qui lui signale sa première limite. Ensuite, il refait de même avec son autre voisin. En revenant à son poste, le chasseur visualise parfaitement le triangle dans lequel il peut tirer sans danger. Voir dessin…, et en tirer les conclusions.

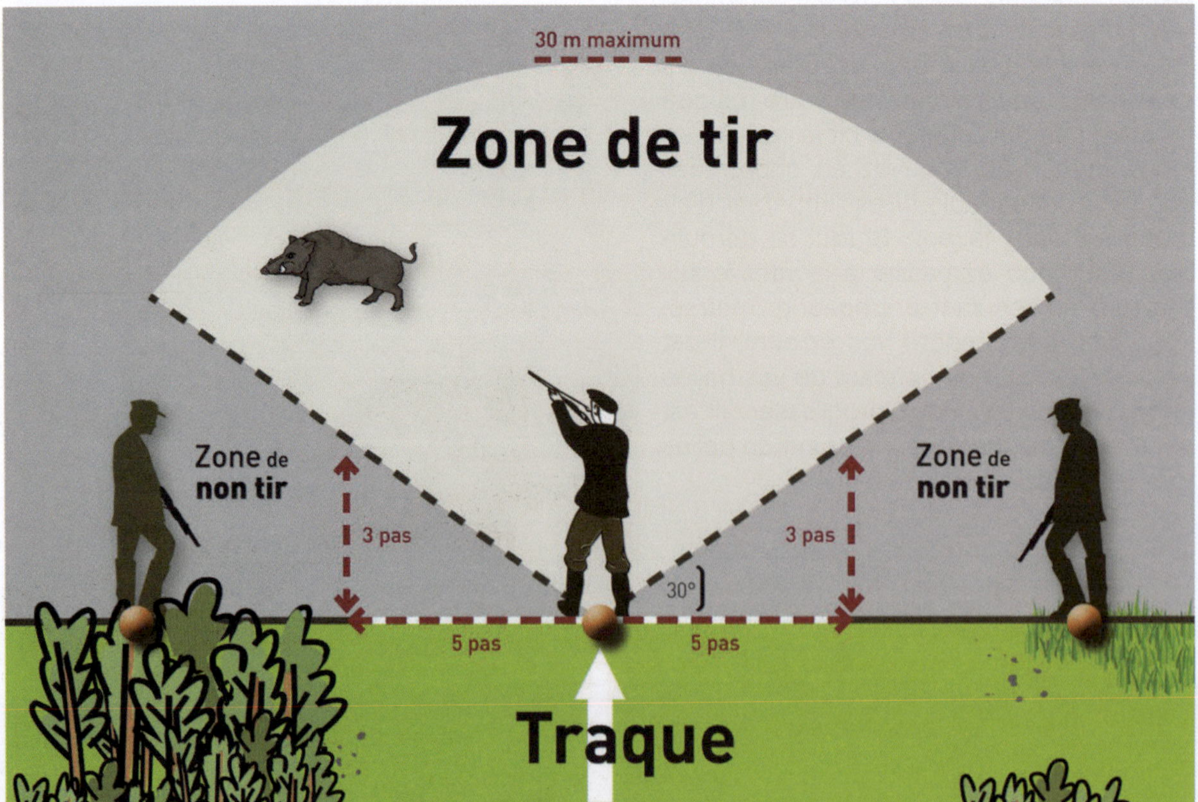

Un livre à découvrir...

Ne jamais renoncer !

par Charles-Henri Bachelier

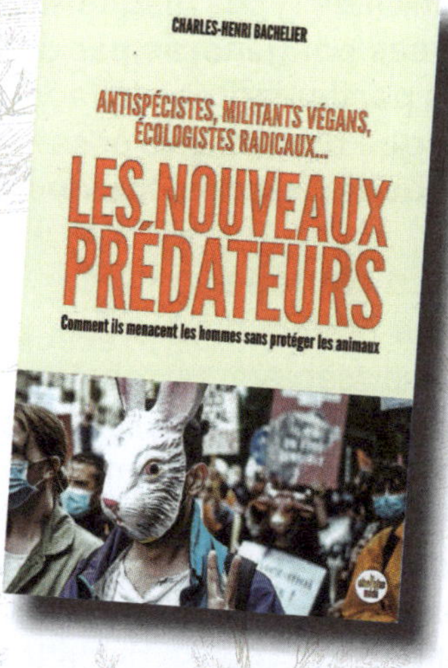

Il n'est pas un jour sans que les gens heureux que nous sommes en prennent pour leur grade. Associations antispécistes, politiques vides de fond et de sens servent une soupe nauséeuse reprise avec délectation et complaisance par des rédactions complices. Les clichés sont énormes, les travestissements des faits honteux, les inepties la base. Ceci n'est pas le fruit d'une incompétence, ce qui serait pardonnable. Le but recherché est de nous détruire, nous les chasseurs, et par ricochet tous les utilisateurs de l'animal - même de compagnie - pour saper notre civilisation. Nous sommes des hommes modernes, car il y a fort longtemps, nos aïeux qui étaient des grands chasseurs ont réussi à domestiquer l'animal sauvage et à cultiver les plantes. Ainsi nos ancêtres se sont sédentarisés et ont dégagé du temps libre à autre chose qu'à subsister. C'est ainsi que la culture prit son essor. Nous sommes donc tous de très lointains descendants de chasseurs, d'éleveurs et d'agriculteurs. Alors pourquoi cette haine qui s'abat sur les chasseurs et les agriculteurs ? La réponse est en fait assez simple, elle est presque même une évidence... C'est une haine de l'Homme qui se manifeste à travers les ruraux. Mais on peut détester sans velléité d'anéantir l'objet du rejet. Si les antispécistes veulent nous détruire, c'est pour détruire notre civilisation avec leurs amis de lutte wokistes. Il y a deux manières de démolir un édifice : pièce par pièce à la masse ou en plastiquant les fondations. Or les fondations de notre civilisation sont la chasse et l'agriculture. D'où cette violence, cette haine et cette volonté de nous broyer dans les limbes d'une histoire à réécrire depuis les temps immémoriaux. Récemment une question m'a interloqué. Elle était de savoir si du fait des attaques incessantes que la chasse subit, j'étais devenu un militant pro-chasse. J'ai assez longuement réfléchi avant de répondre. Et la réponse est non ! Je ne suis pas devenu un militant, mais un combattant. La différence ? Je n'ai jamais cherché à imposer la chasse à qui que ce soit, même à mes enfants. La chasse est mon mode de vie. Je le partage avec plaisir à qui veut découvrir, connaître, comprendre. Mais non, je n'impose pas la chasse. En revanche, je suis devenu un combattant. Je combats les déconstructeurs, les cynégétophobes, les haineux, car je défends mon mode vie. Ma vie ! Et je le fais avec un supplément d'âme, car je sais la chasse vertueuse...

Nous devons tous devenir des combattants à notre manière. Et vous le découvrirez en lisant mon livre « Les nouveaux prédateurs », il n'y aura jamais de paix avec les haineux. Nous n'avons rien à donner ni à échanger. Ils ne sont pas là pour réformer ou améliorer la chasse, mais seulement pour la faire disparaître. Alors, ne renoncez à rien et oubliez l'idée qu'en sacrifiant le mode de chasse du voisin, vous sauverez le vôtre... Il sera seulement le prochain sur la liste !

CHIEN

Le braque d'Auvergne

Bien qu'ils soient tous de la même origine, les différentes races de braques reconnues aujourd'hui présentent des caractères propres à chacune d'elles. La fin du 19e siècle a marqué le départ d'un particularisme ayant pour but, ou tout au moins le résultat, la dissociation de types jusque-là propres à certains groupes. Le braque d'Auvergne se différencie de ses congénères par des formes plus dégagées, plus légères et plus distinguées. Mais ces particularités n'effacent pas les caractères généraux et fondamentaux de la famille. Le braque d'Auvergne possède bien ces particularités essentielles, qui sont celles de tous les braques gascons, indiquant une souche commune.

La genèse

Le braque d'Auvergne, appelé aussi bleu d'Auvergne, reconnaissable à sa robe particulière blanc et noir, aurait été signalé pour la première fois en 1888 par M. Coninck, ce qui n'implique pas forcément qu'il n'existait pas avant. Dans les nébuleuses expliquant l'origine de cette race, il se dit que le braque d'Auvergne aurait été importé en France à la fin du 18e siècle par les Chevaliers de Malte, après la dissolution de cet ordre et la prise de cette île par le général Bonaparte. Son importateur aurait été M. de Fargues, Commandeur de l'Ordre, qui se serait retiré dans la région d'Aurillac… Cette allégation a toujours été démentie par les héritiers du Commandeur de Fargues, comme dans les écrits de Verdot en 1726, dans son « Histoire des Chevaliers de Malte ». D'ailleurs, les auteurs antiques, Strabon et Apprien, ne semblent avoir connu dans l'île de Malte, qu'un petit chien nain, le bichon maltais. M. Lacotte, ce juge canin célèbre du 20e siècle, a émis la théorie que le braque d'Auvergne aurait été importé d'Italie, où un braque bleu, c'est-à-dire blanc-noir, existait en Italie du Nord et en Suisse lombarde. Il appuie cette hypothèse par le constat que des chiots braques d'Auvergne naissent parfois porteurs d'ergots, attributs du braque italien. Il a aussi émis l'idée qu'il serait peut-être un des rameaux du braque wurtembergeois, cet autre braque proche du Charles X. En vérité, la plupart des cynologues renommés sont persuadés que le braque d'Auvergne ne serait en fait qu'une des nombreuses variétés de notre vieux braque de Navarre, ou tout au moins, qu'il serait issu de la même souche, hypothèse qui semble la plus vraisemblable…

Cette robe particulière blanc et noir

Le braque Auvergne diffère du braque français, non seulement par sa couleur, mais aussi par des caractères lui donnant un type distinct. Une couleur ne suffit pas à distinguer un type. Il est établi que des chiens d'arrêt blanc et noir existaient en France dès le 16e siècle. Pendant longtemps, la robe blanc marron fut la plus répandue, le blanc et noir étant, soit exceptionnel, soit confiné dans des régions isolées. Est avancée l'hypothèse d'une mutation possible, c'est-à-dire une modification des gènes, le marron du braque ancestral serait alors devenu noir. Certains croient que la robe bleue du braque d'Auvergne proviendrait de croisements avec le chien de Wurtemberg, ou encore avec le braque du Bourbonnais lie de vin. D'autres pensent de façon empirique que l'ancien braque blanc-marron aurait virée au blanc et noir avec tendance au bleu par mélange des deux couleurs sous l'influence du milieu. Le bleu est provoqué par un facteur de dilution avec le noir. Unis entre eux, les chiens qui en sont porteurs ne peuvent pas engendrer des chiens blanc-noir. Pour provoquer cette couleur noire, il faut impérativement l'intervention d'un chien porteur de cette couleur noir pur, comme la possède indéniablement… le pointer.

Des aptitudes naturelles

M. Lacotte dit avoir constaté qu'en 1901 en Auvergne, dans le Rouergue, et surtout en Aveyron, que certaines familles de braques d'Auvergne étaient d'un type lourd. Leurs oreilles étaient attachées très bas et longues, ils étaient courts quêtards, et leur morphologie était similaire aux braques de Navarre. Fins de nez, ces chiens pouvaient chasser plusieurs jours d'affilé. La fin du 19e siècle a marqué le départ d'un particularisme ayant pour but, ou tout au moins le résultat, la dissociation de types jusque-là propres à certains groupes. Des caractères qui jadis durent être individuels, devenus ceux de quelques familles, furent sélectionnés, inconsciemment d'abord dans le cadre étroit régional, voire local, ensuite volontairement hors de ces premières frontières. Un somme de caractères finit par imposer la notion de sous-type et par celle de race. Le braque d'Auvergne orthodoxe possède bien les caractères essentiels de tous les braques naturels, indiquant une souche commune. Mais il se différencie par des formes plus légères, une quête plus rapide. M. Tournay, secrétaire général de la Réunion des Amateurs du Braque d'Auvergne, a écrit. « Il est bien évident que depuis de longues années, avouées ou non, le métissage pointer a été pratiqué par certains éleveurs de braques d'Auvergne et qu'en l'absence de tout contrôle efficient de la Société Centrale Canine, des sujets issus de ces bricolages ont bénéficié de l'inscription au Livre des Origines Français. Savoir dans quelle proportion nos bleus les plus purs ont échappé à cette pratique est difficile à déterminer. »

Morphologie

Le braque d'Auvergne est un chien d'arrêt robuste et fortement charpenté, sans lourdeur excessive, avec un corps médioligne et rectiligne. La tête noire est proportionnée à la taille. Le stop est moyennement marqué, l'arcade sourcilière est bien prononcée. Les lignes du crâne et du chanfrein sont légèrement divergentes vers l'avant. Vue de dessus, la forme du crâne se rapproche de l'ovale. La protubérance occipitale est peu saillante. La longueur du corps, de la pointe de l'épaule à la pointe de la fesse, est approximativement égale à la hauteur au garrot, tandis que la hauteur de la poitrine vaut la moitié de la hauteur au garrot. Les membres antérieurs sont d'aplomb. L'épaule est forte et bien musclée. Le coude est bien dans l'axe du corps, il fait suite à un avant-bras fort, long, musclé et droit. La peau est assez fine et plutôt lâche. Le poil brillant est ras et pas trop fin. La couleur de la robe est le noir à panachure blanche. Il existe deux types de robes, la mouchetée et la grisonnée.

Groupe : 7
Poids : 22 à 28 kg
Hauteur au garrot : 53 à 59 cm

Un de mes copains bécassier, propriétaire d'une femelle braque d'Auvergne a tenu la dragée haute pendant plusieurs saisons à notre groupe de bécassiers bretons de Carhaix, tous propriétaires de setters anglais. À chaque fin de saison, c'est lui qui avait eu le plus grand nombre de levées comptabilisées, toutes à l'arrêt de sa chienne surnommée « La brouette » par mes copains… Comme quoi !

Un auxiliaire de chasse remarquable

Le braque d'Auvergne se déclare jeune, vers l'âge de six mois. L'arrêt et le rapport sont innés, sinon une petite éducation le conforte très vite dans ces aptitudes. Intelligent, courageux et passionné, polyvalent, il s'adapte facilement à tous les terrains, même rocailleux, ainsi qu'aux habitudes de chasse de son maître avec lequel il garde toujours le contact. Ce chien chasse au trot allongé, principalement en émanation directe, mais en cas de difficultés, il n'hésitera pas à mettre le nez à terre pour pister sur de longues distances les oiseaux piétard ou désailés, même en cas de grosse chaleur.

LE CYCLE ÉTONNANT DE LA MIGRATION DES OISEAUX

Mars, migration et pénurie alimentaire

La migration est liée aux changements de saison. C'est une adaptation à un manque de ressources alimentaires, lorsque survient la disparition des proies ou des végétaux dont les oiseaux dépendent pour vivre. Sous nos contrées, la disparition des insectes contraint ainsi toutes les espèces strictement insectivores comme les engoulevents, les martinets et les hirondelles à migrer. Mais de la même façon, des espèces nichant dans la savane africaine migrent plus au sud quand arrive la période de sécheresse, tandis que les albatros migrent également au travers des océans dans le sillage du plancton. Plus le régime alimentaire des espèces est spécialisé, plus il leur est difficile de trouver une zone d'accueil favorable. Ainsi les étourneaux sansonnets européens ne dépassent pas le bassin méditerranéen lors de leur migration d'automne, tandis que le coucou gris doit rejoindre les savanes arborées africaines. La migration peut également être directement liée aux modifications climatiques, le froid rendant inaccessibles les ressources alimentaires pourtant encore présentes : le gel des lacs en Europe du Nord contraint par exemple les plongeons, qui se nourrissent de poissons, à venir hiverner sur les côtes méditerranéennes.

Oiseaux migrateurs et grippe aviaire

La grippe aviaire, cette maladie infectieuse causée par le virus H5N1, peut infecter les oiseaux sauvages ou domestiques. Cette pandémie qui est apparue en Chine s'est rapidement propagée en Europe. Mais aucun oiseau ne migre de la Chine vers l'Europe. De manière récurrente, les oiseaux sauvages sont accusés d'être les responsables de ces épidémies, alors que les scientifiques ont démontré que la grippe aviaire se développe dans un contexte particulier, à savoir : des conditions de promiscuité, de densité et de confinement des populations aviaires, conditions que l'on retrouve dans les élevages domestiques et en particulier dans certains élevages industriels. A contrario, les scientifiques affirment aussi que, vu la virulence et la rapidité de cette maladie, aucun oiseau porteur de cette maladie n'aurait la force d'entamer une migration.

Les grands hivers en France depuis un siècle

En un siècle, plusieurs vagues de froid intense ont donné lieu à des mouvements migratoires exceptionnels. Toutes ces migrations étaient directement conditionnées par la disponibilité des ressources alimentaires, elles-mêmes liées aux variations climatiques saisonnières, ainsi qu'à l'alternance de la longueur du jour d'une latitude à l'autre.

- **1916-1917** – Les derniers jours de janvier et la première quinzaine de février 1917 furent très froids, les minima du début de février s'abaissant à -5 °C à Narbonne, -11 °C à Nantes, -15 °C à Paris, -16 °C à Besançon, -20 °C à Grenoble. Du 27 janvier au 20 février, la Seine et la Marne charrièrent des glaçons.
- **1928-1929** – En janvier 1929, il y a eu trente et un jours de gel à Strasbourg. Record de froid dans l'Est (70 cm de glace sur le Rhin).
- **1938-1939** – Le 20/12/1938 : le froid et la neige ont englobé toute la France ; on enregistre un minimum de -24 °C à Lyon, à Paris un minimum de -13 °C et un maximum de -10,50 °C.
- **1939-1940** – C'est à partir du 30/12 que les grands froids ont commencé brusquement dans l'Est : les conditions de l'hiver 1939-1940 furent terribles avec des températures inférieures à -40 °C en montagne.

Ces phénoménaux martinets

Les martinets regroupent trois espèces en France. Le martinet noir, le martinet pâle et le martinet à ventre blanc. En migration, tous trois peuvent parcourir mille kilomètres en une journée. Insectivores, leur vitesse et leur virtuosité en vol sont exceptionnelles. Ils évoluent entre quarante et cent kilomètres par heure, mais sur de courtes distances ils peuvent atteindre les deux cents kilomètres par heure. Leur dextérité pour foncer en groupe entre les maisons et les arbres est ahurissante. Ils savent aussi utiliser le vol à voile en se laissant porter par des ascendances thermiques à près de trois mille mètres. Toute leur anatomie concourt à ces performances : corps mince et fuselé, queue courte, longues ailes très effilées et incurvées, pattes courtes et une extrême acuité visuelle. La faiblesse de leurs pattes, la taille de leurs ailes et le fait qu'on les voit beaucoup en vol ont contribué à répandre cette croyance idiote selon laquelle ils ne pouvaient pas s'envoler une fois à terre, ce qui est complètement faux. Seul un martinet malade ou blessé est incapable de s'envoler. Complètement fausse également cette autre affirmation que les martinets dorment la nuit… en volant. Arrivées dans nos contrées en mai, les martinets accouplés choisissent une anfractuosité dans laquelle ils vont dormir chaque soir, et dans laquelle ils vont nidifier. En vol, ils emmagasinent leurs proies dans leur gorge qui peut contenir plusieurs centaines d'insectes. Ce repas est ensuite ramené au nid, parfois sur de longues distances, pour nourrir les oisillons. Vers la fin août, la nouvelle famille quitte la France pour rejoindre l'Afrique subsaharienne d'où les martinets ne reviendront, isolés ou en couple, qu'en mai.

- **1940-1941** – Fortes gelées le 24/12/1940 jusqu'aux premiers jours de janvier 1941.
- **1941-1942** – Des gelées sérieuses ont commencé le 28 décembre.
- **1944-1945** – À partir du 23 décembre, période très froide et très neigeuse jusqu'en fin janvier 1945.
- **1946-1947**– Les fortes gelées commencèrent brusquement le 15 décembre 1946 et ne s'arrêtèrent que vers le 10 mars 1947.
- **1953-1954** – Le mois de janvier fut glacial, les températures s'abaissant jusqu'à -13 °C la nuit en pleine ville de Paris. Sans parler de la neige qui refit son apparition sur une bonne partie de l'Europe !
- **1956** – Décembre et janvier avaient été anormalement doux. Le froid est arrivé brutalement le 2 février (-20 °C à -36 °C sur la France). Février 1956 a subi une vague de froid exceptionnelle à tout point de vue, comparable à celui du 17 décembre 1938 et plus tard, le 22 décembre
- **1962-1963** – Dans la nuit du 22 au 23 décembre 1962, un froid polaire déferle sur l'Europe. De par sa durée, son intensité, puisque ses records restent d'actualité, et de son étendue, car tout le territoire européen a été affecté, cet hiver reste mémorable. Durant les quinze premiers jours, ce fut une déferlante de toutes les espèces d'oiseaux migrateurs qui fuyaient vers le sud. Le réveillon de Noël 1962 est le plus froid du 20e siècle avec -15 °C à Bordeaux et -9 °C à Biarritz. Record absolu : -50 °C ont été enregistrés au lac de Marboré (2 500 mètres), dans les Pyrénées espagnoles. Cette vague de froid historique prendra fin le 28 février 1963.
- **1978-1979** – Le 31 décembre, Paris est enregistré la chute la plus brutale de la température. En 24 heures, la température a chuté de +11,8 °C à -10,3 °C.
- **1985** – Record de grand froid de la période avec -24 °C le 9 janvier dans le Centre. Le gel continu a duré du 2 janvier au 18 janvier, dont onze jours avec des minima compris entre -15 °C et -24 °C.
- **2010** – Cette année-là, l'hiver aura surtout été marqué par sa longueur et la fréquence des chutes de neige. Les passages d'oies et d'anatidés de jour et de nuit furent impressionnants...

Que se passe-t-il chez les oiseaux en mars ?

La migration…

Le temps est venu pour la majorité des oiseaux migrateurs de rejoindre leur site de nidification. Certains sont essentiellement des voyageurs nocturnes, alors que d'autres sont strictement diurnes. Les facultés des oiseaux pour s'orienter restent stupéfiantes. On sait qu'ils sont sensibles aux champs magnétiques et qu'ils possèdent une acuité visuelle supérieure, ce qui leur permet de pratiquer le pilotage à vue, se fiant à leur capacité pour localiser ou mémoriser des repères topographiques. Qui plus est, leurs yeux sont sensibles aux ultraviolets et à la lumière polarisée. Une fois en route, il ne leur faut pas dévier de cap pour rallier les zones connues de repos et de ravitaillement. Le plus surprenant est que ces sens mystérieux sont innés pour ceux qui voyagent solitaires comme le coucou.

des canards

La migration de retour des anatidés est bien plus rapide que la descente. Sarcelles d'hiver et d'été, siffleurs, pilets, souchets, milouins et morillons remontent vers le nord à tire d'ailes. Par temps doux, nos baies, qui servent de reposoirs, font le plein d'anatidés. La majorité des colverts ont déjà rejoint leur zone de nidification, certaines canes ayant même commencé à couver.

des bécasses

La migration prénuptiale intervient quand les ressources alimentaires atteignent leur développement optimal. Le mouvement de retour, qui s'est amorcé vers mi-février va se poursuivre en mars et en avril. Au cours de son retour vers son aire de reproduction, le mâle de bécasse à la recherche d'une compagne, croule au crépuscule et à l'aube.

des pigeons

Le début de la migration prénuptiale est généralement observé en France à partir de mi-février, avec un point culminant pendant la première quinzaine de mars pour les « longs migrants ». Il est étonnant que la migration de retour des palombes dans le Sud-ouest soit si peu importante, compte tenu de la gigantesque quantité d'oiseaux qui y passent lors de leur mouvement automnal. La réponse est qu'il est avéré que la migration prénuptiale s'effectue de préférence et en partie par la côte méditerranéenne (Aude - Pyrénées-Orientales).

des oies

La migration prénuptiale qui a débuté dès la dernière décade de février culmine généralement entre la fin février et la mi-mars selon les années. Après la fin mars, le flux migratoire se tarit rapidement, mais quelques vols peuvent encore être observés jusqu'à la mi-avril.

des balbuzards pêcheurs

De retour d'Afrique où ils ont passé l'hiver, les balbuzards pêcheurs font halte en petit nombre sur nos étangs pour reconstituer leurs réserves énergétiques avant de poursuivre leur voyage vers la Scandinavie, la Russie et l'Écosse où ils vont se reproduire. Après avoir séjourné un à deux ans, dans leur zone d'hivernage, c'est le retour des balbuzards juvéniles en Europe. Grand migrateur, un balbuzard ayant été bagué en Finlande fut trouvé mort en Afrique du Sud, à dix mille kilomètres de son lieu de baguage.

du rouge-gorge

Réputés sédentaires à migrateurs partiels, trois rouges-gorges bagués en Finlande, qui sont allés passer l'hiver en Tunisie, ont effectué un voyage de trois mille trois cents kilomètres.

Réchauffement climatique, la reproduction des oiseaux perturbée

Le réchauffement climatique risque à moyen terme d'entraîner des modifications importantes dans la reproduction des oiseaux migrateurs. Aujourd'hui, quelques migrateurs transsahariens, comme la cigogne blanche, le milan noir, l'échasse blanche, la guifette moustac, l'hirondelle rustique, et d'autres, migrateurs partiels, comme le pouillot véloce ou la fauvette à tête noire, commencent à hiverner sous nos latitudes. Les Oies cendrées hivernent de plus en plus au nord, et les hivernants espagnols s'en retournent de plus en plus tôt vers leur site de nidification. Demain, tous ces oiseaux pourraient très bien se sédentariser ! Les avantages semblent évidents. L'absence de migration permet d'économiser de l'énergie et du temps. Elle provoque, en outre, un avancement de la période de reproduction. Les oiseaux qui migrent sur des distances de plus en plus réduites occupent les meilleurs territoires pour la reproduction et peuvent ainsi générer plusieurs couvées par an. Le réchauffement profite aussi aux espèces non migratrices : pics et rouge-gorge ont une reproduction plus précoce, ce qui leur permet d'effectuer plusieurs nichées, ou du moins, un meilleur succès dans l'élevage des jeunes. A contrario, d'autres, comme le gobe-mouche noir, subissent des désagréments causés par ce réchauffement : cet oiseau ne remonte du fin fond de l'Afrique que sous l'effet de son horloge interne et arrive souvent trop tard par rapport au pic d'émergence des chenilles dont il se nourrit, lequel est avancé du fait des températures clémentes. Il se produit alors un décalage entre la présence maximale des insectes et la période de nourrissage des petits.

Les vents

Les meilleurs vents pour la remontée des oiseaux migrateurs sont ceux de sud-est, et d'est. Par temps doux, lorsqu'il y a absence totale de vent et du brouillard, les oiseaux s'immobilisent sur place. Le constat est que contrairement à la descente, arrive un moment où, avec ou sans vent à tendance à l'Est, les oiseaux prennent la direction de leur zone de reproduction, même face à un vent contraire.

Le lac du Der, cette escale incontournable pour les oiseaux migrateurs

Terminé en 1974, le lac du Der-Chantecoq est un lac artificiel situé dans la région Champagne-Ardenne. Sa superficie de quarante-huit kilomètres carrés et ses quatre-vingts kilomètres de rive, en fait le plus grand d'Europe. Ce site, géré par l'AFB, est classé « Réserve nationale » et il abrite parfois plus de deux cents espèces d'oiseaux. Son autre particularité, c'est que des dizaines de milliers de grues cendrées y transitent de fin octobre à fin mars. Le lac est aussi devenu une halte incontournable pour une foule de migrateurs : canards, oies, cygnes, limicoles, rapaces, même le faucon pèlerin et le si rare pygargue à queue blanche. De très nombreux observatoires ont été aménagés à proximité, comme celui de Giffaumont-Champaubert. Du haut de ses trente mètres, la vue est imprenable sur le lac. À regarder pour rêver, cette magnifique vidéo sur Internet… <u>www.youtube.com/watch?v=xOMpeKeaUp0</u>

Fauvette à tête noire d'Europe

Pinson du nord

> *Les armes à feu sont de si peu d'effet, sauf l'étonnement des oreilles, que j'espère qu'on en quittera bientôt l'usage.*
>
> **Montaigne**

Aventures et émotions de chasse

MATADOR - 1889 par Gaspard de Cherville

Tous ceux qui ont étudié un équipage ne me démentiront pas : il y a autant de diversité dans les caractères des chiens que dans les nôtres ; ils se ressemblent plus souvent par l'extérieur que par ce que vous me permettrez d'appeler le « moral », puisque je ne dispose pas d'une autre expression. L'intérieur d'un chenil, la vie privée de ses hôtes est donc un champ d'observation vraiment curieux. Dans le mien, un griffon de Vendée, appelé Matador, y représentait le grincheux. C'était un grand animal au sous-poil blanc et orange teinté de gris, aussi bourru que l'était son tempérament. Non seulement Matador réglait quotidiennement quelque affaire d'honneur avec des camarades, mais il se montrait pas moins mauvais coucheur avec son général en chef ; à un coup de fouet, il répondait par un coup de dent... Bien des gens s'étaient étonnés que je conservasse cette bête féroce ; mais Matador rachetait les imperfections de son humeur par des qualités de chasse très sérieuses. Mieux doué que la plupart des griffons de Vendée sous le rapport de l'odorat, il se rabattait sur les « erres » les plus hautes. Enfin, il était encore plus mordant avec les bêtes noires qu'avec les bipèdes ; laissant ses camarades amuser le sanglier par leurs abois, il se glissait sournoisement par-derrière ; attendait un mouvement favorable, le saisissait aux mamelles et ne le lâchait plus.

AVRIL
2023

Avril

Du côté des livres

LE TESTAMENT DU BÉCASSIER

Par Jean-Marie Ringeval - 1980

Voici un auteur qui sait de quoi il parle ! Inconditionnel de chiens anglais de grandes quêtes, comme setters et pointers, Jean-Marie Ringeval a été un bécassier pyrénéen plus que passionné. Avec regrets, mais sans remord, pour vivre intensément sa passion, il avoue avoir quelque peu sacrifié sa famille, son travail, et certainement quelques amis non-chasseurs. Jean-Marie Ringeval pose également de bonnes questions, comme celle du choix du meilleur auxiliaire, auxquelles il est bien difficile de répondre…

« Les chiens les plus phénoménaux que j'ai vus travailler, en trente-sept ans de chasse, restent pour moi Fakir et Jonque de Siffleurs. C'est peu ! Par contre, par parenthèse, j'ai vu aussi à l'œuvre de nombreux chiens en qui, me fiant aux dires de leurs maîtres, je pensais découvrir l'auxiliaire de classe. Las ! Dix-neuf fois sur vingt, je n'ai vu travailler que des bécassiers-bidons ! Un beau jour, j'ai compris : le vrai coureur de bois, quand il a la grande chance de conduire un "super", n'éprouve pas le besoin de publier la nouvelle. Il préférera sûrement en faire la surprise à l'invité le jour en lui laissant le soin de juger par lui-même très objectivement… et même de critiquer éventuellement ! »

Lun.	Mar.
notes	
3 Richard	4 Isidore
10 Fulbert	11 Stanislas
17 Anicet	18 Parfait
24 Fidèle	25 Marc

Mer.	Jeu.	Ven.	Sam.	Dim.
			1 Hugues	2 Sandrine
5 Irène	6 Marcellin	7 J-B. de la Salle	8 Julie	9 Gautier
12 Jules	13 Ida	14 Maxime	15 Paterne	16 Benoit-Joseph
19 Emma	20 Odette	21 Anselme	22 Alexandre	23 Georges
26 Alida	27 Zita	28 Valérie	29 Cath. de Sienne	30 Robert

La deuxième vie de Marcel

J'aime la chasse ! Dans mes vertes années, j'ai eu cette révélation un jour d'ouverture où j'accompagnais mon oncle Georges de Grouchy en Beauce. Cora, son épagneul breton, se mit à l'arrêt dans un chaume devant moi. Intrigué, je m'approchais. Dans un bruit d'ailes qui me fit tressaillir, un « gris » s'envola juste devant mes pieds. L'émotion que je ressentis à cet instant me coupa la respiration !

Depuis, lorsque je me remémore cet évènement, me reviennent les odeurs, la musique et la vie de cette passion. Odeurs de gibier, de cuir, de chiens, musique des paroles des aînés relatant leurs aventures, fanfares des va-et-vient d'hommes vivants et heureux. Pour moi, la chasse est une poésie. Je connais des hommes soi-disant blasés dont le cœur s'affole lorsque la sarcelle de la passée dérive dans le vent ou bien encore lorsque la Dame rousse s'enfuit en dérivant devant leur chien en arrêt. Cette passion peut également bouleverser une vie. Il m'est arrivé parfois de rencontrer des hommes communs qui ont pu vivre, grâce à l'amour de la chasse, une existence à nulle autre pareille...

J'ai fait la connaissance de Marcel sur les plages du débarquement, entre Courseulles et Arromanches. Les meilleures conditions pour affûter les limicoles, c'est au mois d'août, à la pique du jour, juste avant que n'apparaissent les premiers rayons du soleil, lorsque la mer basse et étale commence sa remonte. Quand les vents sont bien accrochés à l'est, on assiste généralement à un défilement d'oiseaux ininterrompu au raz des flots qui peut être féérique… Ce matin-là, j'approche courbé dans un fossé un pied rouge que j'entends rappeler tout près. Dès qu'il siffle, je lui réponds. Nous conversons ainsi dans un langage qui me conforte dans mon savoir-faire… Cet art de savoir parler dans cette langue, demande des années de vie commune. Lorsque j'estime être à bonne distance, je me redresse brusquement, prêt à tirer. La grande, l'énorme surprise, c'est que mon pied rouge, et bien c'est un chasseur, qui, comme moi, imaginait dialoguer avec un gambette. Médusés, ce chasseur et moi, nous nous sommes regardés, et devant le comique de la situation, nous sommes partis ensemble dans un grand éclat de rire. Après, nous nous sommes reconnus. De là, on s'est serré la main, puis nous avons fumé une cigarette tout en devisant de notre passion.

Pour réussir dans cette pratique si particulière de la chasse des avrillots, il faut remplir plusieurs conditions, comme se fondre dans le paysage, savoir se servir de son fusil, être patient. Mais la plus importante est sans contexte d'arriver à bien siffler, pour séduire et attirer à portée le ou les oiseaux tant convoités. Et là, je dois avouer que Marcel était un surdoué pour imiter n'importe quel limicole. Cet homme plagiait à la perfection, chevaliers de toutes sortes, pluviers, pie de mer, un vrai artiste…

Petit, sec et râblé, son vieux juxtaposé tenu en bandoulière, à partir de ce jour je rencontre régulièrement mon vieil ami, qui, dès le quatorze juillet, arpente chaque matin le bord de mer, escomptant approcher, tirer et s'approprier ses gibiers roi, les courlis et les livergins. Malgré notre différence d'âge, j'ai dix-huit ans, lui en a soixante-douze, nous devenons vite très complices grâce à notre passion commune.

Une fois la passée du matin terminée, nous aimons nous asseoir au pied d'une dune pour discuter migrations, fusils, oiseaux, ou bien encore pour nous raconter quelques histoires de chasseurs. Cette fois-là, Marcel me conte à quel point découvrir la chasse avait bouleversé sa vie. Issu d'une famille modeste de six enfants, il avait commencé à travailler dès l'âge de quatorze ans. Sans formation, il était entré comme ouvrier chez Renault, à Billancourt, emploi qui l'avait occupé jusqu'à sa retraite. Dans la grisaille de sa banlieue, son existence d'alors lui semblait morne, fastidieuse, pesante, entre un travail fatigant et sans intérêt et son petit salaire d'ouvrier. Il avait rencontré Ginette un soir de bal un 14 juillet. « Tu sais Alain, quand je l'ai vu la première fois, j'ai immédiatement compris que c'était la femme de ma vie. À partir de ce jour, nous nous sommes plus quittés, et nous avons tout partagé ! »

Après s'être marié, le couple avait pu s'offrir deux semaines de vacances à Vers-sur-Mer dans une petite pension. Intrigué par les nombreux coups de fusil qu'il entendait chaque matin, Marcel s'était levé tôt, avait marché jusqu'à la plage, et c'est là qu'il avait découvert son paradis ; la chasse des limicoles sur la plage.

« Je ne peux pas t'expliquer comment la vision de ces migrateurs qui volaient si vite, leurs sifflements, l'odeur de la mer et ces levers de soleil toujours différents m'ont bouleversé. Après ce séjour, il y a eu ma vie d'avant, et celle d'après. Je suis revenu l'année suivante, et, grâce à un prêt accepté par ma banque, nous avons eu la chance de pouvoir acheter une petite maison à Vers. Bien sûr, le montant des remboursements nous a obligés à nous serrer la ceinture avec Ginette, mais elle aussi adorait ce coin de bord de mer, ce qui la changeait bien de notre appartement. Chaque année, en août, à Noël, à Pâques, et parfois un weekend, nous sommes venus à Vers en train avec Ginette pour effectuer des travaux dans notre maison, et surtout chasser lorsque cela m'était possible... Pour être autonome, je me suis acheté une mobylette, un Robust chez Manufrance et j'ai pris mon permis. Ton ami André Le Belhomme, ce marin pêcheur fou de chasse, m'a initié à la chasse de nuit à la hutte. Quelles fortes et belles sensations j'ai encore trouvées dans cette nouvelle pratique ! J'ai réussi à payer la dernière mensualité de notre crédit, juste avant de prendre ma retraite. Une fois installé définitivement à Vers, j'ai découvert que notre existence, loin de la vie grise et terne de notre banlieue, pouvait être riche et fabuleuse. Très vite, j'ai sympathisé avec quelques marins pêcheurs du port de Courseulles. À chaque retour de marée, je leur achète ou j'échange contre une partie du gibier que j'ai prélevé le matin même, tourteaux, étrilles, crevettes, dorades et maquereaux. J'ai également appris à cultiver mes légumes dans mon jardin... » Bon, sans vous mentir, les confidences de Marcel me touchent beaucoup !

La veille du 15 août, j'assiste à un changement de temps, les vents tournent plein est. Le matin, André Le Belhomme s'arrête à la maison pour prendre un café. André me propose d'aller passer la nuit prochaine dans sa hutte, car me dit-il, lui a un rendez-vous galant le soir même à Caen avec une « rouquine » aux yeux de braise, et ne pourra donc pas s'y rendre. Ce qui lui coûte d'ailleurs beaucoup. Avant de me quitter, André me dit : « Demande donc à Marcel de t'accompagner, je suis persuadé que cela lui fera grand plaisir ! »

Lui faire plaisir est un euphémisme ! La passée du soir nous amène un couple de sarcelles d'été que nous tuons, ce qui ravit le vieux bonhomme. Si la nuit sans lune est calme, celle du matin est grandiose. Les lueurs de l'aube apparaissent à peine, que sarcelles en quantité, souchets et bécassines viennent se poser sur notre mare, en bande et à l'unité. Émerveillé, la respiration haletante, il a l'œil qui brille, Marcel ! À partir de huit heures, postés au cul du gabion, nous tirons les bécassines au vol qui défilent au ras des roseaux sans interruption jusqu'à onze heures...

Pour me remercier, Marcel m'invite à venir dîner chez lui le lendemain. Ce soir-là, mon ami me fait déguster sa spécialité ; une fricassée de courlis bien beurrée, déposée sur le ventre vingt-trois minutes dans un four brûlant, déglacée au cidre et à la crème fraîche, accompagnée de pommes de terre nouvelles cuites dans la braise de sa cheminée.

Un verre de Sauvignon blanc frais à la main, les yeux de mon vieux complice pétillent du plaisir à me recevoir.

Moi, en l'observant, je comprends à quel point Marcel, après avoir découvert la chasse au gibier d'eau en bord de mer, est devenu un homme heureux...

Nos différentes pratiques de chasse

La chasse des limicoles sur les plages du littoral

Du jour de l'ouverture de la chasse sur le domaine public maritime (DPM), voici venue l'excellente période pour la chasse des limicoles en bord de mer et dans les estuaires. L'instant magique, c'est la passée du matin lorsque la mer basse et étale devient marée montante, accompagnée d'un petit vent d'est ou de nord-est. Le chasseur doit impérativement être en place à la limite des flots avant la pique du jour. Pendant la petite heure où le soleil se lève, c'est un défilement ininterrompu d'oiseaux au raz des vaguelettes qui bordure le sable, spectacle accompagné de centaines de sifflements, de chants et de rappels. Pluviers, bécasseaux, chevaliers, livergins, gravelots, courlis, pies de mer, la variété des limicoles semble infinie. Les migrateurs les plus nombreux, qui sont les chevaliers gambettes appelés « pieds rouges », sont relativement peu farouches et viennent assez bien quand on les siffle. Car à la botte ou à l'affût avec des formes, il est impératif de savoir siffler. Un bon retriever aimant l'eau est souvent plus qu'utile pour retrouver blessés et désailés.

« Les fils de novembre qui nous reviennent en mai »

Jacques Brel, *Le plat pays*

Les limicoles, ces farfadets du bord de mer

Les limicoles sont des échassiers migrateurs. Ayant niché dans les toundras et taïgas de Scandinavie et de Russie, les premiers oiseaux commencent à rejoindre dès juillet leurs quartiers d'hiver en Europe du Sud et de l'Ouest, et en Afrique… On compte environ deux cent seize espèces dans le monde, mais seule une vingtaine de limicoles traversent la France au cours de leur migration d'été et de printemps. Il s'agit essentiellement de chevaliers, vanneaux, barges, courlis, tournepierres, bécasseaux, huîtriers, échasses, avocettes, gravelots, bécassines, etc. La plupart, de passage dans notre région, fréquentent les rivages marins du littoral, ainsi que les marécages et les zones humides de l'intérieur. La fin de l'été est le bon moment pour pouvoir les observer. Les limicoles ont en commun de se nourrir sur les espaces vaseux ou sableux des mers ou des eaux douces. Les marais, les tourbières, les baies, les vasières, les rivages, les lagunes, voire les champs et prairies humides, sont leurs domaines alimentaires. Ils y trouvent les invertébrés dont ils se nourrissent essentiellement : insectes, larves, vers, mollusques et crustacés. La plupart de ces espèces capturent leurs proies en sondant la terre mouillée ou inondée. À cet effet, leurs pattes et leur bec sont relativement longs, de taille variable d'une espèce à l'autre.

Les bords de mer de la Manche et l'Atlantique sont excellents du mois de juillet à novembre par tous les vents d'Est. Le tir sur la plage en plein découvert face à la mer est sans équivoque l'un des tirs les plus difficiles qui existent. Une immense étendue de sable derrière soi, une mer étale devant, font qu'il est impossible de se donner le moindre point de repère pour s'aider à tirer. La difficulté majeure du tir au-dessus de l'eau, vient que l'on ne se rend pas très bien compte des distances, et par conséquent, des corrections à effectuer....

La migration des limicoles

Principalement accompagnés d'un bon vent à tendance à l'est, les premiers passages commencent sur le littoral français autour du 20 juillet. Au 15 septembre, la grosse vague est passée, au 15 octobre, c'est terminé, les limicoles ont majoritairement rejoint leur zone d'hivernage en Espagne et en Afrique. En été, la chasse des limicoles se pratique principalement sur le littoral du domaine maritime et sur les plages du bord de mer. Le retour des limicoles vers leur zone de nidification, surnommés en Picardie « avrillots » (pour avril), s'effectue entre le 15 mars et le 15 mai.

Comment chasser les limicoles

Avant le lever du soleil, avec un peu d'habitude, il est facile de différencier les limicoles grâce à leurs sifflements. Vous devez être impérativement posté à nuit noire, juste quelques instants avant la pique du jour. Lorsque l'aube commence à pointer, en bande ou isolés, vous les apercevrez défiler comme des flèches au raz des vagues, à quelques mètres du sable. Sans abri, si vous vous postez accroupi à quelques mètres du rivage, vous constaterez que la majorité des vols effectuent systématiquement un léger arc de cercle vers le large pour vous contourner. Lorsque la chasse des avrillots était autorisée au printemps, les vents de S.E. apportaient quantité de ces migrateurs. La législation actuelle ne permet plus de chasser à la « remontée » du mois de mai, qui a été une chasse traditionnelle interdite. En domaine maritime, contrairement aux marais de l'intérieur, c'est la passée du matin qui est de loin la meilleure. La remontée des flots un jour de passage au mois d'août peut être grandiose. Accroupi en plein découvert, ou bien dissimulé derrière une buse, avec ou sans hutteau, avec ou sans appeau, la variété des oiseaux que vous découvrez demeure l'un des très grands attraits de cette chasse. En méditerranée, les passages plus tardifs nous arrivent d'une autre ligne de migration. Les étangs salés du bord de la méditerranée compris entre Marseille et Perpignan sont excellents, toujours et encore pendant la passée du matin.

La chasse au hutteau avec des formes

La chasse au « hutteau mobile » se pratique à l'aide d'un caisson transportable ou démontable, en bois ou en toile, que le chasseur installe à marée basse à l'endroit qui lui semble propice. Cette pratique concerne tous les limicoles chassables, mais également les canards. Une fois le caisson à moitié enterré et dissimulé dans le sable, tout l'art consiste, en imitant le sifflement des limicoles, à faire venir les oiseaux dans des blettes fichées dans la vase. Ces formes sont souvent sculptées par le chasseur lui-même. Certains sauvaginiers sont devenus de véritables artistes pour imiter pieds rouges et courlis cendré. Méfiants, ces farfadets hésitent souvent à s'approcher des blettes. Une fois les oiseaux posés, le chasseur tire deux ou trois oiseaux groupés, puis il redouble un dernier à l'envol.

Les limicoles autorisés à la chasse

Avant de se décider à tirer, il est obligatoire de savoir différencier tous les limicoles. Pour un néophyte, le plus simple est de bien apprendre à reconnaître les oiseaux déclarés « chassables » comme chevalier gambette, dit « pieds rouge », chevalier combattant, chevalier arlequin, chevalier aboyeur, pluvier doré, pluvier argenté, bécasseau maubèche, barge à queue noire, huîtrier pie, dite « pie de mer », courlis corlieu, dit « livergin », vanneau huppé, bécassine des marais, bécassine sourde... Au travers de deux arrêtés publiés au Journal officiel le 28 juillet 2021, le ministère de la Transition écologique a suspendu pour une nouvelle saison de chasse soit jusqu'au 30 juillet 2022, la chasse à la Barge à queue noire et au Courlis cendré sur tout le territoire métropolitain.

CHIEN

Le golden retriever

Le Golden connaît depuis un demi-siècle un véritable engouement de la part des chasseurs… et des non-chasseurs. D'un caractère fait de douceur et de gentillesse, calme, en adoration de son maître, il est aussi, dans certaines lignées, un fabuleux chien de rapport à terre et à l'eau.

Sa légende

Il se dit que vers 1858, un jeune noble britannique, sir Marjoribanks, assistait à une représentation de cirque dans la station balnéaire Brighton. Là, il fut impressionné par le numéro réalisé par de grands chiens jaunes provenant soi-disant du Caucase, au point qu'il décida immédiatement d'en acheter deux. Après d'âpres et de longues tractations et en échange d'une somme rondelette, c'est finalement l'ensemble, soit huit chiens et chiennes, qui prirent la route de Guisachan House. Sir Marjoribanks peut alors développer la race des golden retrievers, la fixer, ne faisant appel à de nouveaux chiens importés que pour varier les courants de sang que vers 1880.

Bon ! Personne n'a jamais pu retrouver un spécimen de ces fameux chiens russes, que ce soit en Russie, au Caucase ou même au Tibet. Il n'existe aucune trace de l'existence de tels chiens et cette histoire apparaît à ce jour comme une mystification. D'autre part, les essais de vagues rattachements impliquent une origine proche de chiens de berger, dont le caractère très fort et très gardien de chiens de troupeaux est contradictoire avec celui du golden retriever. Peut-être, d'ailleurs, que cette soi-disant origine russe n'est au départ qu'une erreur de prononciation ou de compréhension.

La vraie genèse

Au 19e siècle, la vague d'activité maritime entre Terre-Neuve et l'Angleterre voit un grand nombre de chiens spécialiste du rapport à l'eau arriver en Grande-Bretagne, au point que certains cynologues concluent que tous les retrievers modernes se seraient développés à partir de chiens importés de Terre-Neuve. Il est vrai qu'au milieu de ce siècle, il y eut différentes lignées de nouveaux retrievers. L'un d'eux était le Wavy Coated Retriever, le premier nom du Flat-Coated Retriever. Et il se dit que les ancêtres du Golden retriever seraient les chiots issus de la portée que Lord Tweedmouth croisa avec un Wavy coated jaune et une femelle « tweed water Spaniel », cette épagneule d'eau, race éteinte aujourd'hui depuis plus d'un siècle. En fait, le Golden Retriever a encore une fois été créé à l'aide d'une multitude de géniteurs, comme le chien d'eau de Saint John, le setter irlandais, le colley, le berger de Shetland et d'autres, un cocktail savant comme seuls savent le faire les Anglais..

Ce chien à l'allure débonnaire est aussi devenu l'un des animaux de compagnie le plus populaire des pays anglo-saxons. Par son caractère exceptionnel doux, le golden retriever a rapidement conquis la planète. Réputés par leur flexibilité et leur douceur comme chiens d'aveugle, quelques sujets issus de chiens de travail sont d'excellents chiens de rapports au marais. Quelques éleveurs aux affixes bien connus du Club s'évertuent à conserver précieusement toutes les qualités exceptionnelles de cet auxiliaire comme retriever de gibier d'eau.

Le golden retriever est présenté en exposition canine pour la première fois en 1909. Son nom, signifiant « rapporteur doré », fait référence à la couleur de son poil ou plus exactement du poil de son pelage qui prend à la lumière l'apparence de fils d'or ou de blanc. Cette race nouvelle, enregistrée en Angleterre en 1913, a été conçue pour être utilisée comme retriever

pour la chasse au gibier d'eau. La race a été reconnue en 1931 comme pure race en Angleterre. En France, quelques sujets sont importés en 1925, mais l'élevage ne démarre qu'après la Seconde Guerre mondiale. Depuis 1990, le golden retriever devient une race extrêmement populaire, les naissances de goldens étant perpétuellement ascendantes pour passer de 7 347 en 2004 à 14 444 en 2021. On estime aujourd'hui la population française des goldens retrievers à près de 60 000 individus.

Ses aptitudes particulières

La chasse au marais exige de la part du chasseur et de son chien une passion sans faille, une parfaite connaissance du gibier, accompagné d'une excellente constitution physique. Lorsqu'elle a lieu par grand froid et plus particulièrement en bord du littoral, la chasse au gibier d'eau est l'une des pratiques la plus difficile qui soit. La recherche et le rapport d'oiseaux désailés comme les fuligules qui se défilent en plongeant sur les grands plans d'eau ou en mer, demande à l'auxiliaire du chasseur des qualités physiques et morales d'exceptions. Souvent, l'obscurité, la glace et le vent viennent fortement compliquer son action. Il est indéniable que le Golden retriever a la réputation non usurpée depuis plus d'une centaine d'années, d'être le grand spécialiste de la chasse au marais. Le Golden adore l'eau, et se baigner est toujours un réel plaisir pour lui… quitte à casser la glace dans un fossé en hiver, lorsque cela lui est nécessaire. Son autre spécificité est qu'il possède un nez d'enfer accompagné d'un très bon « marking », et qu'il rapporte naturellement dès son plus jeune âge. Sinon, rien n'est plus facile que de lui enseigner à rapporter un gibier tombé au milieu d'un étang ou au milieu d'une mer de roseaux. Comme autre particularité, le Golden peut demeurer immobile dans de l'eau glacée pendant très longtemps, sans que cela ne le gêne vraiment. Par contre, avant d'acquérir un labrador ou un Golden retriever, ces deux chiens qui ont subi un trop grand succès auprès des non-chasseurs, et si difficiles à retremper, il est toujours judicieux de faire faire un dépistage de dysplasie, cette maladie génétiquement transmissible.

Groupe 8
Poids : 26 à 34 kg
Hauteur au garrot : 51 à 61 cm

La dysplasie du coude est une cause fréquente de boiterie de la patte avant du jeune Golden retriever. Cette maladie génétiquement transmissible est la cause d'anomalies articulaires responsables de douleurs et de dommages articulaires au niveau du coude. On ne le dira jamais assez. Un chien dysplasique ne doit absolument pas se reproduire…

Description

Le golden retriever est un chien harmonieux, puissant, de constitution robuste à l'expression empreinte de douceur. Sa tête, bien proportionnée, présente un museau large et des oreilles tombantes de taille moyenne. Ses yeux sont de couleur noisette et bien écartés, lui donnant un regard franc et gentil. Son poil est fourni et ondulé, mi-long, avec un épais sous-poil rendant la fourrure imperméable. Sa robe est de couleur beige à crème ou café au lait. Sa queue, portée à hauteur du dos, est de longueur moyenne et jamais recourbée. Le bout de ses pattes est rond, ses griffes de couleur claire. Sa truffe est noire et brillante. En fait, le Golden ressemble énormément à son cousin le labrador avec une fourrure plus longue, mais à l'inverse de ce dernier, les couleurs blanc, noir, chocolat et acajou ne sont pas admises.

LE CYCLE ÉTONNANT DE LA MIGRATION DES OISEAUX

Avril, la migration de retour

C'est au mois d'avril que la plupart des oiseaux migrateurs au long cours nous reviennent d'Afrique, d'Espagne ou du Portugal. Certains, en empruntant des couloirs de migrations qui traversent notre pays, ne font que passer pour rejoindre les Pays scandinaves et baltes pour s'y reproduire. Beaucoup, comme les limicoles, les colombidés et les grues, restent groupés pendant les migrations et se concentrent dans des lieux favorables, tandis que d'autres migrent plutôt seuls et de façon dispersée. Mais c'est aussi le retour des hirondelles, martinets, coucous gris, cailles des blés, des foulques macroules, des sansonnets, des bondrées apivores… Les estuaires jouent un rôle primordial en hébergeant des effectifs importants d'oiseaux d'eau. Pourtant, le réchauffement climatique a déjà entraîné des modifications notables dans le comportement migratoire de certaines espèces. Et il est prévisible que ces changements se poursuivent et même s'accentuent avec des conséquences contrastées. Lorsque les vents sont bien « accrochés » est, sud-est, les passages sont importants et bien plus rapide qu'à la descente.

Bécassine des marais

Migration sans visibilité

Le compas magnétique des oiseaux, présent chez toutes les espèces, semble être le plus utilisé lors de la migration, et il explique notamment leur aptitude à migrer par ciel couvert. Différentes expériences menées avec des oiseaux en cage soumis à différents champs magnétiques et simulant un départ en migration ont montré que les oiseaux adoptaient la direction imposée par le champ magnétique terrestre. On a par exemple constaté que les gobe-mouches noirs changent de direction migratoire lorsque les valeurs du champ magnétique changent. Une expérience amusante fut menée sur des rossignols progné : avant de traverser le Sahara, ces oiseaux, venant de Scandinavie, s'arrêtent en Égypte pour reconstituer leurs réserves de graisse. Avant leur départ en migration, les chercheurs ont capturé et maintenu en captivité deux groupes de rossignols progné, l'un soumis artificiellement au champ magnétique égyptien, l'autre au champ magnétique suédois. Les chercheurs ont constaté que les oiseaux du premier groupe constituaient des réserves de graisse significativement plus importantes que ceux du deuxième groupe.

Les espèces se suivent et se ressemblent

Les populations ou espèces chez lesquelles seule une partie des individus effectue une migration, ou dont le renouvellement (les oiseaux du nord remplaçant ceux du sud) donne l'impression d'une présence continue tout au long de l'année, sont dites migratrices partielles. Il s'agit généralement d'espèces migratrices, petit ou moyen-courrier. Très peu d'espèces migratrices au long cours rentrent également dans la catégorie des espèces migratrices partielles. On peut néanmoins citer l'exemple de la gorge bleue à miroir, dont les populations scandinaves effectuent de très grandes migrations de cinq mille kilomètres, alors que ceux de l'ouest de la France hivernent en général

Le mergule nain

Le mergule nain est un petit pingouin trapu des eaux nordiques. Son cycle biologique se déroule majoritairement en haute mer. Seule la reproduction le contraint à se rendre sur la terre ferme. Le mergule, qui est grégaire, niche en vastes colonies sur les côtes insulaires ou continentales : Groenland, Spitzberg, Islande, Nouvelle-Zemble, nord de la Scandinavie… Ces deux premières îles arctiques abritent plusieurs millions d'individus. Le mergule nain nidifie dans des cavités, sur des pentes escarpées. La femelle dépose un seul œuf sur la roche nue ou sur des cailloux. L'incubation dure environ 28 à 31 jours. Les parents nourrissent le poussin qui quitte le nid à l'âge de 26 à 30 jours. Des bandes viennent hiverner chaque année en mer du Nord et dans le golfe de Gascogne. Le mergule nain plonge sous l'eau pour capturer ses proies. Il nage avec ses ailes et cherche sa nourriture sous la surface. Quand il est menacé ou excité, le mergule nain dresse la tête. Le temps venteux et les ouragans de l'automne peuvent pousser beaucoup de ces oiseaux à l'intérieur des terres. Le mergule nain est doté d'ailes courtes, propices à la nage, mais moins au vol, ce qui l'oblige, pour se déplacer dans les airs, à battre des ailes rapidement, ce qui lui donne une allure typique. Le régime alimentaire de ce petit Alcidé est essentiellement basé sur les crustacés planctoniques. Il consomme également des petits poissons, des vers, et des mollusques.

à moins de mille kilomètres de leur lieu de nidification et qu'une partie des oiseaux espagnols est sédentaire. Et puis le comportement migratoire varie selon les populations. On distingue alors la migration en boucle où les populations septentrionales migrent, mais pas les plus méridionales, et la migration en chaîne : les hivernants nordiques remplacent les nicheurs locaux, eux-mêmes partis hiverner plus au sud, ce qui donne l'impression d'une présence continue de l'espèce tout au long de l'année.

Certains oiseaux ont un « drôle » de cœur

Au cours de leurs déplacements, certains oiseaux ont été observés à des altitudes très élevées. Comme ce vautour de Rupel, qui a percuté un avion à plus de 11 200 mètres en Côte d'Ivoire. L'oie à tête barrée, elle, traverse l'Himalaya à plus de 10 000 mètres. Des cygnes ont été signalés à 8 500 mètres. Toutes ces espèces sont pourvues pour pouvoir effectuer des changements rapides d'altitude : elles possèdent plusieurs types d'hémoglobines utilisées en fonction de leur élévation. Plusieurs adaptations à ces hauteurs élevées protègent les migrateurs des risques d'hypoxie (déficience en oxygène), d'hypocapnie (déficience en dioxyde de carbone) et d'alcalose (chute de la concentration en hydrogène dans le sang). Elles résident dans la forme de l'appareil respiratoire, qui a une efficacité beaucoup plus élevée que celle des mammifères. Le cœur est également deux fois plus grand que celui des mammifères de même taille, et la constriction des vaisseaux sanguins cérébraux n'a, pour des raisons encore inconnues, jamais lieu chez les oiseaux.

Le retour des passereaux migrateurs

C'est au cours du mois d'avril que la plupart des passereaux migrateurs au long cours nous reviennent d'Afrique : Turdidés, rouges-queues à front blanc, Tariers des prés, bergeronnettes printanières, pouillots fitis, rossignols, fauvettes des jardins, grisette et babillarde, rousserolles effarvattes, etc. Ces hôtes saisonniers vont rester en France, plusieurs mois, mais ce sont les toutes premières semaines qui sont les plus propices à leur observation. En vue de leur reproduction, les passereaux commencent à se cantonner sur un territoire plus ou moins vaste. Une fois choisi, celui-ci est jalousement revendiqué à ses congénères, voire envers d'autres espèces ayant le même régime alimentaire et évoluant dans le même milieu. Cette appropriation se manifeste en premier lieu par le chant du mâle, chant qui suffit, en principe, à dissuader les concurrents. Ces chants insistants, audibles surtout le matin et le soir, sont le meilleur moyen de les identifier.

Que se passe-t-il chez les oiseaux en avril ?

La migration prénuptiale…

Le terme de migration prénuptiale désigne la migration de retour, c'est-à-dire le déplacement annuel orienté vers la zone de reproduction, qui précède la période de nidification. Chaque espèce a sa propre période de migration prénuptiale qui peut s'étendre sur plusieurs semaines. Par contre, toutes ont un pic de migration. L'itinéraire du voyage de retour peut-être complètement différent entre l'aller et le retour. Le champion, c'est le pluvier doré de l'Alaska qui effectue une boucle qui lui fait parcourir plus de 20 000 kilomètres par an, pour bénéficier successivement des étés boréal et austral. Né dans l'Alaska ou dans l'est de la Sibérie, cet oiseau au parcours surprenant regagne à l'automne la Nouvelle-Zélande et l'Australie. Chaque année, les dates de début des périodes migratoires des remontées sont de natures variables entre les différentes espèces (précoces ou tardives). Par contre, elles sont largement tributaires des conditions météorologiques du moment, comme printemps avancés ou vagues de froid intense comme la célèbre de février 1956…

En avril, la vague migratoire prénuptiale atteint son pic. Certaines espèces ne font que passer pour rejoindre les Pays scandinaves et baltes pour s'y reproduire. Si la plupart des oiseaux se déplacent seuls, comme le coucou et la bécasse, certains migrent en groupes comme les limicoles ou les hirondelles, ce qui offre plusieurs avantages, comme une protection accrue contre les prédateurs, particulièrement pour ceux qui voyagent de jour. Les oiseaux expérimentés servent de guides, notamment chez les oies et les grues. C'est aussi le retour des barges, des hirondelles, du pouillot fitis, du rossignol Philomèle, de la bergeronnette printanière, du faucon hobereau, des fauvettes, du pipit des arbres, du pouillot siffleur, du rouge-queue à front blanc, de la rousserolle effarvatte, du gobe-mouche gris, du martinet noir, de la tourterelle des bois… Certaines espèces parcourent jusqu'à 1 500 km par jour sans escale. L'hirondelle de cheminée, qui parcourt jusqu'à 10 000 km chaque année, fait figure de championne. D'autres, comme le traquet motteux, qui migre depuis l'Alaska jusqu'en Afrique, ou bien encore le pouillot boréal qui quitte la Laponie pour le Sud-est asiatique, sont de grands voyageurs.

des limicoles

Avril, c'est la grande vague du retour des limicoles. Barges, bécasseaux, gravelots, courlis. Tous les mâles affichent leur plumage nuptial, mais le plus étonnant est le chevalier combattant qui arbore une grande collerette avec, sur les côtés de la tête, des touffes de plumes érectiles de toutes les couleurs. Polygames, les mâles paradent et se livrent des combats fictifs dans le but de séduire des femelles. Seuls le vanneau huppé, le petit gravelot, le chevalier guignette et le courlis cendré nidifient en petit nombre en France.

Chevalier combattant

des anatidés

La majorité des canards ont déjà rejoint leur site de nidification, certains canetons de colverts ont même déjà vu le jour. Restent à la traîne, sarcelles d'été et souchets, parfois pilets, qui marquent une nette préférence pour les prairies inondées, et bords d'étangs.

des passereaux

Les passereaux voyagent par étapes d'environ trois cents kilomètres par jour. Un grand nombre d'oiseaux peuvent ainsi se retrouver un jour en transit au même endroit. L'arrivée soudaine de milliers d'oiseaux offre un spectacle inoubliable.

des rapaces

Tributaire des conditions météorologiques, le bon déroulement de la migration définit le succès de la reproduction des rapaces migrateurs. La date d'arrivée sur le site de nidification semble déterminer la faculté de nicher ou non chez de nombreuses espèces. Ceci est particulièrement avéré lorsque les deux partenaires arrivent trop tard, car un retour trop tardif peut empêcher la ponte.

Les vents

Les vents d'est et de sud-est, accompagnés d'un temps doux et humide sont les plus favorables à la remontée. Mais en cas d'absence de ces bons vents, la migration de retour reste quand même toujours intense en avril.

des grues

Théoriquement, les grues seraient capables de traverser la France dans la journée. Cependant, au contraire du vol plané des cigognes et milans, le vol battu que pratiquent ces oiseaux est un grand consommateur d'énergie. Ce qui fait que les grues doivent interrompre leur trajet migratoire par des haltes plus ou moins durables pendant lesquelles elles reconstituent leurs réserves énergétiques.

des martins-pêcheurs

La parade nuptiale du martin-pêcheur comporte de bruyantes poursuites aériennes. Les deux partenaires volent tantôt au ras de la surface de l'eau, tantôt au-dessus de la cime des arbres. Elle se conclut par le rituel de l'offrande du mâle qui s'aplatit devant la femelle, ailes pendantes, en lui proposant un petit poisson tourné la tête la première.

Le site d'observation des oiseaux migrateurs de Pierre-Aiguille

Sur le site d'observation de Pierre-Aiguille (altitude : 336 mètres) qui est situé sur la colline de l'Hermitage qui surplombe les villes de Tain-l'Hermitage et Tournon-sur-Rhône, les passionnés des rapaces peuvent observer la remontée des faucons hobereaux, des balbuzards pêcheurs, des Circaètes Jean-le-blanc, des Busards Saint-Martin, des Busards cendrés, des éperviers d'Europe, des faucons émerillons et des faucons pèlerins. Le site de Pierre-Aiguille se trouve à un emplacement privilégié puisqu'il se situe à la confluence de deux voies de migration, celle des oiseaux longeant le Rhône et celle des oiseaux provenant du sud-ouest du pays, qui traversent les terres. Le principal intérêt du site de Pierre-Aiguille réside dans la grande diversité des espèces spectaculaires qui peuvent être observées : des oiseaux d'eau aux passereaux, des rapaces aux pigeons, sans oublier les cigognes, grues et martinets… Ce sont, au total, cent trente-cinq espèces qui ont été identifiées sur le site depuis le début des suivis. Si chaque groupe d'espèce n'est pas représenté de manière égale, la migration de certains est très spectaculaire.

Pluvier doré

Sans l'atroce douleur
qui vient cinq ans après,
je ne voudrais chanter
que la chasse au marais.

Tablette de Saint-Hubert

Aventures et émotions de chasse

NEMROD ET COMPAGNIE - 1949 par Albert Muret

Beaucoup de chasseurs sont esclaves d'une manie et se gâchent ainsi leur plaisir. Il y a le spécialiste du tir, qui soigne sa réputation de « grand fusil » ; il tient sa comptabilité : cartouches tirées, pièces de gibier, coups manqués. Quand il a une bonne moyenne, voici qu'il n'ose plus tirer dans la crainte de la gâter. Un autre maniaque est l'amateur de chien de race. Pour lui, le chien prime tout. Il s'extasie sur son galop, sur ses arrêts foudroyants. Il a son pedigree en poche, avec le permis. Il en oublie le gibier et chasserait avec un fusil en bois. Mais il y a aussi le détracteur du pur-sang. Il ne veut que des corniauds et trimballe d'affreux bâtards, des roquets apatrides, en affirmant que son toutou est le plus beau, le meilleur, l'unique. Son cynisme est d'ailleurs souvent récompensé. Sa façon de chasser est dénuée de style, mais il fait du gibier. Pour lui, toute la campagne est pays conquis. Le mieux est de le saluer, de lui souhaiter poliment bonne chasse (il déteste cela !) et de porter ses pas ailleurs. Et puis voici encore le fanfaron, le vantard, pour qui le cœur d'une partie de chasse, son amande savoureuse, se place à l'auberge, où, le verre à la main, il raconte ses exploits. Enfin, n'oublions pas le goinfre ; tout suant et la lèvre humide, il pelote son gibier, ne parle que sauces, salmis et croûtons. Qu'il tire un lièvre, il ramasse un civet. Il me semble qu'une harmonieuse partie de chasse doit décrire comme un cercle parfait, commençant à l'aube d'une belle journée d'automne, quand le chasseur sort de chez lui, siffle son chien, part avec lui à l'aventure et se bouclant le soir, quand il rentre, recru de saine fatigue, le sang tonifié et l'esprit rafraîchi.

MAI
2023

Mai

Du côté des livres

LES CHASSES À LA BÉCASSE

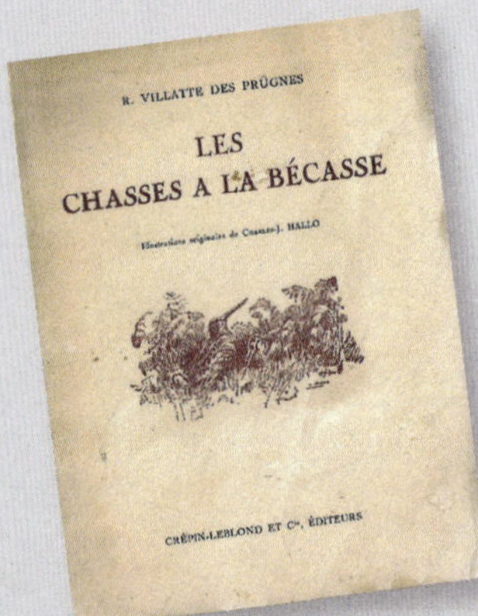
R. VILLATTE DES PRÜGNES

LES CHASSES A LA BÉCASSE

CRÉPIN-LEBLOND ET Cie, ÉDITEURS

Par Villatte des Prugnes - 1951

R. Villatte des Prugne est un conteur-chasseur. Passionné de chasse à la bécasse au chien d'arrêt, l'auteur décrit avec humour dans son ouvrage comment s'équiper, le choix du chien et ses qualités, accompagnés des portraits, mœurs, reproductions et migrations de la mordorée.

« C'est une erreur très répandue dans le monde des chasseurs, de croire qu'on peut entrer au bois sans compromettre sa blanche peau et son fond de culotte. Non, pour chasser au bois il n'est pas indispensable de se mettre la figure en sang et les habits en lambeaux, et si, parfois, on est engagé par l'ardeur de la poursuite dans un passage un peu difficile, on en sort toujours sans autre mal que d'insignifiantes égratignures. En principe, c'est une faute de pénétrer soi-même au fourré, c'est le chien qui doit faire ce travail. Car je ne vois pas quel avantage peut trouver le chasseur à s'embarquer dans un fouillis de branches et de ronces, au milieu desquelles, si le gibier partait, il lui serait impossible de se mouvoir ou de tirer. Il n'est qu'un cas où il semble qu'il faut avancer, malgré tous les obstacles, c'est pour aller à l'arrêt du chien, et encore le plus souvent est-il possible de tourner la difficulté, car il n'est pas de fouillis, si impénétrable, qui n'ait des limites. On en fait le tour quand on ne veut s'engager dans une coulée trop encadrée de piquants. »

Lun.	Mar.
1 Fête du Travail	2 Boris
8 Armistice 1945	9 Pacôme
15 Denise	16 Honoré
22 Émile	23 Didier
29 Aymar	30 Ferdinand

Mer.	Jeu.	Ven.	Sam.	Dim.
3 Philippe-Jacques	4 Sylvain	5 Judith	6 Prudence	7 Gisèle
10 Solange	11 Estelle	12 Achille	13 Rolande	14 Mathias
17 Pascal	18 Éric	19 Yves	20 Bernardin	21 Constantin
24 Donatien	25 Sophie	26 Béranger	27 Augustin	28 Germain
31 Visitation				

notes

Figaro, un fameux chien de lièvre

Étant jeune, en plus de mes nombreuses pratiques de chasse, j'ai également été passionné par la courre du lièvre. Je disposais alors de deux jeunes chiennes beagles en apprentissage, et de jarrets bien plus lestes qu'à présent.

À cette époque, j'adorais courir derrière quelques chiens courants en Picardie, chez Pierre Langlois, un autre passionné de vénerie. Mon ami, qui avait le culte des chiens d'ordre, chassait modestement au fusil, accompagné de sa fille Louise qui lui servait de piqueur. Bon ! Je dois aussi avouer que Louise, avec ses dix-huit ans, était mince, blonde et très séduisante. En ces années particulières des prémices de mai 68, nous vivions une relation amoureuse basée sur le respect de la liberté de l'autre, liberté qui nous convenait parfaitement bien à tous les deux.

Pierre, qui chassait à pied le lièvre et le renard, connaissait les chiens courants à la perfection, tout en ayant une préférence pour le type Gascon saintongeais. L'oreille d'un pur-sang de race saintongeaise ou gasconne était pour lui tout un monde. Les chiens de Pierre, de race complètement hétéroclites avaient tous du caractère, au point de vue esthétique s'entend, mais aussi au point de vue moral. La plupart étaient en fait des « réformés » offerts par des équipages amis. Leur taille était souvent variable, de même que leur physionomie. Chacun avait sa manière de chasser… Le plus beau de tous, Voltigeur, un Gascon de rêve, était coiffé d'oreilles de soie. Sa voix semblait partir du centre de la Terre, mais ce chien était d'une timidité folle ou d'un dédain supérieur. En vérité, il était préférable de ne pas trop compter sur lui à la chasse.

Je ne me souviens pas d'où venait Figaro. Pierre ne me l'a peut-être pas dit, ou bien je l'ai oublié. Figaro était classable dans la catégorie des briquets. Il avait une grande tête noblement sculptée, l'oreille un peu plate bien attachée, avec une pointe occipitale très développée. Ce chien possédait un grand fouet qu'il portait superbement. Son manteau était fauve rougeâtre un peu rembruni sur le dos, avec du blanc au museau et aux membres. Toute sa physionomie indiquait l'origine du Poitou. En vérité, Figaro était un chien magnifique aux grandes lignes. Assez âgé à l'époque où je l'ai connu, ne pouvant plus suivre en meute, Pierre le réservait pour les évènements inaccoutumés comme rapprocher un renard ou un lièvre lorsqu'il faisait très sec ou trop pluvieux, où cet artiste œuvrait de manière exceptionnelle. À le regarder faire dans ce genre de situation, ce limier avait l'air d'un magicien, capable de faire naître à sa convenance un « bossu » à tel ou tel point. Mais là où Figaro excellait, c'était pour relever un défaut.

Lorsqu'il descendait du camion, Figaro donnait l'impression d'un gentleman invité qui veut faire profiter ses confrères de son expérience. Dans sa façon d'être, on se rendait bien compte qu'il faisait partie des chasseurs et non de la meute.

Figaro nous donna un jour une leçon dont je me souviens encore…

Comme à son habitude, Figaro, après un rapprocher sans faute, avait lancé son lièvre, lièvre dont la voie toute chaude avait été reprise à pleine gorge par notre petite meute. Après une vingtaine de minutes de chasse extrêmement rapide, comme cela se produit souvent, nos chiens en défaut tournaient en rond, tout en poussant des petits coups de gueule rageurs.

Impatient et ingénu, je demandais à Pierre la permission de faire requêter mes deux chiennes, en lui affirmant : « Notre lièvre, je le vois très bien rendu là-bas, dans ce boqueteau de chênes clairs et de genévriers. Allons-y, tu vas voir, nous allons lui marcher sur la queue ! » Effectivement, à peine arrivée sur place, « Sublime », l'une de mes jeunes chiennes donna immédiatement de la voix. « Voilà le défaut relevé ! », pensais-je, tout content. Hélas ! non. Sublime était tombée sur le pied d'un lapin qui rentra d'un bond au trou, me laissant tout songeur et vexé. Par la suite, Pierre, Jeannette et ses chiens d'une part, mes deux chiennes et moi d'autre part, ne parvinrent jamais à relancer ce lièvre au comportement démoniaque.

Et que faisait donc Figaro pendant tout ce temps ?

Figaro, en parfait gentleman, se disait : « Ce monsieur, avec ses deux chiens que je ne connais pas, doit être plus fort que moi en matière de Vénerie. Laissons-le faire ! »

Pierre, pour que la chasse reprenne, essaya bien de le motiver, mais rien n'y fit ! Sous son regard amusé, tout en encourageant nos chiens de la voix, Figaro nous regardait avec une sorte de dédain.

Pourtant, l'oreillard était bien là, tapi, et nous étions incapables de le relancer.

Les provisions que nous avions apportées dans nos carniers nous parurent à ce moment, devoir peser beaucoup moins dans nos estomacs qu'à nos épaules. Nous nous assîmes tous pêle-mêle, pour partager à la bonne franquette saucissons, rillettes, fromages, pain, sans oublier le contenu d'une gourde remplie d'un petit vin bien charpenté, constatant une fois de plus que c'est par les jarrets que prend le meilleur des apéritifs. Plus tard, tout allait beaucoup mieux pour tout le monde.

– Bon, nous dit Pierre ! Ce lièvre ne s'est pas transformé en lapin. Il faut bien qu'il soit passé quelque part. Voyons, toi, Figaro, qu'en penses-tu ?

Figaro, interpellé avec la considération que méritait son « savoir-faire », s'allongea, bailla, poussa un petit grognement, puis, tout gaillard, humant l'air, s'en alla en trottinant à quelques pas de nous, du côté opposé à celui que nous avions arpenté mes deux chiennes et moi. Dans les minutes qui suivirent, accompagné de deux longs coups de gueule, le lièvre était relancé. Par la suite, Figaro, comme à son habitude, se désintéressa de la menée de notre petite meute… Pourtant, celle-ci fut belle et se prolongea. Pierre était trop veneur pour ne pas avoir envie de prendre, car, à vrai dire, il prenait parfois. Mais le temps passait. Ce lièvre, qu'il craignait de laisser filer, vint à lui passer à belle portée. Pierre tira à l'instant même où l'animal crochetait. Un arbre reçut le coup de fusil. À partir de là, rien n'alla plus. Les chiens, comme je l'ai constaté moult fois, se trouvèrent désemparés et ne firent plus rien de bon. La journée s'avançait… Le seul, qui aurait pu démêler la voie du rouquin estimait qu'il en avait déjà bien trop fait. Ou bien peut-être dans sa tête de chien-sage, pensait-il que ce lièvre s'était bien défendu, et qu'il méritait qu'on le laisse tranquille. Cette fois-là, nous rentrâmes bredouilles, mais nullement mécontents de notre journée.

– « Tu vois, Alain, me dit Pierre en cheminant, Figaro est particulier de construction. Franchement, trouves-tu que c'est un chien ordinaire ? »

Figaro est mort depuis longtemps.

Les circonstances de la vie ont voulu que je sois séparé de Pierre et de Louise, ce que je regrette vraiment…

Pourtant, combien je serais heureux de revoir Pierre pour qu'il me parle encore des particularités de ses chiens courants. Je sais bien que sa barbe aura blanchi, mais je me tiens assuré de la jeunesse de ses souvenirs.

Nos différentes pratiques de chasse

La vénerie du lièvre

La vénerie du lièvre se pratique à pied, ou plutôt en courant, ce qui demande aux veneurs de lièvre de posséder une condition physique optimale pour ne pas se laisser distancer. Forcer un lièvre à courre est loin d'être une chasse facile, car le lièvre une fois lancé attend rarement, même s'il trouve souvent un prétexte pour revenir à son lancer. Pour les équipages spécialisés, la bredouille est monnaie courante et les prises relèvent de l'exception, car les meutes, malgré de nombreuses sorties au cours de chaque saison, ne font que quelques prises par an. Il s'agit indéniablement de la chasse la plus « écologique » qui soit. Les chiens demeurent les véritables acteurs chargés de prendre le lièvre, lequel, par sa voie légère et ses ruses sophistiquées, a souvent la vie sauve. Pour les veneurs, si la bredouille est fréquente, cela n'a aucune importance, car seul l'acte de chasse compte. Contrairement à la chasse à tir, un lièvre peut passer plusieurs fois à portée du chasseur sans courir le moindre risque de prendre un coup de fusil, car à courre, ce sont les chiens qui prennent, ce qu'ils arrivent à faire de temps à autre afin que l'instinct de capture reste intact.

> *En petite vénerie, contrairement à la grande, il n'est pas question de détourner le lièvre ni d'user de relais. La particularité de cet animal de chasse est de laisser une odeur légère derrière lui, qui devient un peu refroidie, difficilement perceptible pour les chiens, ce qui accentue la difficulté. Chasse faite toute de finesse, voie persistante, mais très aérienne, on foule au bois ou en plaine. Le lièvre ne fait jamais change. Si deux lièvres fuient de concert, c'est fortuitement, et rapidement, ils ne tardent pas à se séparer.*

Des ruses à ne plus finir

Un lièvre ne poursuivit pas les chiens, il met en œuvre des ruses démoniaques. D'abord, il est rapide et assez résistant, mais surtout, il n'a pas son pareil pour mettre ses poursuivants en défaut. Le lièvre a tendance à randonner, c'est-à-dire à se remettre à son point de lancer. Il est très rusé, trace des crochets, des hourvaris. Il peut doubler sa voie et même davantage, jusqu'à dessiner un écheveau inextricable où les meilleurs chiens vont se perdre. Il emprunte régulièrement les routes et rares sont les chiens capables de percevoir son odeur sur le gravier et le bitume. Il passe parmi les bovins, qui ne manqueront pas de venir perturber les chiens lorsqu'ils voudront passer à leur tour. On n'en finirait pas de relater des anecdotes plus surprenantes les unes que les autres sur les ruses de cet animal. Il y a celle du lièvre sautant pour s'y cacher dans une barque à l'attache sur une rivière, celle de tel autre se réfugiant dans une étable sous une mangeoire à bestiaux, la capucin grimpeur montant en haut d'une souche, ou bien encore le nageur, qui n'hésitera pas à traverser un étang ou une rivière… Les inventions du lièvre sont d'une fantaisie diabolique, il prend l'eau, gîte dans un îlot, grimpe sur une tête de saule, se cache sous la rive, sur ses fins, portant queue et oreilles basses, il se gîte une dernière fois, cherchant un trou de lapin, une garenne de blaireau, un arbre creux, une grange. Lorsqu'ils arrivent à coller jusqu'au bout sa voie, les chiens le relancent et le prennent en quelques foulées. En outre, son odeur s'estompe avec sa fatigue et, en fin de chasse, on ne compte plus les lièvres tapis et immobiles, laissant passer et quêter les chiens à quelques dizaines de centimètres seulement sans se faire découvrir, et sauvant ainsi leur vie.

Un fabuleux rapprocher

Quand les lièvres sont peu nombreux sur un territoire, le piqueur essaie de trouver une voie de lièvre de la nuit en laissant rapprocher ses chiens. Certains au nez très fin sont redoutables dans cette pratique, et après un parcours sinueux, vont lancer leur oreillard sans balancer. Ces rapprochers sont déjà un moment privilégié pour le piqueur. Lorsque les lièvres sont abondants, les « suiveurs » marchent en ligne pour lancer un bouquin. Dès qu'un lièvre bondit de son gîte, les chiens prennent la voie et crient à pleine gorge. La chasse se déroule généralement dans la plaine et le bocage, avec tout ce que cela suppose de clôtures, de barrières et d'obstacles divers. Dès cet instant, les veneurs, principalement à pied, doivent faire preuve d'une condition physique certaine, pour ne pas se laisser distancer.

Quels chiens sont les mieux appropriés à cette pratique ?

Il est inutile de mettre au lièvre de grands chiens poitevins ou saintongeais. Pour forcer un lièvre, six à douze chiens conviennent, mais de haut nez. Les équipages de petite vénerie sont majoritairement composés de beagles-harrier, d'Ariégeois, de briquets, d'anglo-français, de porcelaines, de Billy... Les chiens en meute doivent être fins de nez et rapides. Les chiens trop lents auront la difficulté de prendre un lièvre qui gardera toujours une longueur d'avance sur eux. Quant aux veneurs qui suivent la chasse à pied, ils doivent posséder des qualités de sportifs et être en super forme, car il leur faudra courir sur de longues distances avant que le lièvre soit épuisé. Le veneur doit être présent quand les chiens sont en défaut. Il doit les appuyer pour les remettre sur la bonne voie de l'animal qui est chassé. Sans oublier l'aide parfois précieuse des spectateurs qui suivent la chasse et qui, depuis les chemins ou des postes d'observation élevés, vont informer le maître d'équipage sur la vue par corps de l'oreillard. Il est important pour le piqueur de suivre les chiens à courte distance, et surtout de ne pas les devancer. Véritable parcours du combattant aux allures de marathon, la petite vénerie du lièvre ne souffre d'aucune médiocrité. C'est une chasse loyale passionnante où le lièvre confronté à la meute conserve toutes ses chances de s'échapper.

La curée

Comme pour les autres animaux de vénerie, après la prise d'un lièvre, on fait une curée. Là, on lève et offre le pied droit, puis on écorche l'animal dont la viande est donnée aux chiens. Le piqueur aura soin de donner un morceau de bonne part à chacun des chiens séparément, en les appelant par leur nom, pour que les chiens craintifs aient leur part. On leur laissera faire curée ensemble sur ce qui reste du lièvre. Le piqueur prévoit généralement du pain pour le tremper dans le sang du lièvre et ainsi allonger la curée des chiens. Dans la même journée, en cas de réussite, on peut attaquer un deuxième lièvre.

CHIEN

Le basset fauve de Bretagne

Comme son nom l'indique, le basset fauve de Bretagne est originaire de Bretagne. C'est un chien de type basset, à la robe fauve unicolore. Très apprécié comme chien courant au 19e siècle dans sa région d'origine, cet auxiliaire compagnonnable aux multiples qualités de lanceur a acquis une renommée nationale à la fin du 20e siècle.

Son histoire

Le basset fauve de Bretagne serait le descendant de ce grand chien mythique aujourd'hui disparu, le grand fauve de Bretagne, transformé depuis en Griffon Fauve de Bretagne. Ce petit chien courant connut un engouement au milieu du 19e siècle. Les chasseurs de gibiers à poil appréciant ses qualités, son entrain et sa gentillesse. La race connaît alors une forte croissance en Bretagne, et en Normandie. Comme avec la plupart de nos chiens de chasse, la race décline fortement au cours de la Seconde Guerre mondiale et manque même de disparaître une fois la paix revenue. Heureusement, Marcel Paumbrun, un passionné inconditionnel de ce basset, parvient à sauvegarder puis à remonter sa population. En faisant saillir ses quelques femelles acquises au prix de grandes difficultés par des teckels à poils durs et des bassets vendéens, l'éleveur réussit à régénérer en quelques années la race qui était au bord de l'extinction. Le club du fauve de Bretagne est créé en 1949. Les passionnés, séduits par ce petit chien courant aux multiples qualités, se réunissent régulièrement en proposant des échanges de géniteurs, afin d'échapper à une trop forte consanguinité. La Fédération Cynologique internationale reconnaît de manière définitive la race officielle de Basset fauve de Bretagne en 1962. La race connaîtra ensuite un regain d'intérêt considérable qui dépassera largement la région armoricaine. On dénombre actuellement environ douze mille membres sur le territoire national, ce qui en fait le plus populaire des bassets français. Très peu connu hors de France, c'est d'ailleurs un chien de race typiquement français puisqu'il n'a jamais réellement franchi les frontières de l'Hexagone.

Ses qualités de chasseur

Le basset fauve de Bretagne est un chien courant très efficace pour la chasse du gibier à poil, et plus particulièrement pour celle du lapin, qui peut être utilisé en solitaire ou en meute. C'est un chien très fin de nez, malin et opiniâtre. Sa rusticité et son poil rêche lui permettent de s'aventurer sans problème dans les fourrés les plus sales pour y débusquer et poursuivre son gibier : il s'adapte à tous les territoires, même les plus difficiles. Sa sociabilité et sa faculté d'adaptation en font le complice idéal, aussi bien de l'utilisateur d'une meute vivant en chenil que du chasseur solitaire qui pourra sans problème vivre avec en appartement, à condition de le faire courir une à deux fois par jour.

Son physique

La silhouette ramassée et vive du basset fauve de Bretagne est assez remarquable. C'est un petit chien rustique qui possède une structure de basset classique, avec un dos raisonnablement long. Cette configuration lui permet de se déplacer avec agilité sur tous les terrains, y compris les plus broussailleux. Les pattes sont droites ou légèrement arquées. Avec un stop plus marqué que chez le Griffon fauve son ancêtre, il présente un crâne assez allongé et protubérant. Le museau effilé s'achève sur une truffe noire ou marron aux narines bien ouvertes. Les oreilles en pointes sont pliées vers l'avant et recouvertes d'un poil plus court et fin que sur le reste du corps. Le corps est très musclé et large, du cou aux reins, avec un affinement au niveau du ventre. Quant à la queue, elle est orientée vers le bas et légèrement recourbée. Large à la base, elle s'effile légèrement vers l'extrémité. Comme son nom l'indique, le basset fauve de Bretagne est de couleur fauve. Cela signifie que la robe doit être monochrome. Cependant, le standard accepte quelques poils noirs épars sur le dos et une tache blanche en étoile sur la poitrine, bien qu'elle ne soit pas recherchée. Les nuances acceptées pour la robe vont du froment doré au rouge brique. Sa robe fauve uniforme varie du rouge vif au froment doré. Sa tête est allongée, ses yeux vifs, sa truffe noire. Ses oreilles, légèrement tournées et de longueur moyenne, sont recouvertes d'un poil ras et fin.

Éducation

Le basset fauve de Bretagne est une race de chien très facile à élever. De tempérament vif et généreux, son éducation ne pose aucun problème particulier. Il suffit de lui inculquer dès son acquisition, vers l'âge de huit semaines, quelques notions d'obéissance qui feront du fauve de Bretagne un chien « compagnonnable » rapidement. À la chasse, l'apprentissage progressif sur le terrain se fera tôt, un basset fauve de Bretagne doit commencer à chasser avant un an. Ce chien surdoué peut être utilisé avec succès pour la recherche au sang.

Groupe 6
Poids : Entre 14 kg et 16 kg
Hauteur au garrot : 32 à 38 cm

Ce basset, qui a conservé de ses ancêtres ténacité et le goût de la chasse, le fait particulièrement apprécier sur ces terrains très difficiles ainsi que dans les landes inextricables. Sa petite taille et la nature de son poil rêche et dur, lui permettent de passer là, où beaucoup d'autres rechigneraient à chasser.

Comportement

Mordant en action de chasse, le basset fauve de Bretagne ne pose aucun problème de comportement, tant avec l'homme qu'avec ses congénères. Très facile à élever, une éducation de base ne pose aucun problème particulier, mais elle demande à être réalisée dès le plus jeune âge. À la chasse, l'apprentissage progressif sur le terrain doit commencer après six mois. En groupe, le basset fauve de Bretagne est sociable. Les conflits entre chiens sont généralement exceptionnels. Très chasseur, fin de nez, bien gorgé, chassant en chien d'ordre, ce basset un peu indépendant désigné pour tout gibier, est un bon lanceur et un meneur très courageux. Connu, avant d'être classé officiellement sous le nom « basset à lapin », le basset fauve de Bretagne est appelé à un grand avenir, étant aussi doué pour la chasse du lièvre. Le Club compte aujourd'hui des milliers d'inscrits au LOF, faisant du basset fauve de Bretagne la première race en nombre de bassets courants français.

LE CYCLE ÉTONNANT DE LA MIGRATION DES OISEAUX

Mai, arrivée des oiseaux dans leur zone de reproduction

En mai, la migration est terminée pour les anatidés, fuligules et anséridés, tellement pressés de se reproduire dans leur zone de nidification. Par contre, elle bat son plein pour les tourterelles des bois, les goélands bruns, les hirondelles de rivage et rousselines, les pipits des arbres, les farlouses, les chardonnerets, les linottes, les spatules, les éperviers, les faucons crécerelles, les faucons pèlerins, les sternes Caspienne.. Pendant une grande partie du mois de mai, ce sont plus particulièrement des dizaines de milliers de martinets noirs, d'hirondelles rustiques et de fenêtres qui nous arrivent d'Afrique pour nidifier de l'Espagne jusqu'aux pays nordiques. Sans surprise, ce sont les vents de sud-est légèrement humides qui sont de loin les plus favorables…

La prise d'un territoire

À peine revenus de leurs quartiers hiver, les mâles sédentaires migrateurs commencent sans tarder à choisir, occuper ou parfois réoccuper un territoire propice. Celui-ci doit offrir la possibilité de nourrir parents et jeunes, ainsi que de construire et placer le nid selon les exigences de l'espèce. Il faut la présence de conifères au roitelet huppé, des berges de terre érodée au martin-pêcheur, des forêts de grands arbres à la bondrée apivore, de la boue aux hirondelles. La dimension du territoire nuptial est très variable d'une espèce à l'autre. Il va de quelques ares pour la rousserolle effarvatte, un hectare pour le rouge-queue à front blanc et jusqu'à cinq cents hectares pour l'épervier.

Le changement climatique

Le changement climatique est un facteur qui risque de bouleverser les cycles de migration. En analysant les reprises des oiseaux bagués et les tableaux des chasseurs, la tendance moyenne sur les vingt-cinq dernières années donne une diminution de la fréquence de visite des migrateurs, ainsi qu'une diminution de la distance séparant le lieu de naissance et le lieu d'hivernage, ce qui est flagrant chez les canards siffleurs. Cela pourrait se traduire dans un avenir plus ou moins proche, par moins d'oiseaux en migration en hivernage, plus particulièrement dans le sud de la France. L'exemple significatif est une étude du merle noir faite en Hollande. Si cette tendance climatique persiste, il faut s'attendre à connaître des années avec moins de migrateurs. Ce qui n'exclut pas forcément d'excellentes saisons consécutives à quelques hivers particulièrement rigoureux comme celui exceptionnel de l'hiver 2010 - 2011, mais ceux-ci serait moins fréquent qu'il y a cinquante ans.

Mais gardons-nous bien de conclure hâtivement en nous référant sur une période qui est extrêmement courte comparée au mécanisme des mouvements migratoires qui se sont instaurés sur des dizaines de millénaires. Et puis notre climat change régulièrement. Au 8e siècle, les températures en France ont commencé à grimper, pour atteindre leur maximum autour du 11e et 12e siècle. Imaginez que durant cette période, on cultivait des vignes en région parisienne et dans le Nord, tellement les températures étaient élevées. Puis, à partir du 15e siècle, le climat s'est radicalement orienté vers le froid, et ce, jusqu'au 19e siècle. La France a alors connu une période appelée « Petit Âge glaciaire », avant de voir les températures commencer à remonter péniblement. En l'espace de huit cents ans, l'Europe aura donc connu une période de fort réchauffement suivi d'une mini période de glaciation… Alors, que peut signifier une étude réalisée sur une cinquantaine d'années ? Autres sujets épineux, certains experts avancent que le réchauffement climatique actuel ne serait pas uniquement dû à l'élévation du taux des gaz à effet de serre dans l'atmosphère. Récemment, certains ont mis en cause les variations de l'activité solaire. D'autres imputeraient plutôt ce fait dans les changements de la position de la Terre…

Le réchauffement climatique actuel, mesuré par plusieurs organismes, va-t-il perdurer ? Les hivers 2008/2009, 2009/2010 et encore plus particulièrement celui de 2010/2011, ont été particulièrement froids et longs, alors que ceux de 2016 à 2022 ont été plutôt tempérés, et il semble bien que cette tendance doive aller en s'accentuant. Les prévisions de l'indice NAO (Oscillation du Nord Atlantique) s'orientent vers de faibles valeurs, voire à des valeurs négatives, donc plutôt favorables à la migration.

Le sansonnet, migrateur et envahisseur

L'introduction de l'étourneau en Amérique du Nord a été une décision lourde de conséquences. Une centaine d'étourneaux originaire de France ont été lâchés à New York par un particulier en 1890. Les sansonnets, sans aucune prédation sur ce nouveau territoire, se sont multipliés à une vitesse vertigineuse et sont maintenant fermement établis sur l'ensemble de ce continent. Cavernicole, l'étourneau entre en compétition avec d'autres espèces comme les pics. Les dégâts qu'il commet aux cultures sont considérables. L'étourneau, qui comprend aujourd'hui une population de plus de 250 millions d'individus, a été décrété « espèce à problèmes » et il est devenu l'un des oiseaux le plus répandus aux États-Unis. Toutes les tentatives pour éradiquer ou stabiliser sa population ont échoué.

Étourneau

L'œdicnème criard

Ce limicole est surnommé « courlis de terre », car son cri ressemble à celui du courlis cendré. Majoritairement nocturne, de la taille d'un perdreau, l'œdicnème possède un plumage brun clair strié de noir sur le dos. Avec son grand œil jaune et son bec jaune à bout noir, l'œdicnème est facilement identifiable, par sa poitrine couleur crème et striée de brun-noir, et les motifs noir et blanc de ses ailes. Les sexes sont presque identiques. Le vol est direct et régulier, assez rapide, rappelant un peu celui du Courlis cendré. Il se termine souvent par des planés avant la pose au sol. La principale zone de nidification de l'œdicnème en France se situe dans le Centre et le Centre Ouest, autour du bassin de la Loire (Poitou-Charentes, Pays de la Loire, Centre). La population auvergnate prolonge la précédente en suivant les cours de l'Allier et de la Loire (Auvergne, Loire, une partie de la Nièvre et de la Saône-et-Loire). L'espèce est aussi présente en Champagne (Champagne-Ardenne, une partie de l'Yonne et de la Seine-et-Marne, Aisne) et en région méditerranéenne. Elle y est essentiellement représentée par les oiseaux de la Crau et est répartie du Roussillon aux Bouches-du-Rhône, puis jusqu'aux Hautes-Alpes. L'œdicnème criard recherche une grande tranquillité, tout particulièrement pendant la période de nidification. L'œdicnème nidifie en France, dans le nord et l'est de l'Europe. Il niche sur les terrains calcaires caillouteux ensoleillés, occupés par des landes ou des prairies sèches, des cultures basses ou des friches. Principalement migrateurs, un grand nombre d'oiseaux traversent la méditerranée pour aller passer l'hiver en Afrique du Nord et en Afrique tropicale. Depuis trois décennies, son aire de répartition et ses effectifs hivernaux ont subi une forte réduction. La destruction des steppes, par suite de la transformation agraire dans l'Europe de l'Est, la mise en irrigation, la diminution du pâturage, a donné lieu à une augmentation d'une végétation préjudiciable à cette espèce.

Que se passe-t-il chez les oiseaux en mai ?

Les oiseaux à la traîne…

En mai, les derniers migrateurs, comme l'œdicnème criard, le gobe-mouche gris, l'hypolaïs polyglotte, le martinet noir, la tourterelle des bois et la bondrée apivore sont de retour dans leur site de nidification. Les limicoles, surnommés, « avrillots » en Picardie, font étapes sur nos plages et nos estuaires pour rejoindre leur zone de reproduction, qui vont de la toundra et taïga de Scandinavie, à celles de la Russie. Sur la trentaine de limicoles connue, seuls le vanneau huppé, le petit gravelot, le chevalier guignette et le courlis cendré nidifient partiellement en France. Au cours de leur migration de retour, les mâles affichent leur plumage nuptial. Le plus étonnant est le chevalier combattant qui arbore une grande collerette, avec, sur les côtés de la tête, des touffes de plumes érectiles. La coloration de ces plumes ornementales varie du blanc au gris, au roux et au noir avec des stries et des barres. Polygames, les mâles paradent et se livrent des combats fictifs dans le but de séduire les femelles surnommées « sottes » en Picardie, car peu farouches.

des limicoles

Inféodée à l'eau, la majorité des limicoles en migration prénuptiale préfère transiter en longeant les côtes maritimes. Mais quelques espèces ou certains individus optent pour une migration par l'intérieur des terres. Les bassins et les étangs possédant des caractéristiques semblables aux zones de nidification et d'hivernage deviennent alors pour eux, des haltes incontournables. Lors de leur migration de retour, une trentaine d'espèces de limicoles survolent la France pour s'en aller nidifier dans les toundras et taïgas de Scandinavie et de Russie. Excepté le vanneau huppé assez présent, d'autres, comme le petit gravelot, le grand gravelot, le gravelot à collier ininterrompu, le courlis cendré, les chevaliers gambettes et guignettes, l'avocette, l'huîtrier-pie, l'échasse blanche, la barge à queue noire et la bécassine des marais nichent peu et occasionnellement dans notre pays.

des passereaux

Plusieurs populations continentales de passereaux ont récemment modifié leurs habitudes migratoires (par exemple la fauvette à tête noire), pour aller hiverner non plus vers le sud, mais vers l'ouest, en bord de mer où les températures demeurent clémentes.

de la tourterelle des bois

La tourterelle des bois arrive en avril-mai pour se reproduire dans toutes les régions de France. Ses déplacements migratoires, en vol nombreux, sont à la fois diurnes et nocturnes. Préférant la plaine à la montagne, la tourterelle a le cycle de reproduction le plus court de tous les colombidés européens, c'est-à-dire quinze jours…

du martinet noir

Le martinet noir fait partie des derniers oiseaux migrateurs à revenir d'Afrique : on ne le voit guère qu'à partir des premiers jours de mai, c'est-à-dire, un bon mois après ses cousines les hirondelles.

des rapaces

C'est le retour vers les sites de nidification des balbuzards pêcheurs, des bondrées apivores, des busards des roseaux, des milans noirs, des faucons hobereaux…

Mais que mangent les oiseaux ?

Le régime alimentaire des oiseaux est très diversifié. On différencie les granivores, tel le chardonneret, des insectivores comme la mésange. Plus démarqués, les oies sont des herbivores, les corneilles noires des omnivores, les cormorans des piscivores, les milans noirs des charognards. Les canards souchets, planctophages, filtrent et mangent les animaux microscopiques à l'aide de leur bec en forme de cuillère. Les bécassines et autres limicoles ingèrent vers et mollusques dans la vase, les rapaces ingèrent oiseaux et mammifères. Le grand cormoran ingurgite presque exclusivement des poissons, alors que le héron, également piscivore, ajoute volontiers d'autres aliments carnés à son menu, comme insectes, batraciens, petits mammifères. D'autres ressources alimentaires sont exploitées de façons spécialisées, comme la bondrée apivore, qui se nourrit à 80 % de guêpes, abeilles sauvages et bourdons ou le gypaète barbu capable d'ingérer des os. Qui plus est, beaucoup d'espèces, pourtant classées dans une catégorie du point de vue de leur alimentation, changent radicalement de régime en cours d'année, comme la mésange charbonnière, insectivore au printemps et en été, qui devient alors végétarienne au cours de l'hiver ou les gallinacées, dont la nourriture est exclusivement composée d'insectes au cours des premiers jours de leur vie, qui deviendront plus tard également granivores.

Les vents

Les vents se positionnant entre est et sud sont de loin les meilleurs. Mais en cas d'absence totale de vents à tendance à l'est, les migrateurs se rendront coûte que coûte dans leurs zones de nidification.

Slimbridge, ce parc ornithologique d'exception pour les oiseaux d'eau

Fondée au Royaume-Uni en 1946, la Wildfowl & Wetlands Trust (WWT) possède et gère la plus importante réserve naturelle européenne. Composée de neuf zones humides pour deux mille six cents hectares qui sont établies en Angleterre, au Pays de Galles, en Écosse et en Irlande du Nord. Siège de la WWT, d'une superficie de trois cent vingt hectares, la réserve de Slimbridge se situe sur l'estuaire de la rivière Severn. Ouverte au public, c'est la seule réserve au monde à offrir une formation sur les zones humides. L'hiver, Slimbridge offre abri et nourriture à des milliers de canards, oies, cygnes, limicoles. Plus de trente-cinq mille oiseaux y sont comptabilisés. C'est aussi un lieu de reproduction privilégié pour des milliers d'échassiers. Plus de soixante ans d'expérience sont mis à profit pour sauvegarder les espèces d'oiseaux en voie de disparition comme le fuligule milouin Madagascar, la bernache à cou roux, ainsi que plusieurs zones humides dans le monde entier. Ce qui a inspiré la création de réserves similaires en Chine et au Moyen-Orient. http://www.wwt.org.uk/wetland-centres/slimbridge/

Rossignol

Chevaliers combattants

> *Le premier végétarien*
> *était un mauvais tireur à l'arc.*
>
> **Proverbe Foulfouldé**

Aventures et émotions de chasse

TROIS ANNÉES DE CHASSE AU MOZAMBIQUE - 1909 par Guillaume Vasse

Je vois, à moins de dix mètres, perçant le fourré, la bufflonne blessée, qui me charge tête baissée. Recharger mon fusil, épauler, viser, tirer, tout cela me demandera trop de temps ; et avec une carabine aussi faible, je n'ai pas l'espoir d'arrêter une telle masse. Près de moi, à droite, se trouve un gros arbre. Je vais essayer de la gagner. J'y vole, mais je sens approcher la bête qui me gagne. Je me crois perdu. Soudain, je me souviens que Delegorgue, qui chassa dans l'Afrique australe il y a soixante ans, échappa à la mort, dans une semblable circonstance en se couchant à terre. Vite, je me lance sur le sol, ma carabine près de moi. Il est temps, car la bête me donne un coup de corne qui passe au-dessus de moi et fend ma veste déboutonnée. Elle s'arrête, essaie de m'éventrer, mais ne réussit qu'à me gratter le dos de son front, la forme de son massacre l'empêchant de raser le sol. Elle s'agenouille, et recommence sans plus de succès. Je suis couvert de son sang. Elle se relève et me marchant sur la main droite qu'elle écorche, contusionnant ma cuisse droite, passe par-dessus. J'allonge la main pour prendre ma carabine et recharger. Je veux me retourner brusquement et, sans me lever, tirer à bout portant. Au moment où je vais exécuter ce projet, elle repasse à gauche, donne un coup de pied à mon fusil, écrase mon chapeau. Elle fait une petite pause, puis part au grand trot, la tête haute, l'air fier. Je prends ma carabine, recharge ; mais quand j'épaule, la bête est rentrée au fourré. Le lendemain, muni de ma carabine Certus, je repris sa piste. Je ne pus la rejoindre, malgré une marche forcée.

JUIN
2023

Juin

Du côté des livres

MÉMOIRE D'UN BÉCASSIER PYRÉNÉEN

Par Jean-Marie Ringeval - 1959

Chasseur passionné, en prenant en compte toutes ses observations, Jean-Marie Ringeval est arrivé à la conclusion que les arrivées de bécasses dans le Sud-Ouest sont intimement liées aux phases lunaires. Il est évident que l'analyse et la synthèse de toutes les levées qu'il a observées prêtent effectivement à la réflexion.

« Je sais bien que de nombreux chasseurs, bécassiers ou non, indifférents à tous les arguments et aux preuves les plus indéniables, restent résolument sceptiques quand on leur parle de l'influence du déroulement du cycle lunaire sur les déplacements des migrateurs. J'en suis moi convaincu, ayant depuis fort longtemps minutieusement tenu à jour mes carnets de chasse, et en particulier en ce qui me concerne la bécasse, gibier pour lequel j'ai toujours tenu méticuleusement, mais objectivement, noté les moindres renseignements susceptibles d'étayer une théorie en faveur de laquelle je n'avais aucune idée préconçue, mais que je tenais dès mes débuts à vérifier, mon premier dresseur au bois me l'ayant exposé avant que j'eusse même tiré une bécasse. … Mais j'affirme que, contrairement aux cailles et aux râles, dont les passages, du 15 août au 15 octobre et quelquefois plus tard, s'effectuent toujours dans nos régions par des nuits embrumées ou pluvieuses, les bécasses, en novembre comme au retour printanier, arrivent TRÈS souvent en nombre, du jour au lendemain, sans que nulle précipitation atmosphérique ait pu laisser prévoir leur brusque apparition. »

Lun.	Mar.
notes	
5 Igor	6 Norbert
12 Guy	13 A. de Padoue
19 Romuald	20 Silvère
26 Anthelme	27 Fernand

Mer.	Jeu.	Ven.	Sam.	Dim.
	1 Justin	2 Blandine	3 Kévin	4 Clotilde
7 Gilbert	8 Médard	9 Diane	10 Landry	11 Barnabé
14 Élisée	15 Germaine	16 Jean-François-Régis	17 Hervé	18 Léonce
21 Été	22 Alban	23 Audrey	24 Jean-Baptiste	25 Prosper
28 Irénée	29 Pierre-Paul	30 Martial		

notes

Un matin d'approche plein d'imprévus

J'aime me lever tôt pour aller « pirscher », ce que m'autorisent à faire les trois cent soixante hectares de Faverolles, remarquables pas la qualité et la quantité des chevreuils de ce territoire. À peine debout, je me précipite à ma fenêtre pour observer le ciel.

Ce matin-là, je ne distingue aucun nuage, et d'évidence, ce devrait être une belle journée. J'avale un café brûlant, je me prépare rapidement et me voilà parti. J'ai pris ma carabine Kipplauf calibre 6,5 X 68 équipée d'une bonne lunette Zeiss, sans oublier bien sûr, ma canne de pirsch, mes jumelles et un bracelet de chevreuil. Le vent, qui est orienté plein nord, m'apporte une bonne fraîcheur accompagnée d'un temps sec, ce qui est une excellente chose, moustiques et taons, tant honnis en été, préférant de loin la chaleur et l'humidité. La pique du jour commence à éclairer l'horizon par petites touches, la vue est féérique ! J'ai juste le temps de me rendre sur la partie que je désire explorer en premier. Bon, je sais bien qu'au mois d'août, cela ne sert à rien de démarrer trop tôt. Je risque au contraire d'effaroucher un chevreuil en train de viander et de me faire « aboyer », ce qui risque de compromettre une partie de la matinée. Après dix minutes de marche rapide, j'arrive enfin, face au vent, devant la parcelle que je me suis choisie. Spectacle magnifique, le soleil commence à illuminer d'or les nombreux bouleaux. Des odeurs fortes de menthe sauvage m'arrivent au visage, et à cet instant, vous ne pouvez savoir comme je me sens bien ! Les yeux vissés dans mes jumelles, j'explore méthodiquement les trois plaines, une bordure de maïs, et la lisière d'un bois. Je distingue à ma droite une chèvre accompagnée de ses deux chevrillards en train de viander, mais pas de brocard digne d'être prélevé ou devant être éliminé. Cette vision, c'est déjà du bonheur à l'état pur. Je m'avance prudemment en longeant une haie, faisant bien attention à ne pas faire de bruit en marchant. Je parcours environ trois cents mètres, pour découvrir face à moi… une voiture arrêtée au beau milieu du chemin. L'heure est inhabituelle et immédiatement je conclus, ramasseurs de champignons ou braconnage. Contrarié, je m'approche du véhicule à grandes enjambées. Rendu à quelques pas, j'entends que ça remue drôlement dans le véhicule. J'entends des cris, presque des hurlements… Lorsque je visualise l'intérieur, je constate que je me suis complètement trompé. Ce charivari est le fait d'un jeune couple complètement dénudé qui fait un « câlin » échevelé. Nous sommes dimanche matin… Je conclus, amusé, que cela doit être une sortie de boîte, avec une bonne conclusion. Au même instant, la jeune femme m'aperçoit alors à travers la vitre. Instantanément, c'est la grosse panique à bord. Pourtant, ce n'était pas du tout dans mes intentions de déranger ces amoureux, mais il semble logique que la vision d'un chasseur équipé et armé interrompe brutalement leurs ébats. Amusé, j'opère un demi-tour, mais sans même prendre le temps d'enfiler son caleçon, le jeune homme se précipite sur le volant, puis il démarre dans sur les chapeaux de roue en marche arrière. D'évidence, il semble bien que j'aie foutu une frousse d'enfer aux tourtereaux. Cette scène a duré quelques secondes…

Comme vous pouvez l'imaginer, cet évènement n'est pas vraiment favorable pour réussir une approche silencieuse sur des chevreuils méfiants comme de vieux chats. Après un temps de réflexion, désabusé, je décide de changer de coin et d'aller explorer une autre parcelle qui se trouve en limite de mon territoire. Le soleil est complètement levé lorsque j'aborde mon second terrain d'investigation. J'avance précautionneusement sans voir aucun chevreuil, lorsque mon regard se pose sur un tas de feuilles entièrement maculées de sang. Interloqué par ma découverte, j'examine attentivement le sol et j'arrive à plusieurs conclusions. Ce sang vient d'un gros sanglier, très reconnaissable aux empreintes laissées dans la terre tout autour. Cet animal a été tiré il y a très peu de temps, certainement cette nuit ou hier soir. Et il a été tiré de chez mon voisin Patrick, le revoir qui sépare les deux propriétés a imprimé des traces qui sont sans équivoque. Mais, connaissant intimement celui-ci, je suis quand même extrêmement surpris que, d'une part, il se soit permis de tirer chez moi, et que d'autre part, il ne m'ait pas prévenu avoir tiré et blessé un sanglier. Pour l'instant, je dois en urgence m'occuper de cet animal blessé. D'après les taches de sang, le sanglier s'est enfui en direction d'une grande sapinière particulièrement sale. J'arrive facilement à suivre ses traces sur environ deux cents mètres. À partir de là, je constate que le ragot s'est arrêté en bordure d'une remise pendant quelque temps, et qu'il a saigné abondamment. Puis je retrouve sa trace un peu plus loin, trace qui se dirige vers un massif d'épines noires. Je remarque que ce sang est bien rouge, et qu'il ne s'agit, a priori ni d'une balle de poumons ni de ventre, mais certainement d'une balle de patte. Je prends alors la sage décision d'arrêter là ma recherche, et d'aller chercher l'aide de mon garde, et surtout, celle d'un conducteur de chien de sang.

Par chance, Albert Lepetit, le conducteur de chien de sang de garde, est une de mes vieilles connaissances, et il me dit être disponible immédiatement. Albert me retrouve à Faverolles moins d'une demi-heure après mon appel. Sans perdre de temps, accompagné de mon garde Roger Launay, je l'emmène à l'endroit précis où j'ai arrêté ma recherche. Albert arrive à la même conclusion que moi. C'est bien une balle de patte avant, et de conclure qu'avec ce genre de blessure, il est bien rare de retrouver un sanglier blessé. Roger et moi, nous sommes « équipés » de carabines adaptées pour le tir d'un gros ragot. Albert est secondé par Vick, un vieux teckel à poils durs qui possède une solide réputation dans la recherche au sang et qui a du métier. Sans hésiter, Vick attaché à sa longe, empaume la voie de la bête noire, et sans hésiter il nous entraîne en tirant sur sa laisse à travers ronces, bosquets, joncs et sapinières. Nous parcourons ainsi plusieurs centaines de mètres. Arrivé en bordure de l'étang de Corbouin, nous entendons le sanglier débusqué démarrer bruyamment dans les roseaux, mais il reste invisible et il nous est impossible de pouvoir le tirer.

La poursuite dure encore une bonne heure, jusqu'au moment où l'animal sort de Faverolles. Je me refuse alors de continuer, prévoyant de signaler au plus tôt cette histoire à mon voisin. De toutes les façons, Vick, qui n'est plus tout jeune, marque des signes de fatigue, et il n'irait pas beaucoup plus loin avec cette chaleur étouffante.

Albert pense que ce sanglier, qui semble être un vieux brisquard, va certainement se remettre. Quand même déçus, il ne nous reste plus qu'à rentrer pour aller nous rafraîchir. Peu de temps après, j'ai enfin le fin mot de cette histoire. Mon voisin, Patrick, avait invité un de nos amis communs, Claude Avis, à venir passer le week-end chez lui. Patrick avait autorisé Claude, qui est un passionné d'approche, à chasser le samedi soir. Claude avait bien expliqué à Patrick en rentrant qu'il avait tiré un sanglier à nuit presque noire, mais qu'il pensait l'avoir loupé. Patrick et Claude avaient prévu d'aller vérifier le coup de carabine dans la matinée…

Bon, il est vrai que ce jour-là, je n'ai pas tiré de brocard !

Pourtant, malgré cela, cette matinée fait maintenant intégralement partie des souvenirs que je garde dans ma mémoire…

Nos différentes pratiques de chasse

Les chasses sélectives du chevreuil

Le chevreuil est le plus petit de nos cervidés vivant à l'état sauvage. Son physique est élancé, son corps court et svelte, sa tête expressive, son encolure dégagée. Ses grands yeux, doux et brillants, en font un animal très séduisant. Mais il trompe bien son monde, ce petit ongulé. D'apparence faite de finesse et de grâce, un brocard est en réalité irascible et violent. Sa principale qualité est d'être un animal de chasse fabuleux. Extrêmement méfiante, cette petite boule de nerf de vingt-cinq kilos rassemble des capacités de défiance, qui en font un animal très difficile à approcher.

Chasser à l'approche

Les chasses dites silencieuses de tir de sélection et de récolte des trophées du chevreuil commencent dès le 1er juin, pour les détendeurs d'une autorisation préfectorale individuelle, munis de bracelets. Deux modes de chasse sont autorisés. L'approche et l'affût sur mirador. Passionnante, la chasse à l'approche débute à une période où la nature est la plus belle. Elle permet de parcourir, de la pique du jour au crépuscule, les magnifiques territoires de nos campagnes. Quant au mirador, il offre la possibilité de voir les animaux que de faibles obstacles comme buissons, haies, bosquets occulteraient facilement. Il donne cette particularité de placer le chasseur hors de la vision des animaux qui, sans avoir le moins du monde connaissance qu'ils sont observés, continuent à vaquer à leurs multiples occupations de leur vie quotidienne. C'est une fenêtre grande ouverte sur la nature. Approche ou mirador, ces deux pratiques restent discrètes, et ne dérangent pas la faune environnante. Elles permettent de mieux gérer les cheptels en offrant la possibilité de supprimer les animaux déficients, âgés, à têtes « bizards » (et non bizarres) ou encore de prélever quelques trophées de brocarts arrivés à leur apogée. Les chasses silencieuses peuvent être pratiquées pendant toute la période de la chasse.

L'approche, mode d'emploi

La pirsch du matin est riche d'espérance. Le soir, un animal tiré très tard à la tombée de la nuit risque d'être perdu. Un chevreuil perçoit l'odeur humaine à plus de trois cents mètres. Avant d'aborder à bon vent les parcelles qu'il s'est choisies, le chasseur doit être rendu sur place avant la pique du jour. Quand un orage menace, le brocard bouge peu et reste caché. Tout de suite après, au contraire, il circule et recherche les découverts pour s'y sécher plus facilement. Pour réaliser une bonne approche, lenteur de la marche et arrêts fréquents sont essentiels. À chaque arrêt, il est nécessaire de bien détailler aux jumelles le parcours à effectuer. Lorsque l'approche est réussie, contrôler que le brocard est bon à tirer. S'il ne l'est pas, surtout ne pas rompre brusquement, mais le laisser s'éloigner, car un chevreuil effrayé « aboie », ce qui met ses congénères en alerte aux alentours. Un bon tir s'effectue avant cent mètres maximum. La balle tirée, tout est facile si l'animal s'effondre. Par contre, s'il n'est que blessé, il devient impératif de le suivre au sang sur quelques dizaines de mètres, et de s'arrêter si l'animal semble avoir de la vitalité. À cet instant, le chasseur doit faire demi-tour, puis faire appel à un conducteur de l'UNUCR.

Indéniablement, les populations de chevreuils se portent bien en France. Trop bien, même ! La première raison, c'est l'interdiction de le tirer avec du plomb. Car tirer un chevreuil à balle qui traverse d'un bond une allée est un exercice très difficile. L'autre raison, c'est que la majorité des chasseurs préfèrent, et de très loin, prélever un sanglier plutôt qu'un chevreuil. Lorsqu'une compagnie de sangliers est bien rembuchée, les chasseurs postés ont tendance à ignorer et délibérément, ne pas tirer les chevreuils, de crainte que le bruit fait par la détonation fasse reculer les bêtes noires.

Le mirador d'affût

L'affût sur un mirador est l'unique pratique qui permet d'observer les populations de grand gibier sans les déranger ou d'effectuer des tirs vraiment sélectifs. Le chasseur ne doit pas oublier que le gibier peut être alerté de trois façons ; par la vue, par l'ouïe et par l'odorat. La majorité du gibier à quatre pattes regarde très rarement plus haut que lui, et l'odeur de l'homme, ainsi perché dans les airs, ne lui sera pas trop perceptible, à condition que le mirador ait cinq mètres ou plus de hauteur. Les vues plongeantes et dominantes font découvrir au chasseur des animaux que de faibles obstacles comme buissons, herbes hautes, cultures, occulteraient facilement. L'affût sur un mirador, c'est une fenêtre ouverte sur la nature. Cette pratique permet de mieux gérer les cheptels, en offrant la possibilité de supprimer les animaux déficients, âgés, à têtes « bizards » (et non bizarres), ou encore, de prélever quelques trophées de cervidés arrivés à leur apogée. Le tir de sélection au mirador peut être pratiqué pendant la période où la chasse est autorisée.

Le bon choix d'implantation, du mirador d'affût sera un carrefour de chemins forestiers ou une clairière en plein bois, mais également la lisière d'une forêt où l'on profitera d'une légère angulation en promontoire pour obtenir une meilleure vue des deux côtés. Avant son installation, il faudra prendre en compte l'orientation des vents dominants habituels, ainsi que des positions du lever et du coucher du soleil. Il se trouvera, de préférence, toujours à bon vent par rapport au gibier. S'il existe dans un champ un boqueteau, voire un arbre isolé ou dans une haie, à la distance de dix à cent cinquante mètres de la lisière, ce sera là une bonne place d'accès facile, créant un minimum de dérangement, surtout le soir, avant que les animaux quittent leurs abris.

Pourquoi le tir sélectif

Avec la disparition des prédateurs naturels, la chasse sélective est une pratique incontournable dans la gestion dite rationnelle du chevreuil. Le plan de chasse applique une sélection artificielle du brocard, qui implique évidemment une capacité des chasseurs à apprécier son âge et son état de santé, mais qui dans les faits interfère beaucoup avec un jugement sur le trophée de l'animal. Facilement reconnaissables, les chevrillards de l'année sont surtout sélectionnés d'après leur aspect général. Tous les sujets chétifs, blessés, amaigris ou malformés devant être éliminés. Les meilleurs sujets qui portent leurs premiers bois dès l'automne sous forme de petits boutons sont à conserver au moins jusqu'à l'année suivante. Un plan de chasse classique ne prévoit le tir que d'un faible pourcentage des brocards de deux et de trois ans, car le chasseur est supposé avoir déjà éliminé, parmi les chevrillards et les sujets d'un an, presque tous les animaux indésirables. Le tir sélectif des chevrettes vise à éliminer les sujets dont la progéniture est faible, malingre, ou qui mettent bas après la mi-juin, c'est-à-dire, trop tard. Cette pratique de tir sélectif exige expérience et compétence. Pour les faons de l'année et les chevrettes d'un an, le chasseur estime le sexe de l'animal à sa taille et à son poids, comparé aux animaux du même âge.

CHIEN

L'épagneul de Saint-Usuge

Voici un chien polyvalent, chassant aussi bien au bois, en plaine que dans les étangs ou marais. L'épagneul de Saint-Usuge est un chien pisteur et broussailleur, très bon retriever, particulièrement passionné par la chasse de la bécasse pour laquelle cette race possède un fort atavisme. Cet auxiliaire au naturel très doux et docile s'éduque facilement. C'est un chien d'une grande sensibilité pour lequel une voix ferme suffira à obtenir ce que le dresseur exigera.

Son histoire

Les premiers récits de l'épagneul de Saint-Usuge sont écrits dans « Souvenirs de chasse au marais » par le grand cynégéticien franc-comtois, le baron de Reculot, paru dans le Journal des chasseurs de 1938. Dans son article, il signale les qualités de ce petit épagneul qui « se fourre partout, qui fouille tout et ne laisse aucun coin inexploré ». En 1951, la revue l'Éleveur du 15 janvier 1951 publie, sous le titre : « Le meilleur chasseur de bécasses, l'épagneul de Saint-Usuge, a disparu depuis un siècle… ». Ce journaliste cynégétique nous apprend que l'Abbé Billard, curé de Savigny-en-Revermont, région située aux confins de la Saône-et-Loire et du Jura, s'est investi pendant une quarantaine d'années pour reconstruire cette race qui périclitait. Ce chien de petite taille qui toise rarement plus de cinquante centimètres, au museau effilé, aux lèvres minces, aux yeux foncés ronds comme des noisettes, aux couleurs de la robe blanche avec de grosses taches marron à la naissance qui apparaît à partir du deuxième mois, tandis qu'une étoile blanche sur le front ne devient définitive qu'après son sixième mois. L'épagneul de Saint-Usuge, déjà connu au 16e siècle, conservé dans les régions marécageuses de la Saône et au pied du Jura, ne se rencontrait plus après la Deuxième Guerre mondiale nous dit cet auteur.

L'abbé Billard

L'abbé est un bécassier amoureux des chiens. Celui-ci entend parler de l'Épagneul de Saint-Usuge et de ses qualités exceptionnelles. Il décide alors d'en acquérir un et pour se faire, il interroge la Société Centrale Canine de Paris qui lui répond que la dernière présence de la race remonte à l'exposition canine de 1936 à Louhans ou neuf spécimens avaient été présentés. Il parcourt alors les fermes de la région et il réussit en 1947 à découvrir une des dernières chiennes, Poupette, née en 1940. Pour l'acheter, il vend sa montre en or à son frère, héritée de ses parents. Quelques mois plus tard, après avoir rencontré le propriétaire d'un mâle, il obtient une première portée.

L'abbé Billard entreprit alors la reconstitution de cette variété qu'il impute d'ailleurs fort justement, à l'épagneul français, avec l'espoir de l'ériger au rang de race. « Ce serait rendre justice à un chien dont la fonction est de chasser le gibier d'eau et plus particulièrement la bécasse, avec parfois plus d'efficacité que certains chiens d'arrêt comme l'épagneul breton ou le braque allemand. »

Certains épagneuls locaux présentent des caractères typiques, ce qui autorise à les considérer comme des races distinctes. Mais encore ne faut-il pas confondre race et variété. L'ambition régionaliste d'ériger en races différentes toute une famille spécialisée à un terroir et à un gibier donné ne devrait pas rompre son lien avec la race mère. Car c'est au sein de celle-ci, l'épagneul français pour ne pas la nommer, qu'il faudra toujours rechercher les sujets de retrempe nécessaire pour pallier une consanguinité trop poussée, inéluctable quand on part d'une base de cheptel limité…

Constatant alors que le standard de l'épagneul de Saint-Usuge, défini par le docteur Longin en 1936, était pratiquement identique à celui du petit Münsterlander, l'abbé Billard se rendit en Allemagne en 1962 où il acquière « Bianca von der Rumerburg », une chienne au brillant palmarès. Pendant trente-trois ans, l'abbé s'efforcera avec ténacité et succès à rétablir cette race, élevant près de deux cent cinquante chiens dans son presbytère de Savigny en Revermont. Ce qui est peu commun, c'est que dans son cahier d'élevage, l'abbé note les qualités de chasse de chacun de ses chiens, particulièrement ceux chassant le gibier qui le passionne plus que tout autre : la bécasse. En fin cuisinier, l'abbé Billard prolonge ses parties de chasse en invitant ses amis à déguster ce « gibier roi ». Tous ceux qui eurent le bonheur de partager sa table disent que le « bob », comme ils l'appelaient familièrement, était un gastronome exceptionnel.

Certains épagneuls locaux présentent des caractères typiques, ce qui autorise à les considérer comme des races distinctes. Mais encore ne faut-il pas confondre race et variété. L'ambition régionaliste d'ériger en races différentes toute une famille spécialisée à un terroir et à un gibier donné ne devrait pas rompre son lien avec la race mère. Car c'est au sein de celle-ci, l'épagneul français pour ne pas la nommer, qu'il faudra toujours rechercher les sujets de retrempe nécessaire pour pallier une consanguinité trop poussée, inéluctable quand on part d'une base de cheptel limité…

Un auxiliaire de chasse remarquable

L'épagneul de Saint-Usuge, reconnu par le comité de la Société Centrale Canine le 8 janvier 2003, est un chien d'arrêt au poil mi-long, souple, plat et soyeux, d'un ensemble harmonieux et élégant. De couleur marron panaché de blanc, sans grande plage de couleur blanche, mais avec présence de mouchetures. Avec ou sans étoile blanche au front à l'âge adulte. (Les chiots naissant tous avec une étoile blanche au front qui peut disparaître à l'âge adulte.) C'est un chien médioligne, bien musclé et résistant. Ses allures sont souples et régulières, d'une amplitude moyenne. D'un naturel doux, docile, équilibré, affectueux, d'une grande sensibilité sans crainte du gibier, attentif et passionné, c'est un excellent compagnon qui s'éduque facilement. Sa quête est celle d'un chien continental. Elle doit avoir une ampleur maximale de quarante mètres de chaque côté. L'allure est modérée. C'est un chien chassant sous le fusil et soucieux en permanence de garder le contact avec son maître. Il lui arrive fréquemment de revenir sur ses pas pour contrôler une émanation. Il peut aussi bien chasser la tête haute que pister le nez au sol assez longtemps pour remonter jusqu'au gibier tant qu'il ne sera pas bloqué. Le fouaillement de queue devient alors assez intense.

Groupe 7
Poids : 16 à 22 kg
Taille au garrot : 41 à 53 cm

Grâce à la création d'un club dynamique créé en 1990, l'épagneul de Saint-Usuge connaît un développement national et même international significatif. Ses dirigeants organisent même, certaines années, un Field-trial sur bécasses. En 2016, celui-ci s'est déroulé le 26 mars à Lhuis, dans l'Ain.

Le club

Depuis la création du club, plus de mille deux cents chiens ont vu le jour, répartis dans presque tous les départements français, mais aussi dans plusieurs pays étrangers (Canada, États-Unis, Suisse, Autriche…) et notamment en Allemagne où il existe une antenne dynamique très active représentée par Christine Andrés. On peut maintenant rencontrer et découvrir des épagneuls de Saint-Usuge dans beaucoup d'expositions canines.

LE CYCLE ÉTONNANT DE LA MIGRATION DES OISEAUX

Juin, le mois de la reproduction

Chez les oiseaux, juin se différencie des autres mois par un arrêt complet des migrations.

La reproduction bat son plein dans les zones de nidification, comme le lac de Myvatn en Islande, dans le Parc national de Kauhaneva-Pohjankangas en Finlande, dans l'estuaire du Tana en Norvège, et en Russie, dans les fabuleuses Réserves naturelles d'Olonetsky et Nizhnesvirsky, situées, à trois cents kilomètres nord-est de Saint-Pétersbourg. Sans oublier bien sûr, l'Angleterre, l'Écosse et la France… Le Nord occidental, le centre et le Sud-est de l'Europe constituent des zones de nidification incontournables pour diverses espèces migratrices comme bécasses, bécassines, canards, oies et limicoles. Il existe des zones forestières (taïga) essentielles pour la nidification de la bécasse, comme en Carélie, au nord de Saint Petersburg, près des lacs Ladoga et Onega. La plupart des régions qui s'étalent du nord au sud-ouest de la Russie ont subi en 2010 une canicule et des incendies sur plus de huit cent mille hectares, ce qui a fortement perturbé la reproduction de cet oiseau. Plus au sud également, près des pays baltes (Lettonie – Lituanie – Estonie), se trouvent des secteurs importants pour la nidification des migrateurs, la principale étant la région de Pskov. Rappelons que le delta de la Volga, qui se jette dans la Caspienne, constitue une zone capitale pour le gibier d'eau.

Famille de grèbes

La Finlande, terre de prédilection pour la nidification des oiseaux migrateurs

Il existe pour les oiseaux migrateurs en Finlande, des dizaines de milliers de plans d'eau pour nidifier, depuis l'immense lac Inari en Laponie, bien plus grand que le lac Léman, jusqu'aux chapelets de petits étangs qui parsèment forêts et tourbières. Ce pays, à peine plus grand que la moitié de la France, s'étire du sud au nord sur plus de mille deux cents kilomètres, de la Baltique à la hauteur de Leningrad, jusqu'à celle de Mourmansk, bien au-delà du cercle polaire. Curieusement, dès leur arrivée, les oiseaux de toutes espèces se nourrissent alors de myrtilles gelées, tout juste dégagées de la neige où elles ont passé l'hiver. Dans le Parc national de Salamajärvi, il est possible d'apercevoir grues, canards de toutes sortes, oies des moissons, bécassines, chevaliers sylvains, chevaliers combattants, chevaliers aboyeurs et même des cygnes chanteurs, la mascotte nationale de la Finlande. Lorsque le littoral est rocheux, c'est là que nichent en abondance les eiders, les macreuses brunes et les harles huppés, plus rarement, colverts, sarcelles d'hiver, pilets et siffleurs, qui préfèrent les vastes marais au fond des fjords. Le morillon, très présent, niche volontiers en bord de mer. Sur les lacs intérieurs, il côtoie le garrot à œil d'or qui nidifie un peu partout, là où les habitants de ce pays lui ont installé des nichoirs à sa taille. Au fur et à mesure que l'on monte en latitude, le colvert, qui abonde dans

La bondrée apivore

La bondrée apivore est un rapace qui possède cette particularité de se nourrir à 80 % d'hyménoptères, comme, guêpes, frelons, bourdons et abeilles sauvages. Il a été constaté qu'au cours de la saison de nidification, les adultes détruisent plus d'une centaine de nids de guêpes pour nourrir leurs petits. Ce menu est complété par d'autres insectes comme hannetons, sauterelles ainsi que des lombrics, des grenouilles et des lézards. Souvent confondue avec la buse, la bondrée s'en différencie par sa petite tête au même aspect que celle d'un pigeon et son spectaculaire iris jaune or. Ses flancs et son ventre sont rayés ou tachetés de brun sur blanc. Vue en vol, on peut aussi noter sa queue plus longue rayée de trois barres noires. De même au cours de ses évolutions planées la bondrée ne relève pas ses ailes plus hautes que le dos comme le fait souvent la buse. Plus de dix mille bondrées nidifient en France. Migrateur transsaharien, la bondrée hiverne dans la zone forestière d'Afrique tropicale, de la Guinée à l'Angola, en passant par le Cameroun et le Congo. Les Bondrées apivores suédoises munies de balises Argos ont migré en moyenne sur six mille sept cents kilomètres durant quarante-huit jours. Un mâle de Bondrée apivore muni d'une balise Argos en Allemagne a couvert sept mille sept cents kilomètres pour hiverner au Gabon, en parcourant cent soixante-sept kilomètres de moyenne par jour.

le sud, cède la place aux sarcelles d'hiver et d'été. Mais en Laponie, l'espèce la plus représentée est la harelde de Miquelon, que l'on voit parfois chez nous. Les marais enchâssés dans la forêt n'hébergent que quelques espèces en nombre réduit. Ce sont essentiellement les chevaliers qui affectionnent ce genre de milieu, en particulier le chevalier sylvestre, qui apprécie également les marais ouverts, et qui reste le plus abondant dans la famille des limicoles. Les chevaliers arlequin, gambette et aboyeur, se trouvent plutôt dans la partie nord. Tourbières et marais du Grand Nord apparaissent comme un pays désolé, tout juste propice à héberger des hordes de moustiques. En fait, il faut s'enfoncer dans le dédale de tourbières pour y rencontrer, chevaliers de toutes sortes, bécasseaux, bécassines, pluviers ou autres Phalaropes. Dérangés par un prédateur, tous ces oiseaux ne manquent pas d'alarmer le voisinage, lorsque les jeunes sont éclos. La répartition des courlis est quelque peu différente. Le courlis cendré est abondant dans toute la moitié sud. Là, il profite des travaux qui ont transformé des tourbières qui ne lui étaient peu ou pas propices, en prairies humides qui lui conviennent mieux. Par contre, le courlis courlieu est davantage inféodé aux landes vierges. Absent du sud, rare dans les marais du Centre, il est abondant en Laponie où il cohabite avec le pluvier doré, ce limicole toujours bien difficile à repérer, tant sa livrée lui assure un camouflage parfait, malgré les cris plaintifs dont il est prodigue. Ces marais lapons recèlent bien d'autres richesses. Les Phalaropes à bec étroit, appelé autrefois hyperborées, dont la livrée estivale est magnifique, abondent. Les bécassines sourdes dont le chant nuptial rappelle le galop d'un cheval disputent la place aux bécassines des marais et aux bécasseaux falcinelles, si facile à confondre avec elles. La barge rousse arrive là, à la limite sud-ouest de son aire de reproduction et cherche pour établir son nid les endroits les plus sauvages, ceux-là mêmes, qui conviennent aux oies de moissons et aux oies naines. Si les lemmings sont abondants, quelques couples de Labbes à longue queue remplacent un peu le faucon pèlerin qui est en forte diminution, car ils n'hésitent pas à gober quelques poussins d'échassier si l'occasion se présente…

Surprenant martinet

Pendant la nidification, pour fuir le mauvais temps et suivre les nuages de plancton aérien, il arrive aux martinets de s'éloigner à plusieurs centaines de kilomètres de leurs nids. Durant cette séparation, les oisillons peuvent survivre dans un état de léthargie pendant plus d'une semaine. Lorsque les parents reviennent, ils transportent, accumulées dans leur jabot, plusieurs dizaines voire des centaines de proies agglutinées.

Que se passe-t-il chez les oiseaux en juin ?

La reproduction des oiseaux migrateurs

En juin, c'est l'arrêt de toutes les migrations. Pour l'oiseau, de retour dans sa zone d'hivernage, le choix d'un territoire, plus ou moins grand selon les espèces, dépend de la sécurité qu'il offre, de ses ressources alimentaires et des possibilités d'y aménager son nid. La formation du couple ne se fait pas obligatoirement au printemps. Les anatidés, par exemple, s'accouplent en hiver. C'est l'allongement de la durée du jour qui provoque l'activité des glandes sexuelles. La rencontre des partenaires est favorisée par la parade nuptiale. Le combat pour s'approprier un territoire fait aussi partie du cérémonial de séduction. La reproduction n'est possible que si l'oiseau a atteint sa maturité sexuelle, qui survient à l'âge d'un an au moins, comme pour la majorité des petits passereaux ou après plusieurs années, comme pour la grue cendrée et le goéland argenté.

Pourquoi les oiseaux migrateurs nichent-ils si loin au nord ?

À partir d'une étude réalisée dans l'arctique Canadien, des chercheurs ont démontré que les risques de prédation des œufs variaient en fonction de la latitude où étaient installés les nids des oiseaux. Un dispositif destiné à mesurer la variation du risque de prédation des pontes avec différentes latitudes a été mis en œuvre dans le cadre de l'année polaire internationale : des nids artificiels ont été disposés à différentes latitudes entre 53°N et 82°N. Dans chaque site, les chercheurs ont mesuré le nombre d'œufs n'ayant pas été consommés par les prédateurs. Ils ont ainsi pu démontrer que le risque de prédation des pontes diminuait de plus de 60 % entre les sites du sud et ceux situés dans des milieux comparables, soit trois mille trois cent cinquante kilomètres plus au nord.

La fidélité chez les oiseaux

Avocette

Certains oiseaux ont la réputation d'être fidèles. Mais la fable des cygnes ou des avocettes soi-disant unis pour la vie reste une légende. Il faut faire la distinction entre la monogamie sociale (couple élevant seule une famille, mais admettant plusieurs partenaires sexuels), la monogamie sérielle (partenaires fidèles successifs) et la monogamie vraie. En fait, contrairement aux grues, et encore, peu de couples restent fidèles leur vie durant. Le roi de la polygamie, c'est le canard colvert et coq faisan qui s'appareille avec une douzaine de poules. Beaucoup d'espèces ne connaissent pas la « vie de couple », l'exemple type étant le coucou. Souvent, le mâle s'accouple avec plusieurs femelles et ne participe pas à l'élevage des petits. Paradoxalement, les passereaux forment un couple uni plusieurs années de suite. Mais on ne peut pas parler ici de fidélité. Les oiseaux, qui réintègrent chaque année le même territoire, ont donc plus de chances de se retrouver.

Le nid

Chez les oiseaux nidicoles, comme les passereaux et les rapaces, le nid est un abri élaboré que les jeunes ne quittent qu'une fois devenus autonomes. Les oiseaux nidifuges, comme les gallinacées, les anatidés et les limicoles, font un nid rudimentaire, simple creux du sol ou amas de substances végétales sur l'eau, que les poussins abandonnent après leur naissance.

Ponte et incubation

Les œufs sont pondus à l'intervalle de vingt-quatre heures, parfois davantage : deux jours chez les cigognes et les grues, de quatre à cinq chez le gypaète. Leur nombre est à peu près constant chez beaucoup d'espèces : un pour le manchot empereur, deux pour le pigeon, trois les sternes, quatre les pluviers, plus de douze pour la perdrix. L'incubation a une durée minimale de dix jours pour l'ortolan et maximale de quatre-vingt-un pour l'albatros royal.

La reproduction si particulière du coucou gris

Les coucous ont su développer des aptitudes étonnantes pour faire élever leur progéniture par les autres. La femelle pond en moyenne, huit à vingt œufs, déposés chacun dans des nids différents, avec un net penchant pour l'espèce qui l'a élevée. En fait, il existe des lignées distinctes de coucous, chacune spécialisée dans le parasitage d'une espèce bien précise, plus particulièrement pour le nid de la Rousserolle effarvatte. Malgré la différence de taille entre le coucou et les oiseaux parasités, l'œuf intrus ressemble à s'y méprendre, en volume et aux couleurs, à ceux pondus par l'hôte choisi. Néanmoins, il arrive que l'œuf du coucou soit détecté, et immédiatement, il est « éjecté » par-dessus bord. Les oiseaux parasités sont toujours insectivores. Avant le début de l'incubation, profitant d'une absence, la femelle coucou dépose son œuf en quelques secondes dans le nid élu, puis elle soustrait un des œufs qu'elle va manger plus loin. L'œuf parasite peut aussi être apporté dans le bec, lorsque la femelle a choisi un nid fermé. De nombreuses observations ont permis de constater que les coucous surveillent les nids squattés plusieurs fois par jour. Il a même été observé des coucous retirer leur œuf d'un nid qui venait d'être abandonné, pour le placer dans un autre. La période d'incubation de l'œuf de coucou, qui dure onze à treize jours, est inférieure à celle des œufs de la plupart de ses hôtes. Une fois né, la première chose que fera le jeune coucou sera d'expulser tous les œufs et les juvéniles qui se trouvent dans le nid pour en rester le seul occupant.

Coucous gris

L'homosexualité animale serait une logique d'opportunités

L'homosexualité animale s'impose aujourd'hui comme un objet d'étude incontournable de l'écologie comportementale. Les premières interprétations réduisaient le phénomène à une déviance, provoquée par le confinement en captivité. Or, les observations dans la nature ont fini par convaincre les scientifiques que l'homosexualité chez les animaux n'est pas un simple dysfonctionnement, mais répondrait à une logique d'opportunités. Il ressort de l'ouvrage de Bruce Bagemihl que des centaines d'espèces de mammifères, d'oiseaux, de reptiles, d'amphibiens, de poissons et même d'invertébrés ont des comportements homosexuels. Chez certains, l'activité homosexuelle surpasse même l'activité hétérosexuelle. Un biologiste australien, le Pr McFarlane, s'est basé sur des observations de 93 espèces d'oiseaux qui ont révélé que 5 % des oiseaux étaient homosexuels. Et il ne s'agit pas de conter fleurette : les rapports homos chez les oiseaux vont du platonique au hard, avec exhibition et contact de parties génitales. À l'évidence, notre compréhension de ce phénomène reste très limitée, et son observation détaillée ne fait que commencer.

> *En amour comme à la chasse,*
> *le vrai plaisir est de braconner.*
>
> **Honoré de Balzac**

Aventures et émotions de chasse

LES CONTES DE LA BÉCASSE
par Guy de Maupassant

Mais il existait dans la maison une vieille coutume, appelée le « conte de la bécasse ». Au moment du passage de cette reine des gibiers, la même cérémonie recommençait à chaque dîner. Comme il adorait l'incomparable oiseau, on en mangeait tous les soirs, un par convive ; mais on avait pris soin de laisser dans un plat toutes les têtes. Alors, le baron, officiant comme un évêque, se faisait apporter sur une assiette un peu de graisse, oignait avec soin les têtes précieuses, en les tenant par le bout de la mince aiguille qui leur sert de bec. Une chandelle allumée était posée près de lui, et tout le monde se taisait dans l'anxiété de l'attente. Puis il saisissait un des crânes ainsi préparés, le fixait sur une épingle, piquait l'épingle sur un bouchon, maintenait le tout en équilibre au moyen de petits bâtons croisés comme des balanciers, et plantait délicatement cet appareil sur un goulot de bouteille, en manière de tourniquet. Tous les convives comptaient ensemble, d'une voix forte ; « Une, deux, trois. » Et le baron, d'un coup de doigt, faisait vivement pivoter ce joujou.
Celui des invités que désignait, en s'arrêtant, le long bec pointu devenait maître de toutes les têtes, régal exquis qui faisait loucher ses voisins. Il les prenait une à une et les faisait griller sur la chandelle. La graisse crépitait, la peau rissolée fumait, et l'élu du hasard croquait le crâne suiffé en le tenant par le nez et en poussant des exclamations de plaisir. Et chaque fois, les dîneurs, levant leurs verres, buvaient à sa santé. Puis, quand il avait achevé le dernier, il devait, sur l'ordre de Baron, conter une histoire pour indemniser les déshérités…

JUILLET
2023

Juillet

Du côté des livres

SUARSUKSIORPOK

Par Sylvain - 1862

Sylvain est un pseudonyme ! L'auteur est en vérité Théodore Polet de Faveaux, magistrat, vice-président du tribunal de Namur. À la lueur des connaissances de l'époque, divisé en vingt chapitres, l'ouvrage aborde la chasse à la bécasse sous tous ses aspects. Si la science cynégétique de cet oiseau a quelque peu évolué, le texte demeure intéressant et surtout formidablement agrémenté par les dessins de Félicien Rops, gendre de l'auteur, qui se fait ici dessinateur au trait teinté de beaucoup d'humour : *D'où nous vient la bécasse. Habitudes et vol. Le chien. Chasse à tir et en battue. La passée et la croûle. Cuisine.* Quant au titre énigmatique, Mr de Cherville précisait à la sortie de cette édition que ce terme « SUARSUKSIORPOK » vient du groenlandais et signifie « Le chasseur à la bécasse ».

Baudelaire écrivit de lui : « Singulier personnage ! Magistrat sévère et pourtant jovial, grand chasseur et grand citateur de littérature. Il a fait un livre sur la chasse et m'a cité des vers d'Horace, des vers des *Fleurs du Mal* et des phrases d'Aurevilly. En fait, m'a paru charmant. Le seul Belge connaissant le latin et sachant causer en français. »

Lun.	Mar.
notes	
3 Thomas	4 Florent
10 Ulrich	11 Benoît
17 Charlotte	18 Frédéric
24 Christine	25 Jacques
31 Ignace de L.	notes

Mer.	Jeu.	Ven.	Sam.	Dim.
			1 Thierry	2 Martinien
5 Antoine	6 Mariette	7 Raoul	8 Thibault	9 Amandine
12 Olivier	13 Henri-Joël	14 Fête nationale	15 Donald	16 N-D Mt Carmel
19 Arsène	20 Marina	21 Victor	22 Marie-Madeleine	23 Brigitte
26 Anne-Joachin	27 Nathalie	28 Samson	29 Marthe	30 Juliette

Nos différentes pratiques de chasse

Chasser en punt

Exception des sauvaginiers du littoral, bien peu de chasseurs connaissent la chasse en « punt », pratique qui s'avère être pourtant plus que passionnante. « Punt » est un mot anglais qui désigne un petit bateau à faible tirant d'eau, spécialement conçu pour effectuer des approches de becs plats en bandes qui ont trouvé refuge sur les grands plans d'eau intérieurs, en mer, et dans les estuaires, de jour comme de nuit. Ce mode de chasse originaire d'outre-Manche est toujours pratiqué depuis plus de deux cents ans en Grande-Bretagne, en Écosse et en Belgique. En France, la chasse en punt a connu ses heures de gloire au milieu de siècle dernier, si bien décrit par le captivant livre de Charles Jeronnez paru en 1944, *La Chasse en punt dans les estuaires*.

Les Grands Lacs intérieurs ainsi que les côtes, baies et estuaires du nord de la France et du Morbihan, les embouchures de la Loire, de la Garonne et le bassin d'Arcachon accueillent d'énormes concentrations de palmipèdes au cours de leurs migrations. En découvrant cela, il n'y a pas un sauvaginier qui n'a pas été tenté un jour de trouver le moyen d'approcher une de ces bandes de canards inaccessibles ballottée au gré des vagues à quelques centaines de mètres du rivage, ou encore posée sur un banc de sable au milieu d'un estuaire. Le chasseur imagine alors un moyen d'aborder suffisamment près ce gibier si convoité, dans le but de placer un ou deux coups de fusil… Mais il sait bien que l'utilisation d'un bateau à moteur qui est avec juste raison, interdite, et qu'un abord en bateau à voile aura comme seul résultat de faire envoler le volier qui, narquoisement, reprendra sa place au même endroit un peu plus tard. En fait, l'extrême méfiance des canards en perpétuel « qui-vive », ajoutée à la situation qu'ils occupent au milieu d'un grand espace où la vue porte loin, semblent mettre les anatidés à l'abri de ce genre de désagrément… Il existe pourtant une pratique qui s'avère particulièrement efficace pour tenter d'approcher ces rassemblements de canards posés en pleine eau et qui permet de prélever quelques-uns de ces becs plats qui semblent inabordables. C'est le punt ! Le punt, surnommé aussi arlequin, nageret, et nègue-fol dans le Midi, est une embarcation légère à fond plat, pontée à l'avant et à l'arrière, aussi basse au-dessus de l'eau qu'un bateau à voile léger. D'un faible tirant d'eau, étroit, mais effilé, le punt, malgré son peu de hauteur reste assez visible par son travers. Mais vu de l'avant par un observateur dont les yeux seraient situés au-dessus de l'eau, on le voit à peine, à condition que celui qui le manœuvre reste bien camouflé. Car il s'avère que de face, cette embarcation ressemble alors à une épave dérivant au fil du courant, ce qui n'effarouche guère les canards.

En mer

Un punt pour une personne a un rayon d'action bien trop faible et la sécurité qu'il présente en pleine mer est insuffisante. Pour chasser en mer, il est conseillé d'être à deux chasseurs sur un punt biplace aussi stable que possible. Puis, de se faire suivre par un bateau à moteur possédant un bon rayon d'action. Car il peut être dangereux de naviguer sur une embarcation trop légère. La houle, un changement de vent toujours possible, les vagues provoquées par le déplacement d'un cargo pourtant éloigné, tous ces évènements peuvent obliger le punt de s'écarter involontairement du bateau suiveur dont le tirant d'eau ne permet pas l'approche des bords de côtes ou des bancs de sable. Il y a aussi les courants qui sont souvent violents, et les remous provoqués par les marées dans certains estuaires qui risquent de faire chavirer un esquif léger et instable. Les chasseurs dans le bateau qui tracte le punt, s'en vont à la recherche des anatidés. Lorsqu'une bande est repérée, le bateau doit s'en approcher le plus près possible, cinq cents mètres semblant être la distance minimum. Le bateau s'immobilise alors, pendant que les chasseurs qui ont pris place dans leur punt commencent leur approche.

Sur les grands plans d'eau douce

En s'obligeant en mer à longer la côte et les bords d'estuaires, et en eau douce, comme cela se pratique encore sur les Grands Lacs intérieurs comme le Léman, le risque est bien moindre, allongé dans un punt à une place.

Comment se procurer un punt ?

Les dimensions d'un punt varient beaucoup suivant qu'il est à une ou deux places. Contrairement au début du siècle dernier, avec la généralisation et la fabrication de petits voiliers, il est relativement facile de se faire construire un punt adapté à son physique par un constructeur spécialiste de coques légères, ou par un artisan qui a l'habitude de ce genre de petit bateau. Il sera obligatoire par contre de lui remettre un croquis détaillé de ce que vous désirez, sans oublier de lui expliquer l'usage que vous voulez en faire, tout en lui donnant le poids du ou des deux passagers, de leurs armes et bagages. Un bateau équipé en ordre de marche pour deux puntmen doit être rigoureusement horizontal et bien équilibré, ce qui demande plusieurs essais et corrections. Avec les outils et les éléments modernes, le coût de fabrication devrait obligatoirement rester abordable. La propulsion du punt sera assurée selon les circonstances par des avirons, des pagaies simples ou des bâtons-piques. Il existe sur le lac Léman des punts propulsés par les jambes, genre pédalos, système fortement déconseillé pour la mer.

Équipement du punt

L'équipement d'une coque de punt doit être aussi soigné que sa construction. C'est de lui que dépend le confort du chasseur, de la précision de ses mouvements et sa plus ou moins grande fatigue à le manœuvrer. Les avirons sont indispensables tant que l'approche n'a pas commencé. Le bateau doit être muni d'une paire de forts tolets, bien placés afin de pouvoir réaliser une avance rapide en cas de nécessité. Le fond du punt doit être recouvert d'un plancher mobile. Son démontage devant permettre un écopage rapide et complet. Sans oublier deux bouées de sauvetage composées de coussins imperméables sur lesquels le conducteur et le tireur pourront s'allonger avant de tirer.

Armement du punt

La mode des canons-fusils est périmée. Les fabricants proposent différents « canardouze », qui sont des fusils juxtaposés de calibre 12, assez efficaces pour le tir à moyennes distances. Leur grande particularité est que le chasseur peut sélectionner ses départs. En choisissant entre ses deux queues de détente, il lui est possible de tirer soit coup par coup, soit de tirer ses deux coups simultanément. Fabriqué pour résister aux plus lourdes charges, son poids oscille entre quatre et sept kilos. La longueur de ses canons est comprise entre 76 à 88 cm. Pour compenser l'interdiction de tirer de la grenaille de plomb en zone humide, il existe des cartouches en acier, et d'autres, bien plus performantes, composées de substituts comme le zinc-étain.

Le basset des Alpes ou dachsbrack

Le Basset des Alpes ou « Alpenländische dachsbrack » est principalement utilisé comme chien de sang dans les Alpes et les pays de l'arc alpin. Rustique et résistant bien aux intempéries, c'est un vrai basset à l'ossature fortement charpentée, avec des membres courts et des antérieurs droits et forts.

Son histoire

Le basset des Alpes serait originaire d'Allemagne, plus précisément des monts Métallifères entre la Bohème et la Saxe. La race se répandit très vite et fut initialement connue sous le nom de braque de Mauersberg. En 1881, Rodolphe de Habsbourg demande à ses chasseurs professionnels de Mürzsteg d'emmener des « Dachsbracken », littéralement des « chiens courants à pattes courtes », pour ses parties de chasse en Turquie et en Égypte. Le Dachsbracke westphalien est la race ancêtre du scenthound suédois, le Drever. Parmi les principaux clubs canins du monde anglophone, seul le United Kennel Club aux États-Unis reconnaît le Westphalian Dachsbracke, dans son groupe de « chiens qui piste les odeurs ». L'Association cynologique d'Autriche reconnaît la race en 1932 sous le nom « basset des Alpes de l'Erzgebirge » comme race de chien de rouge. Le nom est modifié en « basset des Alpes » en 1975 et en 1991 la Fédération cynologique internationale classe la race parmi les chiens de rouge du groupe 6. Le basset des Alpes est assez connu en Autriche où ce chien jouit d'une popularité croissante comme chien à tout faire. Quelques sujets sont également présents en Italie, mais en dehors de ces deux pays, les sujets sont plutôt rares, malgré le fait que ses performances dans la recherche au sang lui ont rapporté la reconnaissance du Kennel en 1932 en tant que troisième race de chien de sang, avec le « rouge » de Bavière, et le « rouge » de Hanovre. Il est aussi utilisé pour la chasse aux lièvres, du renard, et celle du grand gibier où il excelle. Le basset des Alpes chasse en solo ou en couple.

Son physique

Dachs est un terme allemand désignant des chiens de chasse à pattes courtes. Le nom de Dachsbrack signifie que cette race de chiens provient de croisement avec des teckels. Le basset des Alpes est un chien courant bas sur pattes et de constitution robuste. L'ossature est fortement développée avec une musculature ferme. La tête dispose d'un pont droit du nez avec un arrêt définitif et un crâne légèrement arqué. Son museau est fort à la transition prononcée à la région crânienne. Sillon bien défini au niveau du front, légèrement souligné occiput. Le nez est noir et les lèvres sont près du corps avec un pigment noir, courbe modérément arrondie de lèvres. Fortes dents complètes avec ciseaux ou en pince. Les yeux ont l'iris brun foncé et les paupières sont appropriées près de globes oculaires avec pigment noir. Le cou est musclé et pas trop long. Le tronc est fort et bien musclé, allongé. Garrot modérément souligné, dos droit, les reins court et large. La croupe est à peine en pente.

Attachée haute, la queue est forte à la racine et est portée légèrement abaissée. Elle atteint tout juste le sol. Le poil forme une brosse sur la face inférieure. Les yeux sont de couleur marron foncé. Les oreilles sont attachées haut, sans pli, lisses et larges, pendantes. D'une longueur moyenne, leur extrémité est bien arrondie. Le poil est serré, double et très dense avec un sous-poil épais. Le Basset des Alpes a la particularité de posséder une double couche composée de poils très épais et un sous-poil dense, qui couvre tout le corps et est près du corps. La robe admet deux couleurs : le fauve unicolore et le noir et feu. Pour la robe unicolore, la couleur idéale

est un fauve foncé tirant sur le rouge dit rouge cerf, avec ou sans truitage noir. Pour le noir et feu, les marques feu rouge-brun sont bien délimitées sur la tête, au poitrail, aux membres, aux pieds et sur la face inférieure de la queue. Il est toléré une étoile blanche sur le poitrail. Même si le Basset des Alpes est doté d'un poil double qui lui confère une assez bonne protection contre les rigueurs des paysages alpins, ce chien est plutôt facile à entretenir et ne réclame pas de gros efforts sur ce point. L'entretien doit cependant rester régulier. Par contre, il est recommandé de brosser le chien toutes les semaines pour nettoyer son pelage et pour protéger sa peau. Ses oreilles pendantes sont à inspecter après les sorties et de manière régulière.

Caractère

Le standard FCI décrit le basset des Alpes comme une race éveillée, aimable, impavide et inébranlable. Affectueux, il est pourtant peu adapté à la vie citadine, à moins de l'y habituer très jeune. Plus robuste qu'un teckel, ce chien préfère chasser seul ou en couple, et répugne à chasser en meute.

Groupe : 6
Poids : 16 kg
Hauteur au garrot : 34 à 42 cm

Encore peu connu, ce formidable auxiliaire doté de multiples qualités devrait séduire traqueurs et spécialistes de la recherche au sang, aussi bien en montagne, qu'en forêt. Il se révèle aussi comme chien de poussée de grand gibier particulièrement efficace en forêt et en montagne.

Comportement

Le basset des Alpes est un chien de recherche au sang robuste et endurant, tenace, résistant aux intempéries, combatif face à un gibier blessé, doté d'un nez très fin qui lui permet de suivre une voie ancienne avec beaucoup de sûreté. Outre ses capacités incontestables de chien de rouge, il est également utilisé pour la chasse du lapin, du lièvre et du renard, mais aussi pour celle du cerf et du sanglier. Compagnon affectueux, le basset des Alpes n'est pourtant pas très adapté à la vie citadine, contrairement au teckel à qui il ressemble en plus grand. C'est une race robuste et résistante aux intempéries. La chasse en meute ne lui convient pas. Sa principale qualité est qu'il est doté d'un nez fin, et qu'il se révèle particulièrement endurant et tenace sur les terrains difficiles. Il résiste très bien au froid, l'hiver, en montagne.

UN RÉCIT DE MON AMI

Tarzan

par Pierre Elby…

Lors d'une chasse dans la garenne d'Hardelot, nous disposions de deux rabatteurs accompagnés de plusieurs chiens, leveurs de gibier. Tarzan, le chien de notre garde-chasse, Louis Rochois, n'était pas de race pure, loin de là. Moitié épagneul, moitié on ne sait pas quoi, il avait une tête trop longue et très fine. Son poil roux lui courait sur tout le corps, jusqu'au bout de sa longue queue en panache. Mais, importe peu ! La réputation de Tarzan comme fin limier n'était plus à faire dans la région. Tout naturellement, c'est Tarzan qui débusqua un renard dans un roncier. Il le sortit des buissons et se rua à sa poursuite en aboyant. Louis hurla à la cantonade, « Renard en avant ! » Comme un écho, tous les rabatteurs se mirent à crier à l'unisson… « Renard, renard à l'avant ! » Une minute plus tard, un coup de fusil éclata. On entendit alors une plainte affreuse et des voix qui criaient. Mon père avait aperçu le renard se glisser entre deux fourrés. Il avait jeté son coup de fusil et tué le goupil. Hélas, mille fois hélas, Tarzan, complètement invisible, se trouvait collé à ses trousses et avait reçu plusieurs plombs dans la tête et les yeux. En courant, je regagnai l'endroit du drame et vis mon père à genoux, tenant la tête du chien qui saignait. La face livide de mon père témoignait d'un chagrin immense. Il savait que sa faute était entière. Conscient de cette affreuse méprise, Louis accourut. Pleurant, il prit Tarzan dans ses bras et, sans tarder, les deux hommes s'empressèrent de porter le pauvre blessé chez le vétérinaire le plus proche. Le diagnostic fut formel. Tarzan était et resterait aveugle. En rentrant le soir, nous trouvâmes Louis et mon père complètement effondrés. Louis répétait inlassablement dans son patois picard…

« C'est l'meilleur t'chien qu'ai jamais eu. Y avo un nez d'enfer, y perd jamais eune bête, y m'suivio partout, y m'regardo si gintimint, à c't'heure, y est foutu, c'mint qu'y va faire pour trouver s'route ? »

L'affection que portait Louis à son chien était sans borne, et Tarzan, de caractère joyeux et généreux le lui rendait bien… Six mois passèrent. Louis avait environ cinquante-cinq ans à cette époque quand il fut atteint d'un cancer de la gorge. Envoyé trop tard pour se soigner à l'hôpital de Lille, il y décéda et fut ramené chez lui à Groffliers, dans sa nouvelle et dernière maison. Travaillant chez nous pendant vingt ans comme jardinier et garde de la hutte de l'Arche, il s'était fait construire une confortable maison avec ses économies et l'aide de mon père. Deux longs mois s'étaient écoulés entre son départ et son retour de Lille. Triste et dans l'attente de son maître, pendant tout ce temps, le pauvre Tarzan se languissait. Abandonnant parfois son coin de feu, il trottinait aveuglément vers la porte du jardin à l'écoute de cette voix familière qu'il croyait reconnaître chez l'un des visiteurs. Un simple coup de nez trahissait sa méprise. Sitôt le cercueil déposé, le pauvre chien avait tendu la tête, la truffe frémissante. Il avait longuement hésité à comprendre, mais son flair avait reconnu l'être aimé qui était enfin revenu. Ses yeux tendres sans expression de vie, mais mouillés d'amour balayaient la longue boîte où se tenait couché son maître. Il aurait tant voulu se glisser tout contre lui, pour couler son museau sous ses doigts qui ne venaient pas, comme d'habitude, lui caresser l'échine. Il cherchait à comprendre. Un tremblement nerveux le secouait, des spasmes d'abois retenus engloutissaient sa joie.

Pierre Elby, 1922 - 2003, a été l'un des capitaines d'industrie les plus importants de la seconde moitié du 20e siècle. Originaire de Groflier en baie d'Authie, chasseur passionné, la vie de Pierre a été jalonnée de rencontres exceptionnelles, du gabionneur de la baie de Somme, à nos Présidents et artistes de ce monde. Compter parmi ses meilleurs amis Louis Armstrong, Duke Ellington, Errol Garner ou encore Claude Terrail, grand chef de la Tour d'Argent, vous procure quelques privilèges dont celui, rarissime, d'avoir un canard à son nom sur la carte du plus prestigieux restaurant de France ! Toute sa vie Pierre Elby a eu ce que l'on appelle la Baraka. Mais si la chance l'a accompagnée, il a su aussi la saisir. Son ouvrage « La baraka » nous conte une vie dorée où les plus fabuleuses histoires d'amour et une réussite professionnelle rêvée se conjuguent avec les valeurs de l'amitié et d'une formidable passion pour la chasse de la bécasse et du gibier d'eau. « Tarzan », l'histoire de ce chien fou amoureux de son maître à en mourir que vous allez lire, est bien sûr, tout à fait véridique. Il nous manque beaucoup Pierre…

La patience est le propre des chiens. Refusant toute nourriture, il se coucha sous le cercueil, bousculé de temps en temps par les gerbes de fleurs déposées à côté de lui. Le lendemain matin, une lourde voiture emprunta le petit chemin du jardin. Il sentit des mains l'extirper de son recoin et le déposer près de l'âtre. Son maître s'en allait sans lui. Il ne l'abandonnerait pas. Il se devait de le suivre partout, même à la chasse. Il ne voyait plus, mais il se débrouillerait bien. J'étais présent et retins difficilement une larme quand je vis Tarzan buter contre les jambes des personnes prêtes à suivre le corbillard. Se faufilant, il bondit puis se coucha près du cercueil. L'un des préposés aux pompes funèbres tout de noir vêtus se précipita sur le pauvre chien et l'extirpa sauvagement. Il le porta dans la maison et le jeta sur un fauteuil. Rageusement, le chien refit le même trajet à grande allure. Il s'engouffra, plié dans sa course comme un lapin qui force une ligne de rabatteurs, sauta et atterrit, butant son nez sur les planches du cercueil. Doucement, il gémissait sa douleur, ses babines affolées se levaient un peu, laissant apparaître ses dents. Il semblait déterminé à se battre. Ses yeux vides s'éclairaient enfin. Il affichait une expression complexe, intense, presque agressive d'obstination, de brutalité courageuse. Le paradoxe c'est qu'il essayait tout en même temps de se faire tout petit pour qu'on l'oublie. Ce spectacle désolant tirait les larmes des enfants de Louis, qui savaient quel attachement avait lié ces deux êtres. L'un des fils, à contrecœur, se voulant utile, prit le chien par les pattes, et le tira doucement en murmurant. « Viens Tarzan, viens min chien ! »

Désespéré, il remit la pauvre bête dans la maison et ferma la porte. Je me tenais contre la fenêtre. Celle-ci était entrouverte et je vis Tarzan essayer dix fois dans son aveuglement de sauter sur la table appuyée contre la fenêtre. Il manquait son but et chutait à chaque fois lourdement. Désespérément, implorant et suppliant de l'aide, il gémissait. Tremblant de tous ses membres, il parvint enfin dans un sursaut d'énergie à se hisser sur la table. De son nez et de ses pattes, il poussa la fenêtre et se jeta à l'air libre. Il chuta brutalement à terre. Son flair le guidant, il n'eut aucun mal à rejoindre Louis. Cette fois, je ne pus m'empêcher d'intervenir. Je me ruais sur le fourgon, fermait la porte en laissant côte à côte ces deux êtres perdus et soufflais de rage. « Fichez-lui donc la paix ! Qu'est-ce que cela peut bien foutre si un chien entre au cimetière ! » Personne n'avait vraiment envie de me contredire. Mon autorité fit loi et Tarzan n'alla pas seulement au cimetière. Il entra dans l'église où il suivit la messe, allongé près du cercueil. Je crois n'avoir jamais vu autant de gens pleurer, surtout à l'offrande quand ils regardaient cette touffe de poils roux lovée comme un renard au trou contre le cercueil.

Madame Rochois m'assura qu'il lui arrivait souvent, lorsqu'elle allait se recueillir devant la tombe de Louis, d'y trouver Tarzan assis, toujours dans l'attente de son maître. Elle le retrouva mort quelques semaines plus tard, couché sur la tombe de son mari, enfin libéré. Si le paradis existe, ce serait justice que ces deux-là s'y retrouvent…

LE CYCLE ÉTONNANT DE LA MIGRATION DES OISEAUX

Juillet, la migration… c'est reparti !

Mâles de souchet en mue

Début juillet, le grand cycle migratoire recommence. Après la reproduction vient la migration. Les oiseaux obéissent à une « horloge interne », qui, via leurs glandes endocriniennes, détermine leur rythme de déplacement annuel. Cette « horloge interne » s'est constituée lentement au cours des millénaires qui ont vu les espèces s'adapter à de longues périodes de glaciations. Ce qui n'empêche pas certaines variétés de modifier dans un intervalle de temps restreint leurs comportements migratoires, comme le fait le pigeon ramier, la grive mauvis, les oies et le canard siffleur. De plus, des conditions météorologiques particulières sont susceptibles, non seulement de décaler leurs dates de départ, mais également la durée de leur voyage. Quant aux oiseaux erratiques, ce sont en fait des « vadrouillards » qui se déplacent souvent en bandes sur des dizaines, voire des centaines de kilomètres à la ronde, à la recherche de leur nourriture ou d'eau. Et puis, pendant que les uns partent, les autres de la même espèce arrivent. Ne vous y trompez pas ! Le pinson qui vous semble familier cet été n'est pas celui que vous avez nourri cet hiver ! Celui-là se trouve depuis longtemps en Norvège ou en Pologne où il vient de nidifier. Une question reste posée. Les espèces nichant en Europe, mais hivernant une grande partie de l'année en Afrique, sont-elles d'origine africaine ou européenne ?

Un cycle biologique

Les migrateurs ont un cycle annuel biologique qui dirige et règle les principales étapes de leur vie. Après la mue vient le temps de la migration postnuptiale. D'une année à l'autre, sauf problème majeur de la reproduction lié à un printemps « pourris », les dates de départ ne varient guère pour les migrateurs au long cours. Elles sont innées, tout comme la direction de vol et la distance approximative à parcourir. Parallèlement à ces facteurs internes, des facteurs externes influencent le comportement des oiseaux migrateurs. La diminution de la durée des jours et de la nourriture provoque le développement de glandes comme l'hypophyse, qui sécrète alors des hormones et amplifie l'impulsion migratoire.

Le « zugunruhe »

La migration n'est pas un phénomène obligatoire, mais chez toutes les espèces migratrices, l'oiseau, en fonction de ses paramètres physiologiques, hormonaux ou alimentaires, se sent à un moment donné, obligé de partir. Accompagné d'un engraissement, celui-ci montre alors à l'approche du départ, un stress appelé « zugunruhe », stress qui apparaît chez certains dès la mi-juillet. À cette date, les coucous adultes sont déjà repartis vers l'Afrique, mais il est vrai qu'ils ont laissé à d'autres le soin d'élever leur progéniture. Les limicoles ouvrent le bal, avec le fameux passage des bécassines du marais de la Sainte Madeleine en Picardie qu'accompagnent les premières sarcelles d'hiver et d'été. Et ce n'est qu'un commencement, car au fil des jours, des semaines et des mois,

L'étonnant Torcol fourmilier

Le Torcol fourmilier est un oiseau vraiment singulier, qui a la particularité de porter un plumage dont l'aspect ressemble à de l'écorce d'arbre. En raison de certaines particularités anatomiques, en particulier des doigts et de la langue, il est classé dans la famille des pics. Pourtant, il ne grimpe pas, ne creuse pas le bois, ne tambourine pas et il n'est pas sédentaire. Toutefois, comme les pics, il niche dans une cavité qu'il ne creuse pas, mais qu'il squatte au besoin. Contrairement aux autres pics, les torcols sont des migrateurs au long cours qui hivernent en Afrique tropicale. Ils reviennent en France à partir de la mi-avril pour repartir dès la fin d'août. Du fait de sa robe mimétique, le torcol est difficile à observer. Son aspect de lambeau d'écorce est bien insolite, de même que sa propension en cas de danger à s'étirer puis à contorsionner lentement son cou pour se donner une allure de serpent destinée à dissuader les prédateurs. S'il est dérangé pendant qu'il niche, le torcol peut siffler comme un serpent et onduler sa tête en tordant son cou. Sa forme est élancée et longiligne. Son plumage est constitué de marbrures marron et grisâtres avec des striures plus foncées, qui rappellent la livrée de l'engoulevent. La présence du Torcol resterait souvent ignorée, s'il n'émettait pas des cris bien typiques, une série de sons précipités très sonores au printemps. Leurs émissions sonores s'arrêtent dès la mi-juin, ce qui fait que la période propice pour remarquer cet oiseau est très courte. Grand consommateur de fourmis, le torcol se déplace beaucoup à terre où, comme le fait le pivert, il fouille à coups de bec les fourmilières avant d'y glisser sa langue pour récolter larves et adultes.

le « zugunruhe » va faire que la majorité des oiseaux migrateurs venus de Russie et de Scandinavie vont traverser la France, pour rejoindre leur zone d'hivernage…

Une migration pour muer tranquillement

Après avoir contribué à élever leur couvée, les canards mâles commencent à perdre en quelques jours les rémiges de leurs ailes, ce qui les empêche parfois de voler pendant les quelques semaines nécessaires à la pousse du nouveau plumage. Cette phase est dénommée la mue. Sentant qu'ils vont être vulnérables au cours de cette période, les oiseaux cherchent à se cacher dans des marais à la végétation très dense. Ce déplacement, que certains ont appelé la « migration de mue », s'effectue le plus souvent sur de courtes distances.

La « rémanence migratoire »

L'observation des oiseaux adultes par les jeunes générations assure le maintien des traditions migratoires. Très vite, l'habitude s'inscrit dans les gènes, et l'instinct se substitue à l'imitation. Pourtant, il suffit qu'une population migratrice soit déviée de sa voie habituelle par un incident météorologique majeur pour qu'une autre rituelle d'hivernage se mette en place. Ce phénomène a été constaté en France chez certaines populations. Au cours de l'hiver 1962 – 1963, une très forte vague de froid affecta toute l'Europe et l'Afrique du Nord, obligeant un grand nombre d'oiseaux à décaler leurs quartiers d'hiver plus loin vers le sud. Des dizaines de milliers d'entre eux atteignirent le centre de l'Afrique, où ils se cantonnèrent. Lors des saisons hivernales suivantes, hors contexte météorologique défavorable, une fraction de ces oiseaux revint spontanément sur ces nouveaux sites. Ce processus est connu sous le terme de « rémanence migratoire » par les biologistes. Il y a fort à parier que l'hivernage africain de plusieurs espèces résulte d'un phénomène identique, originellement hérité de la dernière glaciation.

Que se passe-t-il chez les oiseaux en juillet ?

La migration…

Le grand cycle migratoire a recommencé. À partir des 18-20 juillet, ce sont principalement les limicoles, toujours précurseurs à cette période, qui vont investir doucement nos côtes et nos baies. Les sarcelles et colverts qui sont nés en marais intérieur vont eux aussi quitter leurs zones de nidifications. Ce mouvement migratoire est parfois tributaire d'une sécheresse locale, mais surtout des vents « accrochés » entre est et sud-est, va aller en s'amplifiant au fil des jours. Pourtant, qu'on ne s'y trompe pas ! Du fait du réchauffement climatique, les migrations risquent d'être écourtées. Opportunistes, les oiseaux vont alors pouvoir faire l'économie des énormes dépenses d'énergie qu'exigeaient ces voyages au long cours, cause d'une importante mortalité.

des limicoles

Courlis cendré

C'est la migration la plus spectaculaire en France durant cette période. Ayant niché dans les toundras et taïgas de Scandinavie et de Russie, c'est une arrivée massive dès la mi-juillet dans nos baies et nos plages des premiers limicoles. Les chevaliers gambettes, les petits gravelots et les bécasseaux variables s'en vont rejoindre leurs quartiers d'hiver en Europe du Sud et de l'Ouest ainsi qu'en Afrique. Les limicoles font aussi bien étape dans les zones humides que dans les estuaires qui jouent un rôle primordial en hébergeant ces effectifs importants de ces migrateurs. Les limicoles auront majoritairement quitté les pays scandinaves où ils ont nidifié entre le 15 juillet et le 15 août. Au début de l'automne, tous ces oiseaux de rivage auront rejoint leurs quartiers d'hiver en Europe du Sud et de l'Ouest ainsi qu'en Afrique.

des canards

Tributaires d'un printemps et d'un été favorable à la reproduction, sarcelles d'hiver, d'été et souchets arrivent dans le nord de la France aux alentours du 15 - 20 juillet. Par contre, une grande sécheresse oblige ces avant-gardistes à remonter et à stationner quelque temps dans quelques pays humides du nord pour y attendre des jours meilleurs.

des bécassines

« Dès le 22 juillet, on revoit des bécassines… ». À deux trois jours près, ce vieil adage picard s'avère toujours exact… Traditionnellement, les tout premiers passages sont observés à partir du 20 juillet en Picardie, et fin juillet en Brière. En début de migration, la densité de « demoiselle » est fonction de la météorologie et des bons niveaux d'eau.

des tadornes de belon

Les jeunes qui nagent et se nourrissent dans les estuaires sont loin d'être volants. Leurs nids, simple trou d'arbre ou terrier de lapin, voire sous des buissons, ont été abandonnés. Les adultes mâles ont la particularité de regrouper les jeunes en crèches sous la surveillance d'une ou de plusieurs femelles, puis ils partent, muer dans la mer des Wadden en Allemagne.

La prise de poids des oiseaux avant la migration...

Tadones de belon

C'est le tout début de la migration postnuptial des limicoles, du milan noir et du martinet noir. Bizarrement, chez certaines espèces comme le coucou, les adultes partent avant les juvéniles. Après la charge de l'élevage et la formation des jeunes, puis de la mue qui peut être totale, voici venu le temps de l'engraissement pour les oiseaux migrateurs en prévision de l'énorme dépense d'énergie causée par leur voyage pour se rendre dans leur zone d'hivernage. Pour acquérir ce carburant énergétique, les oiseaux doivent trouver des aliments en abondance dans le but d'affronter dans les meilleures conditions possibles un trajet périlleux qui peut atteindre des milliers de kilomètres et durer plusieurs semaines. Quand les conditions sont idéales, la prise de poids est très rapide. Certains gobe-mouches noirs du nord de l'Europe s'engraissent en Espagne et au Portugal avant de traverser la Méditerranée et le Sahara. À raison de 0,25 à 0,30 gramme de graisse par jour, il leur faut quatre à cinq semaines pour acquérir les stocks de graisses nécessaires. Le phragmite des joncs, qui pèse normalement dix à douze grammes, peut doubler de poids avec la graisse, ce qui lui permet de voler une bonne centaine d'heures. La Fauvette babillarde qui pèse généralement environ dix grammes peut atteindre dix-huit grammes avant son départ en migration.

Les vents

À partir du 15 juillet, les vents ayant une tendance à l'est déclenchent les premiers mouvements migratoires des oiseaux sur la France. Par contre, les vents d'ouest contraires bloquent ce comportement migratoire.

Avec des régimes alimentaires très différents

Chez la plupart des espèces d'oiseaux, le régime alimentaire détermine la distance effectuée lors de leur migration. Les petits passereaux insectivores, comme hirondelles, pouillots, martinets et fauvettes, effectuent des migrations en moyenne deux à quatre fois plus longues que les granivores, tels que gros-becs ou chardonnerets. Les passereaux au régime alimentaire mixte, granivores et insectivores, comme le rouge-gorge ou la fauvette à tête noire, migrent à des distances intermédiaires entre ces deux groupes. De même, chez les rapaces du paléarctique occidental, les espèces migratrices qui se nourrissent d'animaux à sang chaud, tel que rongeurs, oiseaux, et micromammifères, comme busards ou aigle botté, hivernent au nord du Sahara (dix-sept espèces), quand presque toutes celles qui se sustentent de proies à sang-froid (poissons, lézards, serpents) comme le circaète Jean-le-blanc ou le balbuzard pêcheur, hivernent au sud du Sahara (sept sur huit). Chez les douze espèces pouvant alterner les deux types de proies, huit hivernent à la fois au nord et au sud du Sahara.

Et des déplacements qui diffèrent

Pour se déplacer, chaque oiseau a sa stratégie, comme le passereau qui voyage par étapes d'environ trois cents kilomètres, et qui ne fait escale que lorsque le temps devient menaçant. A contrario, quelques espèces parcourent l'incroyable distance de mille cinq cents kilomètres en 24 heures. L'hirondelle de cheminée, c'est la championne des records en vol battu, en parcourant chaque année près de dix mille kilomètres, depuis le nord de l'Europe jusqu'en Afrique du Sud. D'autres espèces, tel le chevalier combattant, migrent depuis la toundra, à l'est de la Russie, pour passer l'hiver en Europe de l'Ouest ou en Afrique, parcourant des distances similaires. Des oiseaux comme le traquet motteux, qui migre depuis l'Alaska jusqu'en Afrique, ou bien encore le pouillot boréal, qui quitte la Laponie pour le Sud-est asiatique, sont de grands voyageurs.

> ***J'aime le son du cor le soir au fond des bois,***
> ***soit qu'il chante les pleurs de la biche aux abois***
> ***ou l'adieu du chasseur que l'écho faible accueille,***
> ***et que le vent du nord porte de feuille en feuille.***
>
> **Alfred de Vigny**

Aventures et émotions de chasse

AU HASARD DE LA CHANCE - 1987
par Jean de Beaumont

Ce qu'a écrit Jean de Beaumont n'est pas de l'imaginaire, c'est sa vie ! Et quelle vie ! Surnommé le meilleur fusil de France, il a été dans sa jeunesse un jockey de renom, député, pilote de chasse pendant la guerre, banquier, président de Sociétés de compagnies minières, créateur de la confrérie du « Mets-toi à l'aise » à Diebolsheim en Alsace, ami des Présidents Pompidou et Giscard d'Estaing, président du Comité olympique français, et surtout, Jean de Beaumont, véritable légende du 20e siècle, était un fou de chasse. Il raconte…

Un jour que j'invitais à Diebolsheim, Roland de Maillé, grand cavalier, champion de concours hippiques, qui était de mes amis ainsi que la très jolie Eymardine, son épouse. Il me demanda la permission de venir seul. Il avait en effet appris que serait présente à ce week-end une actrice de cinéma à laquelle il avait discrètement fait la cour à Paris, sans succès. Il comptait beaucoup sur l'escapade alsacienne pour améliorer leurs relations ; mais il n'avait pas compté sur les moustiques. C'était au début de septembre ; l'objet de ses vœux n'arrivant que pour dîner, Roland souhaita en attendant aller tirer les canards à la passée du soir ; et le voilà parti sans moi en compagnie d'un garde, la chemise ouverte, vu le temps lourd et nuageux, en pantalon de toile et souliers légers, sans gant. Quand il reparut à la nuit, il était méconnaissable : son visage était boursouflé, ses paupières à demi fermées, ses chevilles en sang. Il ne put fermer le col de sa chemise de smoking pour le dîner, et, détail navrant dont nous nous réjouîmes comme il convient, son arrière-train le démangeait tellement, qu'il ne put s'empêcher de le gratter pendant toute la soirée… En fonction de quoi, la jolie actrice jeta son dévolu sur un jeune secrétaire d'État audacieux et entreprenant. Nos moustiques d'Alsace, si nombreux le soir par temps orageux près de l'eau et des roseaux, et si avides qu'ils piquent même à travers les vêtements, avaient été la providence d'Eymardine.

AOÛT
2023
Ducks Serial

Août

Du côté des livres

SUBTILITÉS DE LA CHASSE À LA BÉCASSE

Par Édouard Demolle - 1964 et 1985

« Ce ne sont pas les chiens dressés à la bécasse qui sont les meilleurs bécassiers : ils deviennent très souvent trop lents, trop prudents sur le pied. Nous préférons de beaucoup les chiens qui, jeunes, ont été dressés à la perfection en pays sec, rocailleux, sans beaucoup de couverts. Ils sont prudents, tout en étant habitués à arrêter de loin et à suivre à distance un oiseau coureur ; en un mot, ce sont des auxiliaires qui ne se laissent pas "carotter". Cela est important, car beaucoup de bécasses sont des coureuses extraordinaires, cherchant continuellement à dépister le chien. Elles y parviennent souvent fort bien, à tel point que de jeunes chiens abandonnent la piste, croyant la pièce partie, tandis que le bon bécassier continue son travail avec prudence, mais d'une façon tenace, et ne se laisse pas endormir, chloroformer par une "vieille roublarde".

Lun.	Mar.
	1 Alphonse
7 Gaëtan	8 Dominique
14 Évrard	15 Assomption
21 Christophe	22 Fabrice
28 Augustin	29 Sabine

Mer.	Jeu.	Ven.	Sam.	Dim.
2 Julien Eymard	3 Lydie	4 Jean-Marie-Vianney	5 Abel	6 Transfiguration
9 Amour	10 Laurent	11 Claire	12 Clarisse	13 Hippolyte
16 Armel	17 Hyacinthe	18 Hélène	19 Jean-Eudes	20 Bernard
23 Rose de Lima	24 Barthélemy	25 Louis	26 Natacha	27 Monique
30 Fiacre	31 Aristide			

notes

Une passée avec des sangliers voleurs

Un jeune chien est un être sensible qui peut être marqué à vie par un évènement traumatisant. Généralement, avec le temps, certains oublient et ne sont guère affectés, alors que d'autres gardent comme une empreinte indélébile l'évènement qui les a bouleversés. Je reconnais avoir eu beaucoup de chance que ma chienne Sybelle ne conserve aucune séquelle de l'aventure qui lui est arrivée avec ces sangliers, ce soir-là...

Je vous ai déjà parlé de Pierre Planchard, cet éleveur célèbre de canards de Céré-la-Ronde, qui disait produire cent mille becs plats par an ? À cette époque, mon ami Pierre possédait un territoire engrillagé de deux cents hectares, qu'il réservait à l'élevage et au tir de quelques sangliers. Et comme aimait raconter mon ami, trois ou quatre de ses bêtes noires, certainement plus intelligentes que les autres, avaient réussi l'exploit de ne s'être jamais fait tirer lors des petites battues qu'organisait Pierre pour distraire copains et clients. Ces sangliers, devenus au fil du temps énormes, connaissaient par cœur les manœuvres des différentes traques que tentait de faire sournoisement mon ami pour les piéger. Et lorsque ce n'était pas le cas, quand ils se retrouvaient malencontreusement face à l'un de ces monstres, les chiens des rabatteurs faisaient immédiatement un grand détour pour ne pas avoir à les affronter…

L'autre particularité de cet enclos est de posséder deux étangs de quelques hectares chacun, réputés excellents à la passée, que visitaient chaque soir sarcelles, fuligules et colverts. Bon ! comme vous l'aurez bien compris, faire une passée chez Pierre, c'est pour le sauvaginier que je suis, la certitude de passer un très excellent moment.

En ce jour du mois d'août, j'ai rendez-vous avec Pierre pour lui régler les canards achetés à l'âge de huit semaines en juin, canards qui avaient été relâchés sur mes quatre étangs de Faverolles. L'ouverture est prévue dans une quinzaine, et je félicite Pierre de la qualité de ses oiseaux qui se conduisent comme de vrais sauvages. Connaissant ma passion pour faire une passée, Pierre, gentiment m'invite à la faire le soir même dans son parc…

« Moi, j'ai un rendez-vous, et je ne pourrais pas t'accompagner », me dit-il. « Par contre, Georges Lycan, notre copain acteur et autre passionné de chasse et de bec-plats, qui possède une propriété voisine, sera lui, présent… »

Une heure plus tard, accompagné de Sybelle, ma toute jeune griffonne Korthals, je me trouve donc posté aux abords d'un des étangs de Pierre. Ma chienne, qui vient d'avoir huit mois, possède déjà quelques qualités qui me font entrevoir la grande chienne qu'elle va devenir. Le plan d'eau que je me suis choisi se trouve au milieu des bois, alors que Georges, lui, s'est réservé le deuxième étang aux abords bien dégagés. Le soleil commence à disparaître à l'horizon, l'obscurité s'installe doucement, les choses sérieuses devraient bientôt commencer. Effectivement, dès l'apparition des premières chauves-souris, fidèles au rendez-vous quotidien, surgissent comme des diables de derrière les arbres une petite volée de sarcelles d'hiver. J'ai la chance d'en arrêter une qui tombe devant mon affût. À mon commandement, Sybelle, excitée comme une puce, se jette à l'eau, puis, toute fière, elle me rapporte mon petit canard au milieu d'une gerbe d'écume. Imaginez ma satisfaction ! Accompagnés de cancanements, la ronde des colverts commence alors à toutes les hauteurs dans le ciel. Je broie coup sur coup plusieurs canards, dont plusieurs vont s'écraser dans les taillis, derrière moi. Lorsque je suis seul à faire la passée, je laisse mes chiens ramasser mes oiseaux qui tombent à terre et dans l'eau, libres, sans contrainte. De cette manière, je suis presque certain de ne pas perdre de gibier. Enfin, avec des nuances ! Cela me rappelle une passée bien agréable faite cinq ans auparavant près de Mézières en Brenne. J'avais comme auxiliaire à cette époque une griffonne Korthals vraiment retorse, Noisette, grande spécialiste des rapports difficiles au marais. La passée démarre très tard, sans un souffle de vent. Paradoxalement, les vols de canards se succédaient dans le ciel à un rythme endiablé. Faire une passée sans vent, c'est toujours difficile. Les oiseaux volent très haut, et ils se posent comme des cailloux un peu n'importe où, avec une préférence pour les bords de berges sombres. Malgré cela, j'ai la chance ce soir-là de tirer et de faire tomber six colverts, superbement rapportés par Noisette. Paradoxalement, aucun de mes oiseaux n'était raide. Alors, pour ne pas perdre une précieuse seconde, les yeux pointés vers le ciel, je leur tordais rapidement le cou avant de les déposer en tas derrière moi. La passée terminée, je rangeais mon fusil dans son étui, puis j'allumais ma lampe électrique pour ramasser mon gibier. Là, ma surprise est totale, car tous mes canards avaient disparu, comme volatilisés… Noisette avait retrouvé le premier à deux mètres de là. C'est le dernier, qui avait parcouru une bonne centaine de mètres, qui lui donna le plus de fil à retordre. Le rapport de ces six oiseaux dura pas loin d'une demi-heure. Cette erreur de ma part eut des conséquences, car à partir de là, Noisette changea complètement de comportement dans sa manière de me rapporter son gibier. Quand elle tenait une pièce de gibier blessée dans sa gueule, elle s'arrêtait à quelques mètres de moi pour achever l'oiseau en l'étouffant. Oh ! elle ne l'abîmait pas, mais elle répugnait à me confier un oiseau encore vivant. Puis, lorsqu'elle est tout à fait certaine qu'il était bien mort, elle acceptait alors de venir vers moi et de me le donner… Surprenant, non ?

Revenons à notre passée chez Pierre. Je tire encore entre les arbres une dizaine de cartouches sur des oiseaux au vol très rapide. Puis, arrive cet instant où il est évident que la passée est terminée. J'allume ma lampe, puis je commande à Sybelle de me rapporter trois de mes canards qui sont tombés derrière moi. Ma chienne part quelques instants, puis elle

revient, comme apeurée. Je la renvoie en l'encourageant. Sybelle s'enfonce dans les fourrés, lorsque je distingue à travers les arbres le faisceau des phares de la voiture de Georges qui arrive. Je continue d'appuyer de la voix Sybelle qui ne revient pas. J'entends la voiture qui s'arrête. Georges coupe le moteur, klaxonne plusieurs fois de suite, puis je l'entends pousser de grands cris et claquer bruyamment dans ses mains. Très surpris par l'attitude de mon ami, je vais à sa rencontre. Une minute plus tard, George, hilare, m'explique alors les raisons de son comportement.

« Lorsque je suis arrivé, mes phares ont éclairé trois énormes sangliers qui se tenaient à une cinquantaine de mètres de toi. Le plus gros avalait laborieusement un de tes canards, pendant qu'un autre coursait ta chienne qui tenait un de tes oiseaux dans sa gueule. Il a réussi à la rattraper, et il lui a mis un sacré coup de groin dans les fesses. Ça devait être une laie, sinon ta chienne se serait fait découdre. Sans demander son reste, Sybelle a abandonné ton colvert pour aller te rejoindre, pendant que le sanglier, satisfait, avalait ton canard la tête la première… En vérité, ma voiture, les phares, les coups de klaxon et mes cris n'ont pas eu vraiment l'air de vraiment les déranger… »

Plus tard, Pierre a confirmé la scène incroyable décrite par Georges… et de conclure…

« Il devient de plus en plus difficile de ramasser des canards dans mon enclos. Mes trois sangliers, grands amateurs de gibier, ce sont des retrievers exceptionnels pour retrouver un canard désailé... Mais c'est bien dommage qu'ils ne rapportent pas ! »

Sacré Pierre !

De là, pendant plus d'un an, dès qu'il faisait nuit noire, Sybelle refusa de s'éloigner de moi après la passée…

Heureusement, avec une mise en confiance et de la patience, cette appréhension due à ces sangliers voleurs, disparut complètement.

Nos différentes pratiques de chasse

Levées et passées aux canards

L'ensorcelante levée d'étang

Toujours passionnante, la levée d'étang donne un avant-goût de ce que pourrait être la passée. En marais intérieur, les premières levées d'étang se font traditionnellement d'août à septembre. Quelques chasseurs encerclent leur plan d'eau, puis ils se rapprochent pour se découvrir et faire ainsi voler les canards posés devant eux. Sur les grands étangs, la réussite est loin d'être évidente, les canards défilant vite et haut au-dessus des chasseurs. En fait, c'est un tir qui s'assimile à du tir de battue en plus difficile, lorsque les becs plats lancés à grande vitesse défilent à limite de portée. Très vite, les canards nés ou élevés sur place réalisent le danger de se faire encercler par les chasseurs. Sur les grands plans d'eau, ils se concentrent alors en paquets inabordables. Sur les étangs de superficies moyennes, les canards se mettent immédiatement sur l'aile à la moindre alerte, souvent même bien avant que le chasseur ait eu le temps de se rendre à son poste. Aux premiers coups de fusil, les canards disparaissent pour ne revenir que le soir à la passée. Et lorsqu'ils sont vraiment trop malmenés, les anatidés abandonnent définitivement leurs habituelles remises, pour d'autres, plus tranquilles…

Le tir

Réussir à bien tirer des canards lancés sur plusieurs centaines de mètres n'est pas à la portée du premier fusillot venu, et encore plus particulièrement les jours de grand vent. Avant de tirer, la correction qu'il doit effectuer devant une sarcelle est toujours très largement sous-estimée par le débutant, et parfois aussi par le chevronné. Lorsque le chasseur, à force de séances au parcours de chasse, imagine avoir réussi à assimiler les règles du tir au fusil de chasse, et parvient laborieusement à effectuer le bon correctif, la sensation qu'il va louper par devant est tellement forte, qu'il bloque son fusil avant d'appuyer sur sa queue de détente. Ce qui fait que sa gerbe de grenailles passe... allègrement loin derrière l'oiseau. Cette technique est rendue encore bien plus compliquée avec l'obligation de tirer des cartouches chargées en substitut au plomb au-dessus des zones humides, et de la grenaille d'acier à faible densité.

La passée

À l'aube et au crépuscule, été, automne comme hiver, se produisent d'importants mouvements de canards au-dessus des zones humides. Les sauvaginiers, mettant à profit ces déplacements réguliers, pratiquent la passée du soir dans les marais intérieurs, et celle du matin au bord du littoral. Paradoxalement, ces passées sont différentes par la quantité des canards qui sont observés le matin et le soir. Les migrateurs nouvellement arrivés de la nuit en bord de mer sont en recherche d'un plan d'eau tranquille pour se reposer et se refaire, alors qu'en marais intérieur, sédentaires et migrateurs se déplacent régulièrement pour trouver leur nourriture. La sensation de solitude au milieu d'un marais rendu mystérieux par la baisse de visibilité, le soleil qui disparaît doucement, ajouté aux appels lancinants des oiseaux aquatiques, rend le sauvaginier rêveur et nostalgique dans cette ambiance si particulière.

La passée du soir en marais intérieur

En été, dès la tombée de la nuit, les canards vont s'abattre dans les champs d'avoines pour se gaver de ces grains dont ils raffolent. À partir du 15 août, ils se posent dans les queues d'étang, là où ils savent trouver, insectes, mollusques et crustacés. Avant le jour, une fois rassasiés, les canards regagnent les plans d'eau sur lesquels ils passeront la journée à dormir, s'ils ne sont pas dérangés. À partir de novembre, tout change. Chaque soir, les canards sédentaires et en hivernage vont déserter les grands plans d'eau, pour aller « pâturer » dans les prés et les champs inondés. Avant de choisir son poste, le sauvaginier doit prendre compte que les canards se posent et se lèvent face au vent. Il existe de nombreux spécialistes qui réalisent dans une obscurité presque totale des tirs vraiment surprenants. À l'évidence, il faut avoir beaucoup pratiqué pour parvenir à un tel niveau. Cette pratique ensorcelante exige de connaître plusieurs particularités. En été et au début de l'automne, la passée commence souvent lorsque le soleil n'est pas encore couché et elle dure parfois assez longtemps. Le début de la passée du soir se situera beaucoup plus tardivement si le ciel est très couvert que s'il est parfaitement dégagé. Face au soleil couchant, il est impératif d'être parfaitement camouflé, visage ou mains devenant de véritables épouvantails à canards. Les soirs sans nuages avec de la lune, sont souvent décevantes, car la visibilité est nulle. Lorsque l'hiver est avancé, tout change. La passée, qui devient brutale et très courte, commence toujours au crépuscule, entre chien et loup. Elle démarre brutalement, presque à nuit noire, et n'excède pas deux à trois minutes. Qui dit chasse à la passée sous-entend le plus souvent tirer dans l'obscurité, c'est-à-dire dans de très mauvaises conditions de visibilité. Bien entendre devient aussi un atout qui permet de percevoir l'arrivée d'un oiseau et de repérer sa chute une fois tué. Accompagné d'un chien approprié aussi passionné que lui, la passée du soir en marais intérieur est un véritable engouement pour conclure une bonne journée de chasse..

Le drahthaar

Conformément au but recherché par les Allemands qui était de créer un chien de chasse polyvalent, le Drahthaar possède toutes les aptitudes nécessaires au travail en plaine, au bois et au marais, avant et après le coup de feu. Indéniablement, le drahthaar est un chien qui possède de hautes qualités de chasse. Et cela peut se comprendre. Les éleveurs allemands, opportunistes, ont toujours recherché à produire des sujets destinés à la chasse pratique pour les chasseurs ayant besoin d'un chien arrêtant tout gibier en plaine, débusquant aussi bien les oiseaux de tir que puants au marais et au bois, bousculant le chevreuil, le cerf ou le sanglier, et surtout, retrouvant au sang tout grand gibier blessé. Cet atavisme est particulièrement bien marqué chez le drahthaar...

Son histoire

La création de la race est issue de la volonté de Siegfried Hegewald, baron de Zedliz et Neukirch, qui a fédéré un groupe d'éleveurs allemands pour obtenir un chien d'arrêt polyvalent, courageux, doté du nez d'un bon arrêteur et d'un poil dur et impénétrable pour braver les terrains et climats les plus difficiles. Vers les années 1870 et 1880, deux éleveurs amateurs, l'un hollandais établi en Allemagne, Edward Karel Korthals, et l'autre allemand, F. Bontant, se sont employés à l'amélioration et à la fixation du chien d'arrêt à poil dur ou rude, chiens qui se rencontraient sous des types divers un peu partout sur le continent. Les documents de l'époque et les portraits des chiens de ces deux éleveurs attestent que leur point de départ fut le même, et qu'ils envisageaient à moyen terme un idéal commun. Mais rapidement, quelques divergences virent le jour. Korthals affirmait que les chiens appelés en français « griffons à poil dur », et qui se rencontraient dans divers pays en Europe, devaient être considérés comme appartenant à une seule et même famille… Bontant et d'autres éleveurs allemands prétendaient, au contraire, qu'il existait en Allemagne depuis longtemps une race spécifique de chiens à poil rude, poil raide ou poil touffu, indifféremment appelés « Stachelhaarigen », « Drahthaarigen » ou encore « Stichelhaarigen ». En fait, à l'évidence, tous ces chiens appartenaient bien à une même souche, celle des barbets et des griffons.

Le Drahthaar s'individualise

La ténacité n'est pas la moindre des qualités des éleveurs allemands. Après le décès d'Edward Korthals, l'homogénéité s'affirmant chez les griffons à poil dur korthalsiens, un groupe d'amateurs d'Outre Rhin persista dans la volonté de créer un chien d'arrêt à poil dur typiquement allemand. En 1902, ils constituaient la Société du « Poil dur allemand », avec pour chien type le Verein Deutsch-Drahthaar, plus communément dénommé Drahthaar. Avant d'établir avec ses disciples le standard du griffon d'arrêt à poil dur, Korthals avait, à lui seul, élevé et sélectionné plus de six cents chiens. Adoptant une autre méthode, les éleveurs allemands établirent d'abord le standard idéal du chien qu'ils se proposaient de réaliser, et, pressés de l'obtenir, mirent sur le marché la plupart des produits de premières générations. Beaucoup d'amateurs les utilisèrent comme géniteurs sans se douter qu'ils étaient des métis, et nombre de ces éleveurs n'avaient pas les compétences, le sérieux ou les moyens de refaire au moment opportun les nouveaux croisements nécessaires, de sélectionner et de recourir à la consanguinité quand elle s'avérait utile : bref, le drahthaar se présentait sous les aspects les plus divers, avec également des qualités et des défauts très différents selon les sujets.

Initialement, le Drahthaar était un mélange déclaré de caniche, de pointer, de braque allemand… et de Griffon. Chacune des races devait apporter ses qualités dans un seul et même chien. Avouer ces croisements de la part des éleveurs allemands était fort honnête, mais les déboires arrivèrent rapidement, car cette fusion présentait un grave inconvénient. Tous les cynophiles savent pertinemment qu'il est extrêmement difficile de créer, puis de fixer artificiellement une race, sans avoir outrageusement recours à la consanguinité. Le problème, et pas des moindres, est que les caractères et les physiques des descendants ressortent naturellement après quelques générations. Seuls les Anglais, ces sorciers pour fabriquer une race de chien, réussir à créer et à fixer des races comme le pointer, le setter, et bien d'autres. En recourant outrageusement à quelques géniteurs comme le braque allemand et… le griffon Korthals, il fallut des années aux éleveurs allemands pour fixer et stabiliser définitivement, au physique comme au mental, le Drahthaar.

La fixité du Drahthaar

Malgré son standard très proche du griffon Korthals, le Drahthaar s'est orienté vers un type très différent, non seulement par son pelage, court, très dur, collé au corps, et généralement dépourvu de sous-poil, mais aussi par la forme de sa tête. Ses yeux, son corps plus enlevé en dépit de la proportion recherchée, la longueur devant, en principe, dépasser d'un dixième la hauteur, la taille plus élevée de six centimètres en moyenne les différencie vraiment… Le divorce est consommé entre griffons et chiens de poils durs allemands, dès l'instant où ceux-ci ont été maintenus au plus près du pointer et du braque. Pourtant, il faut avouer que le drahthaar est devenu un chien pourvu de haute qualité de chasse. Et cela se comprend, ses éleveurs ayant jusqu'ici recherché uniquement la production de sujets destinés à la chasse pratique pour des chasseurs ayant besoin d'un chien arrêtant tout gibier de plaine, débusquant au marais et au bois, aussi bien les oiseaux de tir que les puants, renards, blaireaux et chats sauvages ou harets, le sanglier et le chevreuil, et rapportant ou retrouvant les animaux tués ou blessés.

En conclusion, le Drahthaar n'est pas et ne sera jamais un griffon Korthals. Contrairement à lui, il ne possède pas ce sous-poil laineux qui protège du froid. Mais surtout, il est moins malléable, beaucoup plus difficile à éduquer.

Standard

Le drahthaar est un chien de grande taille, de construction harmonieuse et sèche qui donne une impression de rapidité et de souplesse. Les allures sont énergiques, d'une grande amplitude et harmonieuses. La longueur du tronc et la hauteur au garrot doivent de préférence être égales. La longueur du tronc ne peut dépasser la hauteur au garrot de plus de trois centimètres. Les membres sont robustes et secs, ils sont droits et parallèles vus de face et bien placés sous le corps. La queue est portée horizontalement ou légèrement dirigée vers le haut. Elle est écourtée pour la chasse dans les pays où la caudectomie est autorisée. En longueur naturelle, elle atteint le jarret. Les yeux sont les plus sombres possible, avec une expression vive et éveillée. Les oreilles tombantes de grandeur moyenne sont non papillotées.

Groupe 7
Poids : 26 à 32 kg
Hauteur au garrot : 57 à 68 cm

Le caractère d'un drahthaar n'est en rien comparable avec celui d'un griffon Korthals. Ce chien au caractère bien trempé demande une éducation très ferme pour être bien éduqué. Il est préférable que son maître possède un bon « savoir-faire » pour mener à bien son éducation. Par contre, une fois bien « dressé », le drahthaar devient un auxiliaire redoutable pour la chasse à la billebaude, ainsi que pour le rapport dans des milieux difficiles. Bien mis, le Drahthaar est un compagnon fabuleux, mais qui ne doit pas être mis entre toutes les mains.

LE CYCLE ÉTONNANT DE LA MIGRATION DES OISEAUX

Août, le début de la migration postnuptiale

Les migrateurs ont un cycle annuel biologique qui dirige et règle les principales étapes de leur vie. Après la mue, voici venu le temps de la migration postnuptiale. D'une année à l'autre, les dates de départ ne varient guère pour les migrateurs au long cours. Elles sont innées, tout comme la direction de vol et la distance approximative à parcourir. Parallèlement à ces facteurs internes, des facteurs externes influencent le comportement des oiseaux migrateurs. La diminution de la durée des jours et de la nourriture provoque le développement de glandes comme l'hypophyse, qui sécrète alors des hormones et amplifie l'impulsion migratoire.

Les facultés exceptionnelles des oiseaux pour s'orienter

Les facultés des migrateurs pour s'orienter restent un sujet d'étonnement. Si les oiseaux utilisent le pilotage à vue et mémorisent les repères topographiques, il est aussi prouvé qu'ils utilisent l'orientation astronomique, comme le soleil et les étoiles. Certains migrateurs sont essentiellement diurnes, comme les hirondelles, mésanges, pinsons, pipits. D'autres sont strictement nocturnes, comme les cailles, rossignols, traquets, torcols fourmiliers… Anatidés et limicoles migrent, eux, indifféremment de jour et de nuit. La grande acuité visuelle des oiseaux, ajoutée à une sensibilité à la lumière polarisée et aux ultraviolets, fait qu'une couverture nuageuse ne constitue pas un obstacle pour eux. Autres facultés, s'ils ne peuvent pas percevoir le soleil ou les étoiles, les oiseaux réagissent aux forces du champ magnétique terrestre, susceptibles de les guider. Les chevaliers combattants migrants de la Sibérie vers l'Afrique, qui, au lieu de prendre la ligne directe, choisissent de passer par l'océan Arctique, la Norvège et l'Europe occidentale, économisent ainsi un confort appréciable. Ces oiseaux se dirigent autant par la vue, les valeurs du champ magnétique et les astres. Ce sens de l'orientation chez les oiseaux est-il inné ou acquis ? Vient-il d'un programme génétique ou d'un apprentissage ? Les deux avec une prépondérance du premier pour le choix des grands axes. Le jeune coucou gris né au printemps ne peut prendre la bonne direction pour rejoindre ses quartiers d'hiver en Afrique tropicale que grâce à son sens inné de l'orientation, car il part seul, longtemps après ses parents géniteurs qu'il ne connaîtra d'ailleurs jamais. Les jeunes hirondelles en revanche, partant avec leurs parents groupés pour le voyage, peuvent bénéficier de leur expérience et mémoriser les repères du trajet. Cependant, leur aptitude à l'orientation astronomique et magnétique est déjà génétiquement programmée. La « technologie embarquée » chez les oiseaux migrateurs relève de l'inné, mais profite de l'expérience du vécu, au moins chez un certain nombre d'espèces. La « carte » dont les jeunes étourneaux sansonnets sont porteurs à la naissance est affinée par l'apprentissage. Lors de la première migration d'automne, les étourneaux juvéniles ne possèdent rien de plus qu'une direction de prédilection gravée dans leurs gènes et un signal automatique qui leur dicte combien de temps ils doivent voler sur cet axe prédéfini.

Le bouleversant changement climatique

Beaucoup de migrateurs, comme hirondelles et martinets, repartent plus tard et reviennent plus tôt de leur migration qu'il y a vingt ans, voire modifient leurs habitudes en hivernant sur le littoral atlantique ou le bassin méditerranéen plutôt que de gagner des zones transsahariennes. Cigognes blanches et grues cendrées hivernent désormais dans

Le Circaète Jean-le-blanc

Voici un oiseau peu commun… Le Circaète Jean-le-blanc se nourrit exclusivement de reptiles et plus particulièrement de serpents et de lézards. Une telle spécialisation est un phénomène assez rare chez les rapaces. Les serpents et les lézards sont avalés entiers, si bien que l'on peut voir la queue du reptile dépasser du bec, alors que l'oiseau a déjà avalé la tête. Le Circaète Jean-le-blanc est un rapace de grande taille, mesurant soixante-dix centimètres de longueur, pour un mètre quatre-vingts d'envergure, et un poids allant jusqu'à deux kilos. Il a le dessus des ailes brun et le dessous blanc. Le corps est parsemé de taches colorées, de couleur et densité variables, entre beige clair et marron foncé, suivant les individus. Ces touches de couleur forment des lignes parallèles sous les ailes, et trois barres sous la queue. Pour chercher ses pitances, ce rapace chasse en vol stationnaire, appelé également « vol du Saint-Esprit ». Le Circaète Jean-le-blanc a un vol puissant et majestueux, planant au-dessus des montagnes ou le long des collines, en laissant fréquemment pendre ses pattes, tête baissée pour regarder le sol, à la recherche de quelques proies. La capture d'un serpent s'effectue, soit par une manœuvre de piqué rapide, soit par une première descente avec une pause à mi-hauteur, puis une descente finale. Lors des phases de piqué, l'oiseau ne descend pas la tête en avant : le corps est incliné, mais sa poitrine est saillante, ses ailes en forme de M ou presque complètement repliées. Ses serres sont dirigées vers le bas, et projetées au moment de l'impact. Le Circaète chasse aussi à l'affût, du haut d'un arbre perchoir, face à une zone dégagée. Si le serpent est très gros ou s'il s'agit d'une capture pour nourrir sa partenaire ou un jeune, il laisse dépasser une partie de la queue. Migrateur au long cours, le Circaète Jean-le-blanc passe l'hiver en Afrique, et revient en Europe de début mars pour se reproduire. Avec un peu moins de trois mille couples nicheurs, la France constitue un bastion important du Circaète Jean-le-blanc (plus de 40 % de l'effectif d'Europe de l'Ouest). Les densités sont maximales dans le sud-est du Massif central.

le sud de la France, modifiant quelque peu leur image séculaire de migrateurs au long cours ! Le gobe-mouche noir en revanche semble être affecté des modifications climatiques : sa migration de retour des tropiques africains est déclenchée par une horloge interne très précise et il arrive désormais que son arrivée ne coïncide plus avec le pic d'émergence des insectes. Les conséquences de ce décalage peuvent être dramatiques, car les ressources alimentaires ne sont plus suffisantes pour le nourrissage des jeunes. Le réchauffement climatique semble être la principale cause de cette modification du timing. Les températures chaudes arrivant plus tôt en saison, le pic d'abondance de certains insectes s'en trouve avancé, et pour pouvoir en profiter et le faire coïncider avec l'élevage des jeunes, certains migrateurs doivent en effet trouver une réponse adaptative très rapide pour mener à bien leur reproduction : arriver plus tôt, pour pondre plus tôt.

La bernache cravant, une oie exceptionnelle

La bernache cravant à ventre clair est une oie particulièrement endurante qui niche dans l'Extrême-Arctique canadien. Lorsqu'elles migrent, les bernaches supportent des conditions extrêmes, notamment le survol de la calotte glaciaire du Groenland avec vents hurlants et tempêtes de neige. Seize de ces bernaches ont été équipées d'émetteurs satellites en 2001 et en 2011. L'analyse de leur parcours montre que leurs migrations entre le Svalbard, en océan arctique, et Lindisfarne, en Angleterre, distant de deux mille sept cent kilomètres, que leur vitesse atteint parfois cent kilomètres par heure, avec de très courts arrêts en pleine mer. Leur déplacement a été effectué en quatre-vingts heures.

Que se passe-t-il chez les oiseaux en août ?

L'étude des oiseaux migrateurs

Avant son absorption par l'AFB, l'ONCFS avait mis en place cinq centres nationaux d'étude et de recherche appliquée (CNERA). Une avait la vocation d'étudier la gestion cynégétique du gibier d'eau. Car malgré les techniques de pointes, comme les balises radio miniaturisées fixées aux plumes des oiseaux, ce n'est pas évident de suivre les oiseaux en migration. Celle qui était majoritairement utilisée est le baguage, coordonnée en France par le Muséum National d'Histoire naturelle. En plus des bagues métalliques, des marques plus facilement repérables comme les colliers de différentes couleurs ou nasale, étaient utilisées afin de collecter plus d'informations. Chez la plupart des oiseaux d'eau, la migration est supposée obligatoire. Elle est également supposée être réalisée en Europe selon un axe nord-est sud-ouest. Le marquage nasal a démontré ainsi que c'est loin d'être la règle. Ainsi, il a été constaté qu'une forte proportion des oiseaux nichant sur les étangs piscicoles de la Dombes hivernent sur les Grands Lacs périalpins comme le lac Léman, et que ceux qui nichent dans l'ouest de la France peuvent migrer, non pas vers la péninsule Ibérique, mais vers les îles britanniques. des canards

En cas de forte sécheresse, il est prouvé en juillet que les colverts nés en France remontent vers le Nord à la recherche de marais non asséchés, pour y séjourner quelque temps. Dès le retour des pluies, généralement en septembre, nos canards reviennent par petites étapes. En août, ce sont majoritairement les sarcelles d'hiver et d'été qui sont les plus représentées (plus de 70 % des tableaux) ainsi que les souchets en (10 % des tableaux). La sarcelle d'été, ce canard dit « frileux », va traverser la France, accompagnée de quelques sarcelles d'hiver et de souchets pour se rendre en Afrique. Elle a la particularité d'être le seul canard à avoir quitté totalement notre pays en hiver.

des limicoles

Les limicoles en provenance de Scandinavie, déferlent tout au long du mois sur nos côtes, direction l'Espagne et l'Afrique. Ces voies migratoires se sont constituées comme de vraies « autoroutes », qu'empruntent chaque année des centaines de milliers d'oiseaux. Août, c'est le meilleur des mois pour observer les limicoles sur le DPM, que ce soit en baie ou sur les plages du littoral. L'instant idéal, c'est lorsque la mer se trouve montante à la pique du jour. Le vieil adage de « Rien sans est » reste toujours d'actualité. Avec un bon vent d'est bien accroché, les matinées autour du 15 août sont rarement décevantes. Un orage pendant une nuit de vent d'est perturbe les oiseaux qui tournent en rond en se rappelant dans le ciel. Le matin, on retrouve quantité de limicoles stationnés sur le sable, tout particulièrement le chevalier gambette…

Bécassine des marais

des bécassines

Traditionnellement accompagnées d'un petit vent léger à tendance à l'est, d'importantes arrivées de bécassines ont lieu sur nos marais. En cas de sécheresse, il y a parfois de fortes concentrations d'oiselles dans les zones restées humides. Les bécassines observées en août sont principalement des juvéniles. La migration est particulièrement active et concentrée près des côtes, dans tous les départements qui bordent le littoral. La répartition et l'importance de leur stationnement dépendent d'une bonne pluviosité locale. Entre le 15 et la fin août, par vents bien accrochés de secteur est, les vols se succèdent sans interruption au-dessus des marais qui bordent la mer de 9 heures à 11 heures.

de l'oie cendrée

L'oie cendrée, qui mue en été, perd les plumes de ses ailes, et se trouve dans l'incapacité de voler pendant deux à trois semaines. Lorsqu'elle se fait surprendre par un prédateur, l'oiseau baisse son cou jusqu'au niveau du sol pour se cacher ou encore, elle nage si profondément que seule sa tête reste visible.

La mue chez les anatidés

Bien que les canards prennent grand soin de leur plumage, celui-ci s'use et s'abîme au fil du temps. Avant leur départ de migration postnuptiale, les anatidés perdent en partie leurs plumes, qui sont remplacées par des nouvelles. Cette période ne dépasse pas une trentaine de jours. Progressive chez les femelles, la mue réduit ou supprime la possibilité de voler chez les mâles, qui voient leur plumage nuptial remplacé par des plumes de type femelles, plus discrètes à un moment où ils sont particulièrement vulnérables à la prédation. Les plumes d'hiver sont plus fournies qu'en été. Avant la fin de l'automne, une seconde mue partielle redonnera aux mâles, un plumage dans tout son éclat. Ces deux mues remettent à neuf les douze milliers de plumes que possède en moyenne un canard de surface. Chez les jeunes, le processus est différent. Après un revêtement duveteux, ils se couvrent pour quelques mois d'un plumage juvénile, proche de la tenue des femelles.

Les vents

Les vents à tendance à l'est sont les véritables déclencheurs de migrations. Par contre, les vents d'ouest et de nord-ouest sont généralement néfastes.

La gorgebleue à miroir la magnifique

La Gorgebleue est un passereau insectivore dont le mâle a la particularité d'arborer une rutilante bavette bleue. Les deux sexes ont en commun le sourcil blanc et la queue rousse. Trois sous-espèces concernent la France. Une à miroir roux qui traverse notre pays pour s'en aller nicher en Scandinavie. Et deux autres à miroir blanc qui nidifient en France, Cyanecula que l'on rencontre en basse vallée du Doubs, et Namnetum ou Gorge bleue de Nantes, sur la façade atlantique. L'autre particularité des Gorgebleue est que les mâles sont des imitateurs surdoués. Merles, Pouillots, Hirondelles, Mésanges ou bien fauvettes… On cite le cas d'une Gorgebleue, qui, en 3 heures, a imité le chant de trente-cinq espèces différentes. Adeptes des zones humides, leurs vies se passent à terre, au milieu de marécages. Alors qu'ils sont la discrétion même, ils se montrent parfois peu craintifs lors de leur parade nuptiale, toujours très spectaculaire. Dès l'aube, ils entonnent leur pot-pourri, puis ils s'envolent pour un bref parcours avant de se laisser descendre en parachute, ailes et queue rousse étalés. Ce sont des migrateurs sur capital, c'est-à-dire qu'avant de prendre la route, ils s'engraissent et vont jusqu'à majorer leur poids d'un quart. Ils nous quittent fin août, début septembre… Cyanecula rejoint l'Afrique du Nord et l'Afrique de l'Ouest, tandis que la Gorgebleue de Nantes hiverne essentiellement au Portugal, sur l'estuaire du Tage.

Gorgebleue

SOUS LA PLUME ET LA DIRECTION DE Alain PHILIPPE

DIRECTION ARTISTIQUE ET MAQUETTE : Line LÉVÊQUE

CRÉDITS PHOTOGRAPHIQUES
Florian Weber - Alain Philippe - Fotolia - Charles - Henri Bachelier - Carl Spriet - Éric Camoin - Alexandra Berton - Robert Bordier - Shutterstock

CONCEPTION & RÉALISATION
Ramsay Media, établissement de Ramsay Diffusion
BP 57 - ZA des Pâtureaux
41200 Romorantin-Lanthenay

Édition Pélican, département éditorial de Ramsay Éditions
222, boulevard Pereire - 75017 PARIS
SIRET : 47828221300055

Imprimé en France par Typolibris by Blue Angel Partner
8, rue Jean-Pierre Timbaud - 75011 PARIS
Juillet 2022
ISBN CF : 978-2-37400-762-5
ISBN : 978-2-37400-732-8

Dépôt légal à parution
Aucune représentation ou reproduction, même partielle, autre que celles prévues à l'article L 122-5. 2° et 3° a) du Code de la propriété intellectuelle ne peut être faite de la présente publication sans autorisation expresse de Ramsay Éditions ou, le cas échéant, sans le respect des modalités prévues à l'article L 122-10. dudit code.

© Ramsay